JN046207

平安時代はどんな時代か

——摂関政治の実像——

戸川　点／編著

小径選書 8

目次

第四章　摂関時代の文化・外交

第五章　摂関時代の宗教

序章　本書の読み方

平安時代はどのような時代だったのか

●小野小町は十二単を着ていたか

小野小町と言えば、楊貴妃（ようきひ）、クレオパトラと並ぶ世界三大美女の一人と言われ、平安時代を代表する歌人の一人である。念のためにいえばこの世界三大美女とは日本でしか通用しない話のようである。勤務先の大学にいる中国からの留学生に聞いても小野小町はおろか楊貴妃が世界三大美女と言われているという話すら誰一人知らない。おそらくいつなのかは不明だが、日本人のだれかが言い出した話なのだろう。

その話はさておき、小野小町をネットなどで検索すれば十二単（じゅうにひとえ）を着た小町の画像が出てくる。もちろん想像画である。しかしこのことからわかるように我々の中には平安時代というと十二単というイメージが定着している。

そこで、あらためて、平安時代を代表する歌人である小野小町は十二単を着ていたのだろうか。これは私が日本史概説などの授業で平安時代の講義を始める際に必ず聞く定番のつかみのネタである。

正解はおそらく小野小町は着ていなかった、である。小野小町は平安前期、九世紀ごろの人物、十二単は平安中期、十世紀後半ごろに成立したと言われている。小野小町が着ていたのは十二単よりはもう少し奈良時代の衣装に近い着物だったのだろう。

ここで伝えたいのは、平安時代は長い、という事実である。平安遷都が七九四年、鎌倉幕府の成立については様々な議論があるが、ここは古典的に頼朝が将軍になった一一九二年だとすると平安時代は三九八年、約四〇〇年続いたことになる。江戸時代は俗に徳川三〇〇年などというが（実際は二六五年程度）、その江戸時代より長いのである。

そこで平安時代を理解するためにはまず前期、中期、後期とざっくりと三つに時期区分して理解するとよいだろう。律令制の変容に何とか対応して律令制を維持しようとした平安前期、律令制から中世社会への移行期にあたり、摂関政治が展開した平安中期、中世社会の始期であり、院政が展開した平安後期。大きくとらえればこのように区分することができるだろう。冒頭の話に戻れば小野小町はこのうちの平安前期の人間である。十二単が成立するのは摂関政治が展開した平安中期であり、時期が違うのである。したがって紫式部や清少納言は十二単を着ていたと思われるが、小野小町の時代にはまだ十二単はできておらず、十二単は着ていなかったと考えられるのである。私の講義はこんな話から始めるのだが、それはともかく、以下ごく大まかに平安時代の流れを見ていこう。

●平安王朝の成立

奈良時代の天皇は天武天皇の直系子孫が即位するのが正統だと考えられていた。しかし、独身の女性天皇であった称徳天皇（孝謙天皇）が亡くなると天武系の王統は途絶えることになる。そのため、称徳のあとは天智系の光仁天皇、さらにはその子の桓武天皇が即位することとなった。桓武天皇は天武系でないだけではなく、母親の高野新笠が渡来系氏族の出身でもあった。そのため、桓武の即位に対しては天武天皇の曽孫であり、父母ともに天武系に連なる氷上川継が自らこそ天武系であり、天皇にふさわしい人物だとして謀反を計画するなど反対の動きもあった。このような状況だからこそ桓武天皇は強い意志で新王朝を樹立していく必要があった。平城京から長岡京への遷都はそのために断行されたものと考えられよう。ところが長岡京遷都に対しては平城京に基盤を置く旧来の豪族や寺院勢力の反対などがあり、造営の責任者だった藤原種継が暗殺される事件なども起こる。それでも長岡京はその後、十年間維持されるのである。しかし二度にわたる洪水や桓武天皇が、種継暗殺事件に連座した早良親王の怨霊に悩んだことなどから平安京に遷都することになる。こうして平安京の時代、平安時代が始まるのである。

ただし平安京もすぐに安定したわけではなく、桓武天皇の子の平城天皇は退位後、平城京に都を戻そうとして弟の嵯峨天皇と対立する。この事件を平城太上天皇の変（薬子の変）というが、これを乗り切った嵯峨天皇によって平安京は千年の都として定められていくのである。

●平安前期の様相

この時代は律令制が行き詰まっていく時代でもあった。たとえば律令制の基本の一つともいえる班田収授は途絶えがちになり、浮浪・逃亡など律令制の負担から逃れるため口分田を放棄して逃げ出す者も現れる。このような律令制の行き詰まりに対し、令外官と呼ばれる律令には規定されていない新しい役職を設置して対応したり、律令を補訂する格や施行細則である式などの法令整備を行って何とか対応していこうとするのが平安前期の特徴である。

一方、天皇制についても重要な変化が起こる。八五八年文徳(もんとく)天皇が死去し、清和(せいわ)天皇が幼帝として即位せざるを得なくなるのである。この事態に太政大臣(だいじょうだいじん)であり清和天皇の外祖父であった藤原良房(よしふさ)が幼帝の代行をするようになる。これが摂政の始まりである。また八八四年素行に問題のあった陽成(ようぜい)天皇が退位し、成人である光孝(こうこう)天皇が即位すると、光孝天皇は藤原基経(もとつね)に補佐を求め、基経が関白となる。これが関白の始まりである。このように平安前期は行き詰まった律令制に対して様々な変更を加えつつ維持していた時代といえるだろう。

●摂関政治

平安中期はその後に続く時代である。どの時点を始期・画期と見るかは非常に難しい問題である。上述した摂関の成立を前期に入れるのか、あるいは中期の摂関政治の始期と見ることも可能である。また、かつては十世紀初頭、醍醐(だいご)天皇の延喜(えんぎ)年間に重大な国政改革があったという見解が有力であった。この見解に対して、その変革をさらに遡らせて宇多(うだ)天皇の寛平年間に画期を見出す見解や、十世紀後半に財政構造の変化があったことを重視する見解もある。

このように様々な画期論があるのだが、摂関政治の展開という点で考えると十世紀前半の藤原忠平(ただひら)執政期も重要であろう。藤原忠平は朱雀(すざく)天皇が幼少の時に摂政(せっしょう)を務め、朱雀天皇が成人すると摂政を辞し、成人朱雀天皇のもとで関白(かんぱく)を務めている。こうしてそれまであいまいだった摂政と関白の違いが明確化していくのである。すなわち天皇が幼少の時に天皇の代行をするのが摂政、天皇が成人の際に補佐するのが関白という役割が明確になったのである。平安中期、摂関政治の時代の始期をいつとするかの議論はしばらく措(お)くとして、忠平執政期は良房らの初期の摂関政治に対して大きな画期であると位置づけられよう。こうしてこの時期、藤原氏が天皇の外戚となり摂関を務めていく摂関政治が展開し、藤原道長の時代に全盛期を迎えることとなる。平安中期とは摂関政治が展開した時代と言えよう。

●摂関政治期の支配方式

平安前期には班田収授や律令制的な徴税が行き詰まりを見せたが、摂関期に律令制は大きく変わることになる。律令で規定された位階制や官職名など外見はそのまま残るが徴税方式などは変化する。国司のうち、現地に赴任し任国支配に当たる受領に大きな権限を与え、それまでの戸籍・計帳などによって行われていた人頭税方式から土地に税を賦課して実際の土地経営している有力農民などから徴税をする方式へと徴税方法が変更されていく。

このように律令制的な支配方式を変更し、藤原氏が摂政・関白となり摂関政治を行ったのが平安中期であった。なお、いうまでもないことだがここでは概略を述べたまでで、摂関政治期の様々な変化については本書所収の各論稿が詳述しているので、ぜひお読みいただきたい。ちなみに摂関政治の時代とは今からほぼ千年前、西暦一〇〇〇年前後のことである。藤原道長も紫式部も清少納言も一〇〇〇年ごろの人物だと覚えておくと何となくイメージがつかみやすくなるのではないだろうか。

●院政

一〇八六年、白河(しらかわ)天皇は子の堀河(ほりかわ)天皇に譲位する。高校の日本史の教科書などでは通常、この譲位によって院政が始まったと書かれている。しかし白河は院政を始めるためにこの譲位を行ったのではない。この譲位は白河天皇の父である後三条(ごさんじょう)天皇が決めた皇位継承順を否定するために行ったものと言われている。白河の父である後三条天皇は白河の次は弟の実仁(さねひと)親王に、さらにその弟の輔仁(すけひと)親王に皇位継承させたいと考えていた。白河天皇はこの亡き父の遺志を否定し、自分の実子を即位させるために堀河に譲位したのであり、院政を始めようとして譲位したのではなかったと言われているのである。

実際、堀河天皇が即位すると藤原師実(もろざね)が摂政となっている。さらに堀河が成人すると関白藤原師通(もろみち)が天皇と話し合って政治を行っているのである。これは摂関政治が行われていたといえるものだろう。その後藤原師通が急逝し、若い藤原忠実(ただざね)が地位を引き継ぐ。さらに堀河天皇が死に、幼い鳥羽(とば)天皇が即位する。この時には鳥羽天皇の外戚である藤原公実(きみざね)が摂政就任を望んだが、白河がこれを拒否して、外戚ではないが代々摂関を出してきた道長直系の家柄だとして忠実を摂政としている。これは、摂政・関白になる家柄の成立、摂関家の成立と評価される摂関制に関する大きな変化であるが、一方でこのことによって摂関家に対して白河上皇が優位に立つことになる。こうして幼帝鳥羽に対し家父長である白河上皇による院政が本格化する。院政は天皇家の家長である上皇が摂関を包摂しながら進めた政治形態と言えよう。

●院政期の社会

その後、院政は鳥羽院政・後白河(ごしらかわ)院政と続くが、荘園公領制の成立や貴族社会の変化などに対応しながら先例や法にとらわれない政治が進められていくのである。この時代には武士が存在感を強め、荘園（しょうえん）が広範に成立していく。律令制はほぼ形骸化し、財政構造も荘園や知行国を前提としたものに大きく変わる。天皇家、摂関家などの貴族層、寺社も荘園などの独自の財源を確保し、権門として自立性を高め、権力が分立していく。こうしてこの時代に中世が始まると考えられている。

●本書の構成

以上、平安時代を三期に分けて大変大まかに平安時代の流れを見てきた。このうち本書は中期の摂関政治の時代について扱うものである。もちろん行論の都合上、平安前期に遡ったり、院政期について言及することもあるが、全体を通じて摂関期の諸相が明らかになるよう構成したつもりである。

第一章では摂関政治や地方支配、戦乱の問題などを扱った。戸川「1摂関政治とはどのようなものか」は摂関政治の成立とその後の変遷を通史的に扱っている。藤原氏の人名などいささか辟易されるかもしれないが、系図などを参照してお読みいただければ摂関政治の概要がお分かりいただけるのではなかろうか。渡辺滋「2国司と地方社会の関わり」は律令制で規定された地方官である国司の任用や地方との関連の実態を解明したもの。第二章にある同氏「3中央政府による地方支配と国司制度」とも密接に関連するもので合わせてお読みいただくことをお勧めする。樋口州男「3摂関時代の戦乱」は、『将門記（しょうもんき）』と同書に載せる平将門（たいらのまさかど）書状とを題材に、将門は何をめざしたか、作者はなぜ『将門記』を書いたかについて、乱の実態を追いながら論じている。この時期の戦乱や武士については第三章に収めた戸川「3摂関時代の武士はどのような存在だったのか」も合わせてお読みいただければ幸いである。

　第二章では中央財政や財政基盤として重みを増しつつある荘園、実際に税を収取する国司の問題を扱う。中込律子「1摂関時代の国家財政はどのように運営されたか」は一般にはよく知られていない摂関期の中央財政のしくみについて行事用途や人件費の運用の特徴をあきらかにしたもの。鎌倉佐保「2摂関時代の荘園とはどのようなものか」は中世荘園とは異なる摂関期特有の荘園のあり方をその成立から領域性を持つ存在形態まで論じている。渡辺滋「3中央政府による地方支配と国司制度」は地方官である国司制度の運用実態や国司のポストが貴族の給与などの財源捻出に利用された実態などを解明したもの。

　第三章では女性、貴族、武士などを取り上げた。服藤早苗「1平安時代の女性たち」は結婚、育児といった生活の問題から紫式部ら女房や摂関政治を理解する上で欠かせない国母の実像について扱っている。関根淳「2王朝貴族とは何か」は律令貴族から王朝貴族への変遷や王朝貴族の果たした役割を明らかにしている。戸川「3摂関時代の武士はどのような存在だったのか」は家業としての武士以外の、流動的で多様な摂関期の武士像を描いている。

　第四章ではいわゆる国風文化、教育、そして文化や政治に大きな影響を与える外交・国際交流について扱った。木村茂光「1摂関時代の文化の特徴を考える」は国風文化が海商や入唐・入宋僧らによってもたらされた様々な文物・知識を基礎としながらもそれらを相対化し、築かれたものであること、日本文化と中国文化が架橋される中で本朝意識や日本的知識、穢（けが）れ観が築かれていくことを明らかにしている。櫻聡太郎「2摂関時代の教育はどうなっていたのか」は史料の残存状況からわからないことの多かった平安時代の教育について大学寮の状況、家庭や女性に対する教育状況などを解明したもの。皆川雅樹「3摂関時代の外交・国際交流はどうなっていたのか」は東部ユーラシアの激動の中で行われた摂関期の外交の様子や海商の重要性をあきらかにし、貴族社会や藤原道長の国際意識に与えた影響について論じている。

第五章では神祇信仰、国家的法会、地方における仏教、御霊(ごりょう)信仰などを取り上げた。私たちは「神社」や「神道」といったものが古来から一貫して不変のものとして続いてきたと誤解しがちであるが、小倉慈司「1摂関時代の神祇信仰はどのようなものだったのか」は神社行政や神祇信仰の変遷や摂関期の多様な在り方を具体的に論じている。福島正樹「2国家的仏事・寺院はどのように運営されてきたのか」は国家的仏事の運営方式の歴史的変遷をたどりながら、中世の権門体制を支える法会と寺院社会のしくみが摂関期に準備されたことに言及している。坂内三彦「3摂関時代、仏教は地方でどのような存在だったか」は主に東北地方南域を舞台にどのように仏教が地方社会へ浸透していくのかを解明する。貞観地震の復興、国司の赴任、荘園制の展開などを機に仏教の浸透状況を論じている。竹内光浩「4平安時代の御霊信仰」は謎の多い御霊信仰について里の御霊会、神泉苑御霊会、東大寺二月堂修二会などを手掛かりに解き明かそうとしている。

以上が本書の構成である。どの論稿も独立して書かれたものであり、どこからでも興味のあるものからお読みいただきたい。

なお、時期区分や歴史的評価など個々の執筆者の歴史観による部分について、本書では統一したり、共通認識とすることはしていない。基本的にどの論稿も学会での通説的理解を基に自説を展開されており、さほどの齟齬はないと思うが、細かな点では矛盾する場合もあるかもしれない。その点はご海容いただきたいと思う。また、本書は多くの先学の研究に依拠している。しかし本書の性格上、細かな注記などは割愛させていただいた。お断りして非礼をお詫びします。

本書をご一読いただき、摂関時代、ひいては平安時代について興味を持っていただければ幸いである。

（戸川　点）

【参考文献】

上横手雅敬、元木泰雄、勝山清次『院政と平氏、鎌倉政権』（中央公論新社、二〇〇二年）

今正秀『藤原良房』（山川出版社、二〇一二年）

坂上康俊『摂関政治と地方社会』（吉川弘文館、二〇一五年）

美川圭『院政』（中央公論新社、二〇〇六年）

吉村武彦編『新版　古代史の基礎知識』（角川書店、二〇二〇年）

第一章　摂関時代の政治と戦乱

1　摂関政治とはどのようなものか

●摂関政治とは何か

摂関政治とはいうまでもなく摂政や関白の行う政治のことである。ところがこれを厳密に定義しようとすると意外に難しい問題なのである。たとえば摂政や関白という役職が誕生した九世紀後半以降、常に摂政・関白がいたわけではない。醍醐天皇や村上天皇は摂政や関白を置かずに親政を行ったと言われている。摂政や関白がいなくても摂関政治というのかどうか。そこで、摂政や関白という役職が生まれた藤原良房や基経の時代、九世紀の摂関政治を前期摂関政治、摂関不在の醍醐、村上朝を飛び越して十世紀後半の藤原実頼以降を後期摂関政治ととらえるような見方もある。しかしこのような捉え方をしても摂関政治の全盛期を築いたと言われる藤原道長は関白にはなっていないし、摂政も約一年しか務めていないのである。この点はどう考えたらいいのだろうか。

このように摂関政治とは何かを定義するのはなかなか悩ましい問題なのである。そこで、ここではひとまず摂政や関白になっているかどうかというような形式にこだわらず、藤原氏が天皇のミウチとなり、天皇の権限を代行、あるいは補佐しながら政治を進めた九世紀後半から十一世紀ごろの政治を摂関政治ととらえることにして、その特色などを考えていきたいと思う。

ところで平安時代の政策決定には陣定と言われる公卿会議のほか、いくつかの形式があるのだが、重要な問題については最終的には天皇の決裁が求められるものであった。ところが幼帝の場合には政治的な判断ができない。そのため、天皇に代わって決裁をするのが摂政、天皇が成人の際に補佐するのが関白なのである。摂政とは政を摂り行うものであり、つまり天皇の決裁の代行者、天皇とほぼ同等の立場に立つ者なのである。一方の関白は天皇に奏することや天皇が命じることに関わって意見を白すもの、あくまでも臣下として天皇に助言をするものと言えよう。しかしこうした摂関の役割の違いは十世紀前半の藤原忠平の段階で定まったものである。ではそれ以前の成立期の摂政・関白とはどのようなものだったのだろうか。まずこの点から見ていこう。

●摂政の成立

藤原氏で最初に摂政になったのは藤原良房である。しかし彼がいつ摂政になったのかについては二通りの説が存在する。

公卿の職員録であり、公卿の経歴のわかる基本資料『公卿補任』には良房は清和天皇即位の天安二年（八五八）に摂政になったとあり、応天門の変の起こった貞観八年（八六六）に重ねて摂政になったとある。二回摂政になったといういささかわかりにくい記事である。一方でこの時代の正史である『日本三代実録』天安二年条には良房の摂政就任記事は存在せず、貞観八年に摂政になったとある。このような史料の矛盾から良房の摂政就任については『公卿補任』の天安二年の記事に基づき清和天皇即位時に任命されたとする天安二年説と、『公卿補任』の天安二年の記事は天皇が幼少時に摂政を任命するという後代の慣行が反映されたもの（そのため『日本三代実録』には記事がない）として実際の摂政任命は貞観八年であるとする説とが存在していた。

ところで清和の次の陽成(ようぜい)天皇も幼帝で即位する。そのため父親である清和天皇は藤原基経に摂政就任を要請している。その時、清和天皇は「藤原良房が幼主（清和天皇のこと）を摂政として補佐したように基経も幼主陽成天皇の摂政となるように」と要請しているのである。このことから清和天皇が幼帝の時に良房は摂政であったと考えられるのである。先に見た貞観八年では清和天皇はすでに元服(げんぷく)しており幼帝ではない。そのため近年では良房の摂政就任は天安二年の清和天皇即位時のこととする説が有力となっている（今正秀『藤原良房』山川出版社、二〇一二年、坂上康俊『律令国家の転換と「日本」』講談社、二〇〇一年）。一方の貞観八年の摂政就任記事は、清和天皇の元服に伴い、良房は摂政を辞任し（この点については異論もある）、応天門の変という大事件が起こったため事態収拾のために再び任命されたものではないかと考えられている。

先にも述べたようにこの時代、重要な政策決定には天皇の決裁が不可欠であった。幼帝が即位するとなればその権限を代行するものが必ず必要であった。こうして清和天皇即位時に摂政が誕生したのである。なお、良房は清和天皇即位の前年に太政大臣(だいじょうだいじん)に任じられている。太政大臣は律令では具体的な職掌(しょくしょう)は規定されていないものの天皇の師範(しはん)として位置づけられている。したがって良房の太政大臣任命は清和天皇の即位を見越して、摂政という役職が未成立の時点で太政大臣を摂政的な、天皇の代行を行いうるものと想定して任命されたものと考えられる。なお、こうした事実から、これまでも太政大臣と摂政の役職は不可分である、摂政は太政大臣の職掌から派生したものと指摘されてきている。

ところが良房についで、陽成天皇の摂政となった基経は右大臣で摂政に就任しているのである（のちに太政大臣になるが）。しかもこの時には上席に左大臣として源融がいた。一方で基経は陽成天皇の母高子の兄で外戚であった。外戚とはおおむね天皇の母の親（外祖父）や天皇の母の兄弟（外舅）を指すものとされている。先の清和天皇摂政の良房も清和天皇の外祖父であった。これらからみると摂政となるには太政大臣であることよりも外戚であることが重要であったとも考えられる。

このように摂政の天皇を代行する権限の由来については太政大臣の職掌を重視する見解と外戚の立場を重視する見解とがある。ところで文徳天皇が良房を太政大臣に任じる際の宣制によれば、文徳天皇は良房を「朕の外舅であり幼い親王のころより助け導いてくれた」ので太政大臣に任命すると述べている（『日本文徳天皇実録』天安元年二月丁亥条）。つまり外戚として天皇を助け導いた功績により太政大臣に任命されているのである。ここから考えれば、太政大臣も摂政も結局は外戚に由来するということになろうか。摂政という制度がこの段階できちんと定められていないため、まず太政大臣に任命され、摂政的な役割が模索されたのではなかろうか。そし

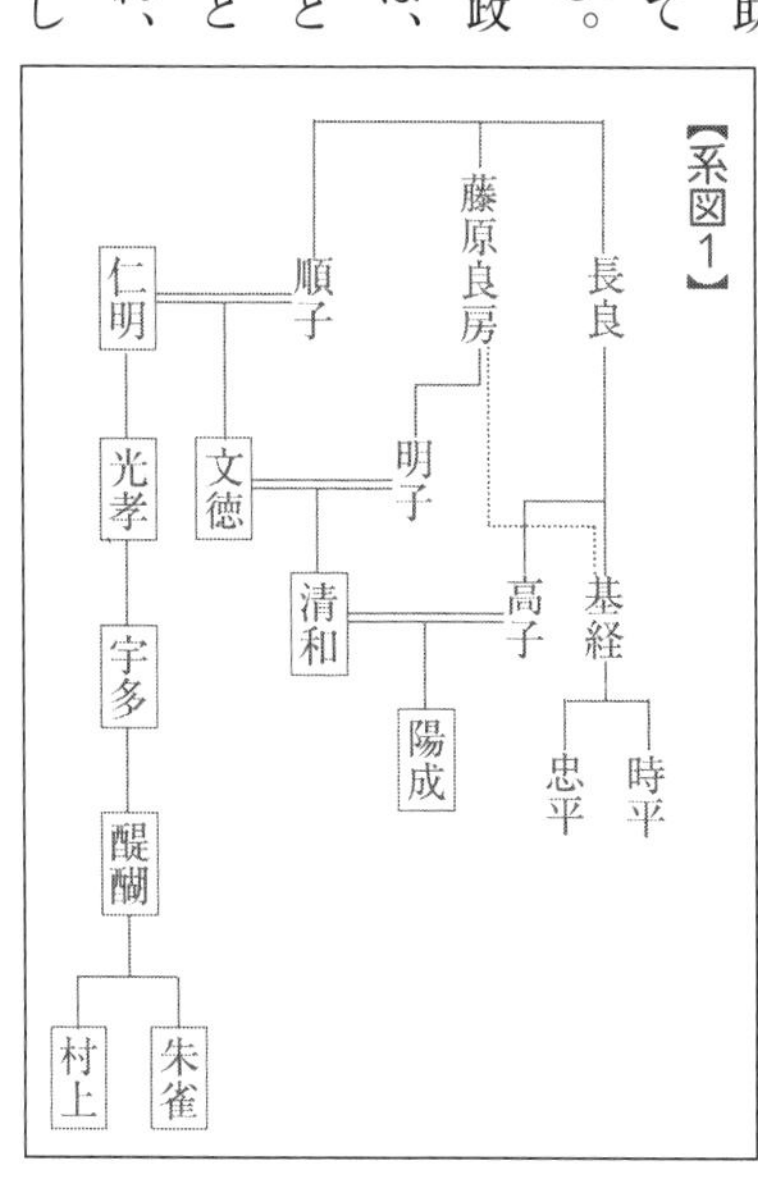

て良房の太政大臣就任の翌年、清和天皇が即位すると、摂政という名称は定められていないものの、外祖父であり、太政大臣である良房が天皇の決裁代行を行うようになったのだろう。『日本三代実録』天安二年条に良房の摂政任命の記事が見えないのは摂政という役職があらかじめ制度として設計されてスタートしたわけではないためであろう。ただし摂政はこの時点にスタートしたといってよいのではないだろうか。

●関白の成立

ついで関白の成立について見ておこう。関白の成立年次についてもこれまで二通りの考え方があった。一つは仁和三年（八八七）、宇多天皇が即位の際とする説、もう一つがそれより早い、元慶八年（八八四）光孝天皇即位の際とする説である。

まず宇多天皇が即位に際して太政大臣藤原基経に発した詔を見てみよう。その詔書に「万機巨細、百官己に惣べ、皆太政大臣（基経のこと）に関り白すこと、一に旧事の如くせよ」とある。つまり臣下を基経がまとめ、あらゆることは基経に関わり白せ、というのである。ここに「関白」とあることから、これがいわゆる関白の語の初見とされ、この時が関白の成立だと考えられたのである。ちなみにこの時、基経はこの申し出を形式的に辞退した。これに対し宇多天皇は再度就任を要請するのだが、その時の勅に関白を言い換えて阿衡の任につくように、としてしまった。ところが阿衡は古代中国の名誉職的な役職であったため基経が怒って政務をボイコットするといういわゆる阿衡の紛議が起きている。

阿衡の紛議についてはしばらく措くとして、話を最初の詔書に戻そう。ここには確かに関白の語が見えるが、「関白」という名詞ではない。また「一に旧事の如くせよ」とあり、これ以前に先例があったことが考えられる（坂上康俊『摂関政治と地方社会』吉川弘文館、二〇一五年）。つまり仁和三年以前に関白の先例があるということである。したがって「関白」の語が見えることからする仁和三年説はいささか形式的な議論といえるだろう。

では、その先例とは何か。それは宇多天皇の父である光孝天皇が元慶八年（八八四）の即位に際して基経に発した勅なのである。ここでは天皇を助け、百官をまとめ、まつりごとを行うべきこと、天皇に奏上することや臣下に下すことなど、すべてに基経が関わり相談を受けることなどが命じられている。この職務内容からみて、これが関白の成立と考えてよいだろう。

なお、関白は前摂政を優遇するための措置であるとの見解もある。確かに成人天皇に対してなぜ関白が必要なのか、うまく説明できない場合もある。たとえば精神的に問題があり奇行があったと言われる冷泉天皇のような場合、関白が必要だったかもしれない（この時は藤原実頼が関白となっている）。しかし問題のあった陽成天皇に代わって五十五歳で即位した光孝天皇の場合、政治処理能力的には関白は必要なかったと思われる。それでも基経が関白となっている。こうした状況を考えると関白は陽成天皇の時代に摂政を務めていた前摂政基経へ特別の処遇を保証するための優遇措置と見た方がわかりやすい。光孝天皇が基経を関白としたのは陽成天皇を廃して自身を天皇としてくれたことへの感謝とともに前摂政への優遇措置でもあったのだろう。

しかし、だからと言って関白は名誉職ではないのである。阿衡の紛議は、その一連の経緯を通して、実権のある関白に任命しろというアピールであり、未だ明確でなかった関白の職掌が名誉職ではなく実質を伴うことをより明確にするための事件だったと言えよう。こうして関白は徐々に前摂政の優遇措置から実権を持つものへと変化していくのである。先にふれた冷泉天皇関白の藤原実頼の場合、摂政経験はなかった。また外戚でも太政大臣でもなかった。左大臣として政治を主導していたものとして病弱な冷泉天皇を補佐するために関白になったと考えられるのである。

ただし、外戚関係はやはり重要であった。実頼の場合、冷泉天皇の外祖父師輔（師輔はすでに死去していた）の兄という立場で関白となっており、外戚とは言い難い立場であった。そのため、その後の除目などの政務に際して冷泉天皇と外戚関係にある藤原伊尹や兼通、兼家ら（いずれも冷泉天皇の外舅）が主導権を握ってしまい、実頼は自身のことを「揚名関白」（名ばかりの関白）と言って自嘲したことが伝えられている。実頼に全く実権がなかったということもないだろうが、立場に弱いところがあったようである。

●延喜・天暦期の位置づけ

さて、摂政、関白はこのように良房、基経の時に始まった。ただし、当初より役職名や権限などを明確に規定して始まったわけではないため、その始期についてわかりづらい面があり、歴史的事実の問題としても阿衡の紛議などのトラブルが起こったりした。こうした経緯を経ながら摂関制は徐々に整っていくのである。この後も摂関制についてはいくつかの変化が起こっている。次にその変化を見ていくこととしたい。

まず阿衡の紛議のその後である。阿衡の紛議の結果、基経は関白としての実権を明確にしたのだが、宇多天皇は基経の死後は関白を置かなかった。またその後、醍醐天皇や村上天皇治世下でも摂関は置かれず天皇親政が行われたと言われている。そのために良房・基経期を前期摂関政治と位置付け、醍醐・村上朝を延喜・天暦の治と呼んで特別に位置づける見方もある。しかし醍醐・村上朝の間の朱雀天皇の治世下では藤原忠平が摂関を務めている。こうしたことからこの期間をどのように位置づけるのか、摂関政治期としてとらえるのか、摂関政治と切り離して理解すべきなのか、位置づけが大変難しいのである。

宇多天皇が基経没後、関白を置かなかったのは阿衡の紛議で懲りたのだとする説もあるが、一方で関白は摂政経験者に対する優遇措置であり、単に摂政経験者がいなかったためだとする説もある。

醍醐朝には摂関は置かれなかったが藤原時平と菅原道真が関白同様の仕事を行う内覧となっている。内覧は関白に準ずる職掌で、天皇に奏上する文書などを事前に内見し政務を処理することのできる立場である。菅原道真の存在があるものの、時平が内覧になっていることはもっと注目してよいと思われる。

その後の朱雀朝では藤原忠平が摂関を務め、さらに村上朝でも忠平は七十歳で致仕し没するまで関白を務めているのである。このように見てくると単純に醍醐・村上朝には摂関不在であったともいえないのではなかろうか。摂関になっているかはともかく藤原氏が政権の中枢にいて政治を支えている構造に変わりはないのである。したがって摂関が置かれたかどうかという形式を基準に前後の時代と断絶させてみるよりもこれらの時期も摂関政治期の中に含んで考えてよいのではないだろうか。

なお、藤原忠平は延長八年(九三〇)朱雀天皇が八歳で即位すると摂政となり、朱雀天皇が元服して、その五年後にはなるが、将門・純友の天慶の乱を解決した天慶四年（九四一）に摂政を辞し関白となっている。こうして忠平の時に、天皇の幼少時に摂政、成人後は関白という違いが明確になったと言われている。

●摂関制の変化

康保四年（九六七）、村上天皇が死去し、元服を遂げた冷泉天皇が即位すると藤原実頼が関白となった。すでに述べたように実頼は摂政経験者でも外戚でもなかった。本来の外戚である藤原師輔がすでに死去していたこと、師輔の子で外戚に当たる伊尹らは当時、権中納言など政治的地位が低かったこと、そして冷泉天皇が精神的に病弱だったことなどから師輔の兄である実頼が関白になったと言われている。その間の事情はともかく、この実頼の関白就任により、それまで摂政経験者に対する優遇措置であった関白が資格として独立したと言われる（神谷正昌『皇位継承と藤原氏』吉川弘文館、二〇二二年）。この実頼の事例のように外戚でない摂関も事情によってはあり得たのであるが、上述したようにその後は冷泉天皇の外戚である藤原伊尹や兼通、兼家らが発言力を強めていき、実頼は自身を「揚名関白」と自嘲したと伝えられている。このように摂関制にとって天皇と外戚関係を持つことは重要なことであった。

次に注目されるのが寛和二年（九八六）の藤原兼家の摂政就任である。『大鏡』によれば花山天皇は寵愛する女御忯子が死んだことにショックを受け、出家を望むようになった。これにつけこんで兼家とその子の道兼が図り、花山天皇を出家させ、外孫である一条天皇を即位させた。そして外祖父で右大臣である兼家が摂政となったのである。ただし、問題があった。兼家の上席には花山朝で関白を務めていた藤原頼忠や左大臣源雅信などがいた。これまでも右大臣の基経が陽成天皇の摂政になった際に上席に左大臣源融がいた先例はある。ただし、融はこれ以前より政務に耐えがたいといっており、陽成即位後は政務に関わらず、基経が事実上太政官のトップであったという。このような基経のケースと違い、兼家のケースでは、天皇の代行である摂政より上席に実務可能な大臣がいるのであり、これはいかにも具合が悪いことであった。そこで出されたのが一座の宣旨であった。これに先立って兼家は右大臣を辞職し、その兼家に対し、「摂政は太政大臣、左大臣、右大臣より上の座次である」と、廟堂第一の座に就くことを許可する宣旨が出されたのである。この宣旨を一座の宣旨といい、この宣旨により、摂政や関白は律令で規定される大臣などを超越する職として位置づけられたのである。

また、先に外戚関係がない「揚名関白」実頼の立場に弱い点があったことを紹介したが、この兼家の場合は、前関白で太政大臣である頼忠ではなく外戚兼家が摂政となったのであり、太政大臣や関白の経歴よりも外戚関係が重視されたことを示すということもできよう。摂関政治における外戚関係の意味を考えるうえでこの点にも注目しておきたい。

●道長の栄華

さて、一般に摂関政治の全盛期は藤原道長の時であるとされる。四人の娘を次々と入内(じゅだい)させ、天皇家と濃密な外戚関係を築き、我が世を望月(もちづき)にたとえる栄華(えいが)を極(きわ)めたとされる。そのこと自体は事実であるが、冒頭にも紹介したように道長は関白にはなっておらず、摂政も外孫の後一条(ごいちじょう)天皇が即位した際にほぼ一年務めたに過ぎない。摂関の地位に就かずに作られた栄華とはどのようなもので、どのように築かれたのだろうか。

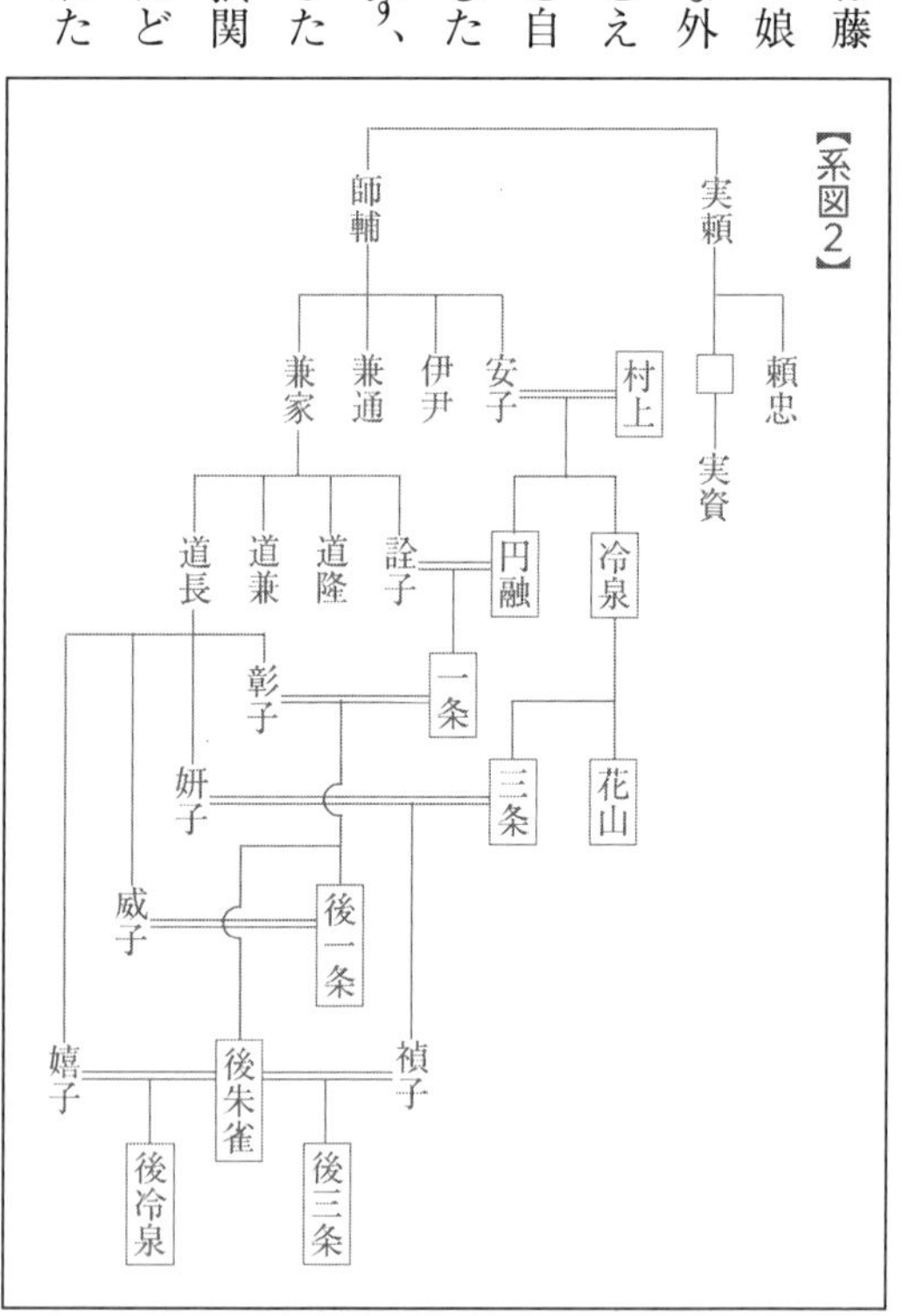

この点についてこれまで注目されているのが、道長が一条天皇の内覧となって以来、約二十年にわたって内覧と左大臣（当初は右大臣）であり続けた点である。内覧は先にも述べたが、関白の職務とほぼ同じく太政官の文書などを事前にチェックすることのできる立場である。その一方で、摂政や関白となると陣定などの当時行われていた公卿会議に参加できなくなってしまう。摂政の場合は天皇の

代行として決裁する側であるし、関白も直接会議に参加するのではなく奏上をうけることになる。そのため道長はこうした事態を避け、内覧として関白に近い実権を握りながら、左大臣として陣定などに参加して直接太政官の政務を領導しようとしたのだと言われている。このようなリーダーとしての実績と外戚政策とが相まって道長の権力が作られていったのであろう。

その後、道長は外孫である後一条天皇が即位すると摂政となるが、わずか一年で嫡男の頼通に摂政を譲っている。しかしその後も道長は「大殿」として権力を持ち、除目など人事に際し、摂政頼通に指示を出すなど権力を持ち続けた。

このような「大殿」道長の権力は、摂関家内の父子関係が役職に優先して機能していること、その指示が律令制の流れを汲む文書によって命じられるのでなく、口頭や私信で摂関に伝達されていることなどから後の院政のモデルとなったとも評価されている（坂上康俊『摂関政治と地方社会』吉川弘文館、二〇一五年）

●国母の力

摂関の権力の源泉や院政の手本となったと指摘されるものに国母の力がある。国母とは天皇の生母のことで、天皇大権の代行や補佐ができると考えられている。たとえば基経が幼帝陽成の摂政に任命された際、基経はこれを辞退し、上皇の清和か国母藤原高子による陽成の後見を要請している（『本朝文粋』巻第四表上「為昭宣公辞摂政上太上皇第二表」）。この時は、実際には国母が代行することはなく、結局、基経が摂政となるのだが、国母も実子である天皇を支える大きな力を持っていたのである。

道長の内覧就任については一条天皇国母の詮子が一条天皇を説得したことが知られている。一条天皇の中宮で、後一条天皇、後朱雀天皇の国母である彰子も政務に関与したことが知られている。外戚である摂関の権力の源泉にはこのような国母の力があり、一条天皇亡き後は彰子が天皇家の家長的存在であり、その政務への関わり方が院政に影響を与えたとも言われている。摂関政治を考える際に国母の力も視野に入れておく必要があろう。

●摂関政治と院政

摂関政治と院政の関係については近年の上島亨の研究も注目される（「摂関政治と院政」岩城卓二ほか編著『論点・日本史学』ミネルヴァ書房、二〇二二年、上島亨『日本中世社会の形成と王権』名古屋大学出版会、二〇一〇年）。晩年の道長は法成寺を造営するが、その際に受領をはじめ貴族各層に広く役負担を求め造営させている。このような、国家財政とは異なる形での役の賦課や法成寺を通して国家安泰とともに摂関家の護持を祈ることなど道長は新たな王権を創出したと評価でき、これがのちの白河院政にも影響したと評価する見解である。この見解のうち、国家による賦課ではなく、道長が主従制的な関係に基づき貴族らに役の負担を求めたという点は重要な論点である。ただしこの点については道長だけでなく藤原実資なども公卿らに役を課していることなどから批判する有力な見解もある。「大殿」道長の位置づけについてはさらに検討していく必要があるだろう。

院政との関連でいえば、院政期には摂関制についてもう一つ大きな変化が起きている。平安末期、幼帝鳥羽天皇の即位の際のことである。この時、鳥羽天皇の外戚は閑院流の藤原公実で、道長の子孫で前代の関白であった藤原忠実は外戚ではなかった。そのために公実が摂政就任を望んだのである。しかし白河上皇は公実ではなく忠実を摂政としたのである。

このことにより摂関の地位は外戚関係とは関わらなくなり、御堂流といわれる、代々摂関を務めてきた道長の子孫が世襲することとなる。つまり摂政や関白を務めることを家業とする摂関家が成立したのである。こうして摂関家は外戚関係に関わらず、永続的に安定したものとなるが、一方で摂関に対し上皇が上位に立つことにもなったのである。

王家（天皇家）では白河上皇が家長として皇位継承者を決定するなど家長としての権限を強め、中世的な家を成立させていたが、こうして摂関政治期の王家と摂関家のミウチ関係による政務運営から王家、摂関家としてそれぞれ自立した権力が王家のもと相互補完的に支えあう新たな政務運営の時代、院政の時代に入

【系図3】（元木泰雄『保元・平治の乱を読み直す』〈日本放送出版協会〉をもとに作成）

藤原師輔―兼家―道長〈摂関家〉―頼通―師実―師通―忠実―忠通―基実
　　　　　　　　　　　　　　└教通　　　　　　　　└頼長　└慈円
藤原師輔―公季―実成―公成―実季―公実―待賢門院（璋子）
　　　　　　　　　　　└茂子＝後三条天皇
　　　　　　　　　　　　　　└白河院―堀河天皇
　　　　　　　　　　　　実季―苡子＝堀河天皇
　　　　　　　　　　　　　　└鳥羽院＝待賢門院（璋子）
　　　　　　　　　　　　　　　　└崇徳天皇
　　　　　　　　　　　　　　　　└後白河天皇

っていくのである。

（戸川　点）

【参考文献】

神谷正昌『皇位継承と藤原氏』（吉川弘文館、二〇二二年）
倉本一宏『藤原氏』（中央公論新社、二〇一七年）
今正秀『藤原良房』（山川出版社、二〇一二年）
坂上康俊『摂関政治と地方社会』（吉川弘文館、二〇一五年）
美川圭・佐古愛己・辻浩和『摂関政治から院政へ』（吉川弘文館、二〇二一年）

2　国司と地方社会の関わり

●地方官の派遣

世界史上のさまざまな地方官は、地方有力者が勤める事例と、中央から派遣される事例に分けられる。中央集権の強化を重視し続けた古代中国では、とくに隋代（五八一〜）以降、後者の方式を厳格化した「本籍廻避」制（地方出身者を出身地の地方官に任命しない制度）を採った。これを継受した古代日本でも、七世紀末以降、国衙機構の運用を中心的に担う国司四等官（守・介・掾・目）と史生は現地採用を不可とする行政制度が施行された。

ただし当時の日本社会において、本籍廻避を完全に実現できたわけではない。同時期の中国における地方行政区は州―県という構造で、いずれもが中央派遣官をトップとして統治されていた。一方の日本では、これに対応する国―郡という行政区のうち、中央からの派遣官「国司」が統治するのは前者だけで、後者は地方有力者から採用される「郡司」が行政権を担っていた。また国司とは異なり、郡司には任期がない点も両者の違いといえる。こうした妥協的な制度設計は、平安期を通じて展開する地方有力者の権限拡大の素地となる。

●本籍廻避の形骸化

このような日本古代における地方政治の変質は、最終的に中世的な世界を生み出す背景の一つとなった。その変化の大筋は、七世紀後半までの中央集権化に際して吸収された権限を、地方社会側が平安期を通じて段階的に回収する過程で生じている。つまり具体的には、地方官司の権限拡大や官司運営を担う主体の変化（中央官僚→地方有力者）として表面化することになる。

その展開を見ていくと、まず九世紀代のうちに土地所有の承認権など重要な権限が国司から郡司へと委譲される現象が注目される。一部とはいえ、政務処理の過程における最終決裁権が、現地出身の官僚（郡司）に委任されたことは、大きな変化といってよい。

つづく十世紀前半には、地方有力者はそれまで書生（事務官）などとして関わるだけだった国衙機構における行政処理に、一定の決裁権を持つ任用国司として参与し始める。たとえば、伯耆国中西部の有力者物部忠明が「前司忠明」（『日本紀略』天暦元年〈九四七〉四月三日条）とある記事は、そうした現象が確認できる最初期の事例である。十世紀中頃以降、全国的に確認されるようになる同種の人事は、国司官長の受領化に伴う任用国司の権限縮小後とはいえ、本籍廻避が形骸化し始めたことを示す重要な現象といえる。

●「地方有力者」とは

こうした変化の過程で大きな役割を果たす「地方有力者」の実態について、説明の必要があろう。先行研究では、十世紀後半〜十一世紀前半に大化前代以来の有力勢力が没落し新興豪族が台頭するという図式が示され、そうした支配勢力の入れ替わりを前提に古代から中世社会への移行が生じるという見通しが示された（石母田正『中世的世界の形成』伊藤書店、一九四六年）。この理解は多くの研究者に継承されてはいるが、実際には理論的な要請から提起された仮説の域を出ない。その後、没落せずに活動しつづける旧勢力に注目する重要性が指摘されただけでなく（戸田芳実『日本領主制成立史の研究』岩波書店、一九六七年）、近年では具体的な事例検証から「新興層の台頭や譜第郡領氏族の没落はなかった」（森公章『古代郡司制度の研究』吉川弘文館、二〇〇〇年）とする見解すら提示されている。

実際、諸事例を見る限り、国造・郡名氏族・郷名氏族など令制施行以前からの地方有力勢力が十一世紀以降まで勢力を維持する事例は珍しくない。たとえば周防国熊毛郡を本拠とする周防氏は、周防国造からはじまり、本拠地の郡司、周防国の任用国司を勤める段階を経て、十二世紀代には国除目（受領の行う人事）に基づく国衙在庁の地位も確保していた。この種の類例が全国的に確認されることも踏まえると、いわゆる「譜代」の血筋であることは、十二世紀代頃まで大きな意味を持ち続けていたと考えてよい。

一方、平安期のうちに新たな勢力が台頭し、当該地域で支配的な役割を担うようになったことが確認できる事例は、それほど多くない。たとえば平安後期の一部の国で、中原・大江など旧来の現地勢力とは考えにくい姓を持つ人々が国衙在庁を務める現象が見える。しかし彼らは、たとえば任期終了後に留住した国司やその子孫、あるいは土地の開墾などによって勢力を蓄えた移住者などが自力で台頭したものではない。この種の現象は長期にわたって院の影響力の元に置かれた国（周防・出雲・加賀など）に限られており、院庁の政策的な判断で中央下級官僚の関係者が送り込まれたものと推定すべきである。一般の留住国司やその子孫が容易に現地勢力化できるのであれば、藤原姓の国衙在庁が全国各地に発生してもおかしくないが、そのような現象はとくに目立たない。地方社会に新興勢力が台頭し、旧来の有力者層を駆逐するほどの力を得るには、十二世紀後半の内乱期まで待たねばなるまい。

●平安中期における受領と地方有力者の力関係

先行研究では、平安中期における受領（赴任義務を帯びた最上位の国司）の権力の強さを強調する見解も少なくないが、近年の研究によれば実態は異なっている。十世紀代までに生じた地方有力者の発言権の拡大については既述したが、そうした傾向は彼らが国衙における国書生、あるいは郡衙における郡司など各種の下級行政官として、二世紀以上にわたる職務遂行過程で培った行政経験を前提としていた。その結果、かつて京から下向してきた国司たちが行使していた権限のかなりの部分は、平安中期までに地方有力者たちによって掌握される状況が現出していた。つまり当時、受領と現地勢力との権力差は相当に縮小し、両者の上下関係はギリギリのバランスで維持されるに過ぎない段階に到っていたのである。

たとえば因幡国では、寛弘二（一〇〇五）～四年に因幡守を勤めた橘行平が因幡介の因幡千兼を殺害している。事件を受けて現地勢力は上京愁訴を敢行し、陣定（閣議）の場で適切な弁明ができなかった行平は、因幡守の解任処分を受けている（『権記』寛弘四年十一月二十九日条ほか）。ここで受領が任用国司を抑えるために、職権による政治的な圧力行使ではなく殺害という最終手段をとったことは看過すべきでない。国衙機構に進出してきた地方有力者（この場合は国造家の当主）と受領との間で対立が生じた際、もはや法制上の統属関係のみでは対応しきれない状況に到っていたことを示す現象である。

●苛政上訴の実態　長門国の事例

この時期、類似の摩擦はさまざまな形で生じていたと推定されるが、「苛政上訴」と呼ばれる現象もその一形態と考えられる。任地の人々が国司を上訴する現象自体は九世紀中頃から頻発しているが、研究史上は十世紀末〜十一世紀前半に彼らが太政官へ直接上訴する事例をこのように称している。

「苛政」は漢籍に由来する熟語だが、直接には近世史の分野で使われ始めた学術用語である。近世史では苛政→一揆という定型パターンで使われ、それを受けた古代史でも受領の理不尽な統治姿勢→上訴という定型パターンに当てはめられた。そのため、かつては「苛政で上訴せざるを得なくなった百姓」というステレオタイプな理解も目立ったが、現在では上訴主体が地方有力者だったことは研究者の間で共通理解を得ており、すでに耐用年数を過ぎた用語という感は否めない。

ともあれ、いくつかの上訴実例を検討しておこう。まず取り上げるのは、長門国の事例である。寛仁二年（一〇一八）年末、源経頼は『左経記』に「長門守（高階）業敏朝臣、民の愁により、任替せらると云々」（同記 寛仁二年十二月七日条）と記している。この事例が興味深いのは、ここで「民」と表現された主体が、実は「鋳銭司判官士師為元」（『小右記』同日条）のことと判明する点である。経頼が周防鋳銭司の官人を「民」と表現したのは、彼が長門国阿武郡の地方住民（『小右記』寛弘五年八月八日条）だからであろう。

他の事例でも、この種の地方官人を「民」・「百姓」などと呼ぶことは少なくない。たとえば上訴により受領の解任を勝ち取った「百姓」が「印鎰を随身」していた事例もある（『日本紀略』天延二年〈九七四〉五月二十三日条）。印鎰（国印と正倉の鎰）を一般農民が持ち歩いていたとすれば大変な犯罪なので、ここでの「百姓」も国衙に勤務して一定の肩書きを持つ人物を指していると考えられる。

ところで寛仁二年の上訴事件をめぐっては、為基の父朝兼も五位の位階や大宰少監（大宰府の三等官）の官職を保持していたことが注目される。彼の位階については、藤原道長が自ら加階手続きを進めており（『御堂関白記』寛弘元年〈一〇〇四〉五月十三日条）、道長の口利きで獲得した可能性が高い。さらにこの親子は、実は十年前にも別の長門守と紛争を起こしている（『小右記』寛弘五年八月八日条）。その際は、主犯朝兼を救うために道長側近の高階業遠が奔走し（同記　寛仁二年十二月七日条）、道長自身も検非違使に対して朝兼の仮釈放を指示している（同記　寛弘五年十二月三十日条）。そして今回は、長門守業敏（業遠の息子）と土師為元の間に紛争が生じ、前者の解任に至ったのである。

最高権力者である道長が、長門国に住む土師氏にここまで肩入れする理由はどこにあるのだろうか。これを考える際に示唆的なのは、「件の為元、是れ大殿（道長）に毎年牛を献上する者なり」（同記　寛仁二年十二月七日条）という記事である。古代の周防・長門両国は牧の集中地域で、おそくとも十一世紀中頃までには摂関家領の牛牧荘（長門国阿武郡）も設置されていた。つまり為元が献上した牛は、ここから調達された可能性が高い。以上の諸情報を踏まえると、土師朝兼―為基親子は摂関家領の牧管理人として道長個人と密接な関係を築いており、それ故の特別扱いだったと考えられることになる。

訴えられた長門守が再三の召還にもかかわらず、太政官に参上して弁明しなかったことも、複雑な政治的背景があってのことと推測されよう。

●苛政上訴の実態　尾張国解文

もう一つ、尾張守藤原元命の非法・濫行・横法を列挙した「永延二年（九八八）尾張国解文」も見ておこう。まず確認しておきたいのは、この訴状を作成した主体である。先行研究のなかでは、この上訴の背景に中央政界の主導を想定する見解もある。いわゆる「苛政上訴」と呼ばれる現象そのものの評価とも関わる論点なので、簡略に検討しておきたい。

そうした見解は戦前に提起されたもので、当時、政界の中枢にいた藤原兼家が反対派の重要人物元命を「解文」の提出という形で失脚させたという内容で（吉村茂樹「尾張国解文の成立についての一考察」『歴史地理』五八―二、一九三一年）、近年でも一定の影響力を保持している。しかし具体的な根拠が示されていないうえ、血縁・官歴などの諸点から見ても、元命は兼家が策を弄してまで失脚させるほどの人物とは思われない。

上訴主体が元命のどんな行為を非難しているかを見ると、おぼろげながら彼らの正体が見えてくる。たとえば「解文」二十条では、国司四等官のうちの掾・目に公廨（給与）を支払っていないことが非難されている。しかし実は、元命が公廨を支払わなかった対象は、下級国司の掾・目だけではない。同時期に尾張権守だった藤原道綱（『蜻蛉日記』作者の道綱母の息子）も、元命による給与未払いを告発する上申を行っているのである（「永祚二年〈九九〇〉二月二十三日宣旨」『政事要略』巻二七）。ところが「解文」では、道綱の件には一切言及していない。つまり上訴者は尾張国住人と接点のある要素にしか興味を持っていない、あるいは情報が入ってこない立場の人々なのである。さらに言えば、前述した物部忠明（伯耆国前司）・因幡千兼（因幡介）などのように、この時期、地方有力者が本国（本籍地）の任用国司の地位を獲得している実態を踏まえると、ここで掾・目への公廨不払いを問題視しているのは、彼ら任用国司も上訴勢力の一員である可能性を示唆する情報といえよう。

そもそも上訴側の人々は「解文」の計三十一箇条を通じて、多種多様な非難を繰り広げてはいるが、後日の受領功過定（勤務評定）の場で、元命は「定め許さるるところなり」（『北山抄』吏途指南）・「非過」（『権記』長保五年〈一〇〇三〉四月二十六日条）、つまり多少の過失はあるがギリギリ合格点という評価が与えられている（なお停任の十五年後に功過定が行われていることは、彼がこの時期に受領として再任される可能性があったことをうかがわせる）。つまり「解文」のなかで訴えられていることは、功過定の場で問題視されていないのである。元命が功過定以前に解任されていることも踏まえると、彼の統治行為の内実ではなく、上訴そのものが問題視された結果の解任と考えられる。

当時の尾張が難治の国であるという評判が広く存在していたことは、尾張守に就任したばかりの藤原理兼が「彼の国、不和」（『小右記』長徳三年〈九九七〉七月九日条）と主張して辞めてしまったことからも窺える。尾張国で他国と比べて上訴件数の多さが目立つ実態を踏まえても、「不和」とは現地勢力との折り合いが付けにくい状況を述べたものと考えられよう。その背景について考える際、十一世紀代の尾張国について「大宮司の威勢、国司にもまさりて」と述べる説話（「伏見修理大夫俊綱（橘）事」

『宇治拾遺物語』巻三―十四）は参考になる。十一世紀代までの熱田神宮は、平安期を通じて国内各郡の郡司や国衙在庁などの地位を保持し続けた尾張国造家の拠点の一つだった。同氏が中央政界とも深く関わっていたことは、同族の尾張兼時のように藤原道長に近い人物が活躍していたことや、「長徳二年（九九六）大間書」に尾張権大目として「尾張宿祢正茂」の名前が挙がり、その任用根拠が「内給」（一条天皇の推薦）とされること、あるいは正茂の縁戚と推定される「尾張宿祢雅茂」が東三条院（藤原詮子）の年給枠から藤原道長の推薦を受けて大和権介に就任している事実（『大間成文抄』二）からも窺える。歴代の受領にとって統治しにくい国と見なされたことと、こうした尾張国造家の中央政界とむすびついた政治力が無関係とは考えにくい。

元命の二代後に尾張国で受領を務めた大江匡衡は、歌人として名高い赤染衛門（妻）を任国に同伴し、自身と「国人」と諍いが生じた際に真清田社（一宮）で和歌を詠ませたり（『赤染衛門集』）、自身でも息子の蔵人就任を祈る願文や『大般若経』六百巻などを熱田神宮に奉納しているが、実質的にはこれらの神を祭祀する地方有力者への宥和政策の一環と考えられる。そして、そこまでした匡衡すら、二期目の尾張守については早々に辞職し、丹波国へと遷任している。当時の尾張国は、よほど統治しにくい国だったのではなかろうか。

●上訴の際に現地勢力の主張が分かれる場合

ところで尾張国の「郡司・百姓」が一丸となって、元命の悪政を非難する風を装うこの文書ではあるが、同時期の上訴のなかにはそうした構図に違和感を感じさせる事例も散見される。たとえば丹波守藤原頼任（よりとう）に対して、寛仁三年（一〇一九）七月に任国の「百姓」から「悪状」が提出されたのち、同年九月に「善状」が提出された現象は（『小右記』同年九月二十四日条）、その典型である。この種の現象について、受領側が説得や圧力で当初と異なる主張を行わせた可能性を想定する研究者もあるが、上訴者と異なる勢力が反訴を行ったとする理解もある。後者のような構図も存在したことを示唆するのが、解文三十条の記載である。本条では「守元命朝臣、京より下向するに、毎度引率せる有官（うかん）・散位（さんに）・従類・同じく不善の輩（ともがら）」として列挙されるなかに「良峰（よしみね）松村」という人物が見えるが、実は彼は当時の尾張国丹羽（にわ）郡司だった（「良峰氏系図」）。

「尾張国解文」が、現任の郡司を京都から「下向」してきた「不善の輩」と述べたのは、一部の郡司が元命に協力していることを述べれば、訴えの正当性に傷が付くと判断したからだろう。地方有力者が他官司での勤務を経て出身地の郡司に就任する事例は、奈良期の他田（おさだ）神護（安房（あわ）国）を先駆として多数見えるので、松村の場合もたとえば内舎人（うどねり）（宮中の雑役を担う文官）・滝口（たきぐち）（宮中の警護をする武官）などを経て尾張国の郡司となった履歴があり、そうした事実を踏まえて反対勢力側は先のような非難を加えたのであろう。このほか同条で非難される人物には、大原弘春・伴（とも）兼正など同姓の人物が尾張国の任用国司・国衙在庁として多数見える事例が含まれており、彼らのなかにも地方有力者が含まれていた可能性は想定される。こうした事例からも、「苛政上訴」の背景として地方社会内部の争いがあった可能性を考えてみるべきだろう。

●上訴の終焉以降

以上、苛政上訴の実例をいくつか見てきたが、ここで取り上げた藤原元命のみならず、他の事例においても上訴された受領の多くは解任処分を受けており、上訴されたこと自体が処分を受ける一つの理由となっていた感も否めない。受領側の主張の是非はともかく、中央政府から見て現地勢力の協力を得られない受領に任国統治は不可能と判断された結果であろう。

さて上訴という現象は、十一世紀前半のうちに史料上から姿を消す。こうした変化の背景については、上訴主体（地方有力者）の希望がある程度実現した結果とする見解のほか、平安後期に権力の所在が院に移ったことを重視する見解などもある。ただし後者のような理由であれば、上訴の対象が変更されるだけだろうから、前者の見解によるべきだろう。

この現象が治まった十一世紀代に、これまで二世紀以上の間、国衙行政に携わった経験を前提に、直接には数十年に渡り任用国司を勤める過程で培った政治的発言権もテコとして、地方有力者たちが国衙在庁「職（しき）」を確保するに到ったことは、彼らにとって大きな成果だった。この段階に到って、地方有力者たちは手続きの面倒な都における除目（じもく）から解放され、安定的に行政権を行使しうる地位をようやく保証されることになったからである。

当時の地方社会の権力構造は、受領と地方有力者の間における国務の分担体制から確認できる。養老職員令の規定や、先行研究の整理した平安前期頃までの国司の諸業務と（加藤友康「国郡の行政と木簡」『木簡研究15』、一九九三年）、十二世紀前半における加賀国の受領の職務を列挙した「大治（だいじ）二年（一一二七）雑事注文」（半井家本『医心方』紙背文書）とを比較すると、かつて国司が担っていた公共機能の大半は現地勢力に委ねられ、受領の業務は国衙構成員の任命と徴税に限定される実態が判明する（ただし「任命」といっても全入替は不可能で、多くは現状追認ということになろう）。こうした棲み分けの実現が、両者の関係性を安定化させた最大の要因と理解すべきだろう。

このような変化の結果、とくに十一世紀後半以降、任国に赴任した受領とその周辺の人々は、場合によっては相当な緊張関係に置かれたようである。たとえば但馬守藤原隆方が承暦二年（一〇七八）に任国で死去した際、残された郎等たちが「国人の心を変へざらんが為」に彼の死を隠して帰京したのも（『古事談』二—四十四）、受領の死去で安全に帰京できない可能性が生じかねないと判断した結果であろう。

以上の諸段階を経た結果、本籍廻避の原則はさらに大々的に放棄され、地方有力者たちは令制施行期の国司が行使していた諸権限をほぼ確保するに到る。そうした変化の最終段階へと到るのは、十二世紀末である。治承四年（一一八〇）の豊前守宇佐公通（宇佐神宮大宮司）の任命を端緒として、養和元年（一一八一）の陸奥守藤原秀衡・越後守城助職、寿永元年（一一八二）の常陸介源（佐竹）隆義、寿永二年（一一八三）の安芸守佐伯景弘（厳島神社神主）など、平氏政権下における強権的な特例処置で各地の地方有力者が受領に任じられたのである。このようにして本籍廻避の原則は完全に破られ、国司制度の崩壊を白日の下にさらす結果となった。

●国司の社会的な役割

紆余曲折こそあれ、このように七世紀末～十二世紀末まで長きにわたり地方社会に君臨してきた国司（受領）だが、彼の果たした社会的機能のなかでは、一般に地方から徴収した税物を中央社会へ持ち込む役割が重視されている。しかし国司が中央に持ち込むのは、物資だけに止まらない。たとえば平安期の諸史料には、任地で故老などから「風俗」を聞き取ることが国司の義務であるという記述がしばしば見える。そうした機会に説話を採集した成果が、たとえば三善清行（みよしのきよゆき）『善家秘記（ぜんけひき）』などである。国司だけでなく、随伴・下向した人々のなかにも説話の収集に勤しんだ人物は少なくなかっただろう。そうした営為の積み重ねが、最終的に平安後期の『今昔物語集（こんじゃくものがたりしゅう）』などの各種説話集として結実した。古くは『風土記』にはじまるこうした伝承の共有作業は、日本社会の一体感を大きくはぐくんだと考えられる。

もう一つ注意すべきなのは、以下見ていくように、地方官が中央社会から地方社会へと各種のものを運び込む役割も担っていた点である。つまり国司（あるいは受領）とは、都鄙（とひ）間の双方的関係のハブを担う社会的な存在だったといってよい。一般に地方官の権威とは、中央政府（あるいは王）の威光を反映させるだけではなく、地方社会に存在しない専門知識などによって卓越性を誇示することで保たれる側面がある（ウェーバー『権力と支配』みすず書房、一九五四年）。つまり国司は、つねに現地社会が求める技術・情報を供給することによって、はじめて十分な求心力を保てる存在だった。地方社会の有力者の側から見れば、その種の高度な「文化」を持った集団との交流によって、地域社会内部における優越性を確保することこそ、国司の下働きに甘んじる大きな理由だった。

もちろん、そうした役割を国司官長（あるいは受領）個人が単独で担うことは困難である。令制施行当初のように、政府が必要な人材を派遣していた時期と異なり、平安中期までに受領に地方政治の責任が集中するようになると、その種の人材選定も受領に任されるようになる。この段階においては、郎等として「除目に司得ぬ人の家」（『枕草子』）にみえるような知人を集めるだけでなく、「四郎君」（『新猿楽記』）に見えるような各種の分野で秀でた人を積極的にリクルートして回ることも必要とされた可能性が高い。

●文書主義と現地採用官僚

以下、日本古代の中央社会が、地方官などを介して地方社会に供給した各種要素を具体的に見ていくが、まず注目すべきは識字能力である。律令制の本格施行に伴い、突然、何万もの漢字（外国の文字）の羅列からなる「律令法」を一方的に示され、今後はこれに基づいて社会を運営すると告げられた地方の無文字社会の住人たちは、相当に面食らっただろう。これ以降、定期的に中央から持ち込まれる巻物の山や書類の束は、都鄙間の格差＝「文明」を象徴する要素として、彼らに逆らいがたい強制力を及ぼすことになる。

しかし中央の側にしても、実際に文書行政を行う際、地方社会における識字能力者の少なさは大きなネックとなった。諸国のうちでも機構規模が最も大きい大国クラスですら、都から派遣される官僚の定員は四等官六名＋史生三名の計九名に過ぎない。現地採用の下級官吏（国書生や郡司など）への十分な訓練なしに、膨大な行政作業の実施は不可能だったと考えられる。郡司予備軍が公文書作成の能力訓練の過程で使った習書木簡が、地方官衙のみならず平城京跡などからも出土する状況は、当時彼らの能力向上のために、全国各地においてさまざまな施策が採られたことを物語っている。

こうした経験を積んだ末に、郡司のうちの大領・少領の候補者は中央の式部省に呼び出され、「郡司、筆を執りて、各の其の問に答ふ」（『延喜式』式部三十六試郡司条）とあるように、漢文の素養を確認する文章題を課された。また主政・主帳の候補者については、「唱試」（口頭試問）が行われた。このような修練を三百年に渡って続けた成果が、「尾張国解文」に代表される地方有力者の起草した名文である（この文書の起草者については諸説あるが、大筋は地方有力者が書いたものと考えるべきだろう）。当初、上からの支配の道具として利用されていた文字が、この頃を境として逆のベクトルで作用し始めたことは、日本社会における文字享受史の画期と位置づけられよう。

なお中世史の分野では、古代＝官僚制←→中世＝非官僚制という断絶的な理解を採る研究者もあるが、古代中世移行期に生じたのは組織形態や文書形式の変化にすぎず、そうした現象を官僚制の消滅とするのは短絡的である。平安後期における中央官僚機構の大幅な機能低下は間違いないとはいえ、奈良・平安期の地方統治を通じて一定の行政経験を積んだ地方有力者たちが、身の丈に合った形で再構成した組織（国衙留守所など）を地方社会で運用していく現象は、官僚制・文書主義の日本的な展開の一事例と考えるべきであろう。

●国司の同行者による文化伝播

国司（受領）の下向時に同行する技術者・文化人は、識字能力以外にも地方社会に様々な影響を与えた。たとえば歌人や楽人の随伴は、任国における行事（とくに神事）の際、その種の技能が求められたことと関係があろう。赤染衛門が夫大江匡衡の任国尾張国で詠んだ歌のなかには、夫の国務との関係から作られたものが複数含まれている（前述）。同じ頃、受領に随行して各地に下向した歌人能因の事例も、同様の背景によるものだろう。この種の人々との接触の過程で、最新の芸術・芸能が地方社会に伝播した可能性は高い。

また、受領への僧侶の随伴が目立つことも注目される。たとえば「国務条々」（『朝野群載』巻二十二）は、能書者・堪能武者・修験者などとならんで、「有智の僧侶」の同伴を奨励している。承保四年（一〇七七）に但馬守として赴任した藤原隆方は任国に舎弟僧を同伴していたし（『古事談』二―四四）、讃岐守について下向した静真（同三―三十六）や、美濃守について下向した心懐（『今昔物語集』巻二十―三十五）も同様である。こうした人々は、地方社会への宗教文化の伝播に一定の役割を果たしたと考えられる。

「尾張国解文」で、元命の筆頭郎等としてあげられる「天文権博士惟宗是邦」も、何らかの需要があってスカウトされた人物と考えられる。天文博士は計算能力を買われて、民部省の主計寮・主税寮で勤務する場合が多いので、それを期待されての可能性もあろう。あるいは九世紀後半の地方官司で陰陽師ポストを新設する傾向を踏まえると、その種の素養を求められた可能性もある。実際、治安年間（一〇二一〜）に下向した肥後守は陰陽寮の属「大中臣豊明」を同伴し、康和元年（一〇九九）に下向した因幡守は「陰陽大夫久宗」を同伴している。寛弘元年（一〇〇四）に筑後守に同伴下向した陰陽属 錦 文保は十八年たっても筑後国に止まり続け（『除目大成抄』第十）、権天文博士和気久邦も長く伊予国に住んでいた（『小右記』寛仁三年〈一〇一九〉六月十日条）。こうした人々との接触の過程で、地方社会に陰陽道や暦に関する知識が普及した可能性も想定されている。

●留住と交婚

先に受領の同伴者が現地に留住する事例を紹介したが、国司自身が任終後に任地に残る事例も少なくなかった。たとえば豊後介の任期を終えたのち、現地で私営田の経営に勤しんでいた中井（仲井）王は、承和九年（八四二）に豊前国から告訴され、帰京を余儀なくされている（『続日本後紀』同年八月二十九日条）。その後、彼の昇位や改姓に関する記事が見えるので、おとなしく在京生活を続けたらしい。このように中央貴族側の活動パターンとしては、多くの場合、最終的には帰京していたようである。ただしその際、残された拠点経営を担う代理人として、自らと現地勢力の間の交婚によって生まれた息子などを残していくことが少なくなかったと考えられる。そして、そうした拠点を中心とする勢力のいくつかは淘汰の波を乗り越え、次第に地方社会に根付いてゆく。

そもそも地方官と現地女性との交婚は世界的な現象で、たとえば中国でも唐開元二十五年令で「百姓交婚」の禁止を規定している。この規定は日本令には継受されなかったが、次第に同種の弊害が目立ってきたらしく、天平十六年（七四四）・貞観十年（八六八）と、国司が部内の女子を娶ることを禁断する官符が出された（『類聚三代格』巻七）。

こうした禁令が度々出されていることは、交婚が一向に収まらなかった実態を示している。実際、十世紀初頭に活躍した藤原利仁は、祖父が越前守を務めた時期、現地に同行した息子が現地人との間に儲けた子とされる（『尊卑分脈』）。また十世紀後半に藤原兼家の最側近として活躍した平惟仲は、父が美作介として赴任した際、郡司の娘との間に生まれた子とされる（『公卿補任』ほか）。こうした現象が多発する背景には、現地勢力側の強い要望もあったと考えるべきだろう。すでに指摘されるとおり、都下りの「貴種」との関係を深めることは、地方社会における自家の地位を上昇させる際、非常な効果を生じるからである（保立道久『物語の中世』東京大学出版会、一九九八年）。

●任終後の国司と旧任国の関係

地方社会側からの国司（受領）への交婚要請をはじめとする各種の積極的なアプローチと、かつての地方官が旧任国と関係を保ち続ける現象の間には一定の関係があろう。

任終によって両者の縁が切れる訳ではなかったことは、多くの事例で確認できる。たとえば前司の横領に連座して常陸守（天長三年〈八二六〉～）を解任された甘南備高直の場合、常陸国の「吏民」が彼の罪を軽減するために競って財物を供出している（『続日本後紀』承和三年四月十八日条）。また讃岐守（天安二年〈八五八〉～貞観五年〈八六三〉）の任を終えて帰京した紀夏井のもとには、旧任国から多くの産物が送られてきている（『日本三代実録』貞観八年〈八六六〉九月二十二日条）。貞観年間に備前・備中などの国司を歴任した藤原保則が同十七年（八七五）に帰京する際、郡司が「白米二百石」を献上してきたのも（『藤原保則伝』）、これに類するものだろう。

『土佐日記』は「地元の人々の気質として、国司の離任時には見送りに来ないものだ」（承平四年（九三四）十二月二十三日条、現代語訳）などと述べてはいるが、実際には「やぎのやすのり」など現地の人が挨拶に訪れている。八木氏は十世紀以降、土佐国の任用国司や国衙在庁を歴任する一族なので、この時期も郡司などを務めていた可能性が高い。このほか平安後期の事例では、因幡守藤原宗成の帰京に際して現地人三十数名が同行しているが（『中右記』保安元年〈一一二〇〉二月二十九日条）、彼らを率いた「国人右近大夫経俊」は同国で一宮神主・在庁介を務める伊福部久経の弟と想定されている。

承保元年（一〇七四）～承暦四年（一〇八〇）まで美作守を勤めた大江匡房が、美作国の有力者が三重塔を立てた際の願文「応徳元年（一〇八四）二月 美作土民散位藤原秀隆塔願文」（『江都督納言願文集』巻六）を代作した事例も、かつての受領と旧任地の人々と交流が継続していたことを示す格好の現象といえよう。

藤原知光が、大江匡衡の急な辞職により国人たちの要望を受ける形で再任された事例は、道長が「旧国の者、参上し申すの例を聞かず」（『御堂関白記』寛弘六年〈一〇〇九〉九月十四日条）と述べるとおり異例ではあるが、旧任国との結びつきが継続していた結果と考えられる。彼が、藤原理兼（長徳三年）・大江匡衡（寛弘七年）など中途離職した尾張守の後任として二度にわたり抜擢された現象の背景（とくに後者の場合）には、その種の結びつきの存在を推定すべきだろう。実際、その任終の際、「尾張国の者、守知光の善状を申す」（同記 長和元年〈一〇一四〉十二月九日条）とあるように、現地から再任要請の文書が提出されていることも、両者の関係性の深さを物語っている。

こうした関係性の延長線上に、任終後の受領との間で主従関係が継続する現象すら生じる。たとえば長暦年間（一〇三〇年代後半）に肥後守を勤めた藤原定任の場合、任終で帰京したのちも「本国土人」が「従者」として付き従っていた（『春記』長久元年〈一〇四〇〉四月十一日条）。さらに院政期に入ると、地方有力者と受領経験者との間で固定的な関係が継続する事例も出てくる。たとえば周防国（院分国）の場合、受領を務めた院近臣が多々良氏（後の大内氏）・内藤氏などの現地勢力を主従関係下に組織し、古代末期内乱期における院庁直属の武力として様々な局面で有効活用している（渡辺滋「古代の多々良氏から中世の大内氏へ─国衙在庁の中央出仕とその後」『山口県立大学国際文化学部紀要』29、二〇二三年ほか）。

●遥授先に特定の国が選ばれる傾向

以上のような関係を考える場合、「遥授」（給与のみを受け取る国司）の際に任国が特定国に偏る人物の存在も注目される。たとえば讃岐守を二期勤めた源冷が宮内卿との兼官で讃岐守となった事例や、橘澄清が播磨介（受領）を勤めた後に参議との兼官で播磨権守を二期勤めている事例など、かつて赴任した国を兼国先とするのは、その典型例である。

また紀長谷雄のように、二十七年（中間に二回の隙間があるが五期で計十六年間）かけて讃岐国の四等官すべてを歴任した猛者もいる。彼の場合、権少目（文章得業生との兼官）からはじめて、元慶八年（八八四）には讃岐掾として実際に赴任し、その後も兼官として讃岐介・讃岐権守・讃岐守などを次々と歴任していく（『公卿補任』）。とくに注目されるのは、寛平四年（八九二）正月に「兼尾張介」となったのを五月に「兼讃岐介」に変更している事例で、前後の履歴との関係性を踏まえても意図的な改任と考えられる。九世紀前半の内には、本人の提出する申文に基づいて任命先を決める方式が一般化しており、遥授国司に関しても申文で任国を指定することは可能であった。おそらく長谷雄は、わざわざ兼国先の変更を申請して、讃岐国に改めてもらったのであろう。

ここで注目されるのが、前後の時期の讃岐国司として紀夏井をはじめ紀姓の人物が多い傾向である。任命の割合で見ると、同時期の紀伊国とならんで高い集中率を示している。同じ頃、讃岐国出身の直講（大学寮の教官）苅田首安雄が「紀朝臣」に改姓している（『日本三代実録』貞観九年〈八六七〉十一月二十日条）ことや、十世紀以降、佐伯（空海の実家）・凡・綾などといった氏族に混じって紀姓の任用国司が目立つようになる傾向、あるいは十一世紀以降に讃岐国の国衙在庁として紀氏が多数見える傾向などは、現地勢力として紀氏が一定の権力を握っていた実態を示す現象と考えられる。このような状況が、既に九世紀の段階で形成されていたのか、紀夏井・紀長谷雄らの国司としての関わりのなかで生じたものかは不明だが、いずれにせよ長谷雄が遥授先として讃岐国に拘り続けた背景に、何らかの実質的な意図が存在した可能性は高い。

なお、長谷雄の場合と同種の遥授先の変更事例は、他にも散見される。たとえば藤原兼家の側近藤原有国が、永延二年（九八八）正月に信濃権守となった後、二月に周防権守に改替されている事例（『公卿補任』承暦元年条）も同様の背景が想定される。有国は若年時に周防守藤原輔道（父）のもとで周防国の国務に関わっていたことと関連して、わざわざ規模の小さな（おそらく実入りの少ない）周防国へ国替えを申請したものと考えられる。

●今後の方向性

以上、古代社会に存在した各種の国司を検討対象として、中央社会と地方社会の関係性や、国司の果たした役割などを概説した。先行研究では強権支配や収奪といったマイナスのイメージで語られることが目立つ受領について、それとは異なる様々な側面が併存していたことも指摘した。地方政治の実態が、平安期のうちに令制施行当初とは大幅に異なる状況に到った経緯・背景は、ある程度、明らかになったと思われる。

今後は、近年研究が進みつつある地方有力者層に関する具体的な分析などをふまえて、とくに苛政上訴などを中心とする旧来のステレオタイプな理解をなぞる域に止まらない、史料に基づく新たな研究の進展が期待される。

（渡辺　滋）

【参考文献】

木村茂光編『歴史から読む『土佐日記』』（東京堂出版、二〇一〇年）
佐々木恵介『受領と地方社会』（山川出版社、二〇〇四年）
寺内浩『受領制の研究』（塙書房、二〇〇四年）
西山良平『都市平安京』（京都大学学術出版会、二〇〇四年）
森公章『在庁官人と武士の生成』（吉川弘文館、二〇一三年）

3　摂関時代の戦乱―将門の夢と『将門記』作者の願い―

●思い起こされる将門

治承四年（一一八〇）九月の初め、前月半ばに勃発した伊豆国の流人源頼朝挙兵の報が京都にもたらされた時のことである。当時、右大臣の九条兼実はその日記『玉葉』に、

二十一年前の平治の乱で配流となって以来、伊豆国にあった「義朝の子」（頼朝）が凶悪な振舞いをして伊豆・駿河の両国を押領した。また「為義の息」（義朝の弟行家）も熊野から坂東へ赴き、「義朝の子」に与力し、ともに謀叛を企てているとか。

と記したのち、次の文言をもってこの記事を結んでいる。

あたかも「将門」の如し（九月三日条）。

さらに兼実は年末になると、彼のもとを訪れた公家から聞いたとして、

昔、将門が謀叛を起こした時、八幡大菩薩の使者として一人の壮士が天から降りてきて、将門に朕の位を授けると述べ、以来、将門に謀叛の心が生じたそうだ。

というエピソードも『玉葉』に載せているのである（十二月四日条）。

頼朝挙兵の報からただちに公家の間で話題になった平将門とは何者か？　彼を語る上での必須の文献で、初期軍記あるいは軍記物語の先駆けと称され、のちに詳しく取りあげる『将門記』などによ

りながら、高校教科書風に紹介すれば、次のようになろう。

桓武平氏の祖上総介平高望の孫にあたる将門は、下総国北部を本拠として、数年にわたり一族間で私闘を繰り広げた末、天慶二年（九三九）十一月以降、常陸国府侵攻を皮切りに下野・上野両国を襲って国司から「印鎰」（印は国印、鎰は国々の官稲を収納する正倉の鍵。いずれも国司の公権力の象徴）を取りあげて追放し、みずから新皇と称した。またこの時、新たに下野・上野・常陸・上総・安房・相模・伊豆・下総八ケ国の国司を任命し、「王城」（皇居）の建設計画も協議していたという。

しかしさしもの将門も、翌年二月、中央政府によって動員された一族の平貞盛や下野国押領使（盗賊の追捕や内乱の平定にあたった官職）の藤原秀郷らに攻められて滅びた。この将門の最期を『将門記』は、「天下に未だ将軍自ら戦ひ自ら死することは有らず」と描いている。なお将門の起こした乱は、同じ頃、西国に発生した藤原純友の乱とあわせて天慶の乱（以前は承平・天慶の乱）と呼ばれている。

すなわち先の『玉葉』の記事が伝えるように、右に紹介した将門が、約二四〇年後、同じく東国における頼朝の挙兵を契機として、都の人々に思い起こされているのである。いかに将門の乱＝「謀叛」が当時の東国諸国はもとより、中央政府にも大きな衝撃を与え、以来、その恐怖が都の人々の間で語り継がれていったかがうかがわれる好個の事例といえよう——近年、九条兼実が頼朝の挙兵にさいし、将門の乱を想起していることに関連して、天慶三年正月、将門の乱鎮圧のために出された太政官符、治承四年十一月に出された「源頼朝追討宣旨」のいずれにも、いわゆる王土王民思想（地上のすべての土地とそこに住むすべての民は帝王＝天皇に帰属するという考え方）が発現されていることを指摘した継承すべき説も出されている（木村茂光『平将門の乱を読み解く』吉川弘文館、二〇一九）――。

それでは当時、主として信濃国を経由して、次々と都にもたらされた将門謀叛の状況を整理してみよう（平安後期成立の編年体史書『日本紀略』『本朝世紀』による）。

天慶二年十二月二日――常陸国から平将門や興世王（武蔵権守、将門陣営の中心的存在）らが、「官私雑物」などに損害を与えたと報告してきた。

右は、将門謀叛の第一報として注目されているものであるが、そこには問題点も含まれていることが指摘されている。というのもこの報告到着の十日前、十一月二十一日における将門軍常陸国府侵攻のさいの状況が、『将門記』には次のように詳述されているからである。

> 合戦が始まると、一〇〇〇余人の将門軍は国府側の軍兵三〇〇〇人をことごとく討ち取り、その結果、国司藤原維幾は降伏し、将門によって「印鎰」を奪われてしまった。この時の国府側の被害は兵士ばかりではなかった。美しい織物や珍しい財宝は略奪に遭い、三〇〇余の家宅は焼かれ、女性は辱めをうけた。また国分寺や国分尼寺の僧尼までが将門軍の兵士に命を乞うたという。

すなわち常陸国では、単なる「官私雑物の損害」などといった文言だけではすまされない事態が起こっていたのである。この点、『扶桑略記』（平安後期成立の編年体史書）にも「将門が『謀叛乱逆』を起こし、一〇〇〇余人の軍兵を率いて常陸国を攻め、『舎宅』を悉く焼いた」と見えるが、十二月二日に常陸国からもたらされた第一報段階では、いまだ都において、現地の正確な状況把握を行うことはできていなかったこととして、押さえておく必要があろう。

天慶二年十二月二十二日——信濃国からの飛駅使（ひえきし）（緊急事態発生を知らせる使者、以下急使）が都に到着した。

同年月二十七日——同じく信濃国からの急使が、下総国豊田郡の「武夫（つわもの（もののふ））」たちが平将門や武蔵権守従五位下興世王を奉じて「謀叛」を起こし、東国を「虜掠（りょりゃく）（人をとらえ、財産や土地を掠奪すること）」したとの報をもたらした。

二十二日の急報の内容は不明だが、二十七日のそれに至って、ようやく将門らの行動が「謀叛」として把握・報告されるようになっているのである。それにしても「武夫」なる呼称とその実態、さらには「下総国豊田郡」の彼らが無位無官の「将門を奉じて謀叛を起こした」という表現の意味するところなど、魅力的な難問続出である（北山茂夫『平将門』朝日新聞社、一九七五）。

天慶二年十二月二十九日——信濃国から報告があった。平将門が警固の兵士を付けて、上野介藤原尚範（ひさのり）・下野守藤原弘雅（ひろまさ）・前守大中臣完行（おおなかとみのまたゆき）ら、先に追放した国司たちを信濃国まで送り届けてきたとのことである。

またこの日、中央政府は軍兵を徴発して国内を備え守るべく、信濃国に勅符（ちょくふ）（主として軍事に関する勅命を諸国に伝達する文書）を下すとともに、皇居の諸陣、三関（さんげん）（伊勢・不破（ふわ）・鈴鹿）の置かれた国々、および東山・東海道諸国の要害警固などに関しての措置を講じた。

右は『日本紀略』に見えるものであるが、『本朝世紀』も同じように信濃国からの急使到来のさいの報告内容・中央政府の対応記事を載せているので、それによって事態の補足説明をしておこう。

まず宮中に参集した公卿として太政大臣（藤原忠平）・左大臣（仲平、忠平の兄）・大納言（実頼、忠平の子）らの名があげられている。また急使の届けてきた報告書によれば、将門らが上野介ほか二人（重複のため氏名略）の館を囲み、印鎰を奪ってその身を追放したため、彼らは信濃へ越えて来たという。この点、将門が警固の兵士を付けて国司らを送り届けてきたと伝える、先の『日本紀略』の記事と比べて、より強い調子で書かれており、中央政府側の受けとめ方も「ここに事は非常に出で、騒動せざるはなし」と、緊迫した雰囲気になっていたことが記されている。さらに西国における「前伊予掾藤原純友」による「暴悪」な振舞いの知らせと重なったことから、その純友が「平将門と謀を合わせて心を通わし、この事を行うに似たり」といった文言までも見えているのである。こうした「騒動」の中、結局、太政大臣忠平以下の諸卿たちは、宮中に宿泊することになったという。

●藤原忠平宛て将門書状

さてこのように信濃国を通じて、東国における緊急事態を告げる情報が相次いで都にもたらされているが、ここで見逃せないのはそれらの中に、十二月二十九日の報告書とともに届けられたと推定されている、同月十五日付けの書状が含まれていたことである（上横手雅敬「『将門記』所収の将門書状をめぐって」―岸俊男教授退官記念会編『日本政治社会史研究・中』塙書房、一九八四年）。書状の発信人は「平将門」、宛先は「太政大殿少将閣賀」――「太政大殿」は摂政藤原忠平、「少将」は当時左近少将の忠平第四子師氏。以下、忠平宛て将門書状とする――。要するに無位無官の反乱の首謀者から、時の政府の頂点に立つ権力者に宛てた書状である。一見、奇異な組み合わせの感もうけるが、書状中「そもそも将門は少年の日に名簿を太政大殿に奉りて云々」という文言が見えることから、なぜ将門が忠平に書状を書き送ったかの理由を知ることができる。すなわち将門は少年の頃、忠平に対し、自分の名前を記した名簿（名札）を提出し、主従の関係を結んでおり、それゆえ、今日のみずからの行動の意味するところを旧主に対し、はっきりと主張すべきだと考えたからである。なおこれより先、将門が武蔵国庁での紛争の調停に乗り出して謀叛を疑われたさいも、「将門の私の君太政大臣家」から、事の真偽を報告せよとの命令が下され、将門は「謀叛実なきの由」を太政大臣家に言上しており、ここにも両者の関係がよく表われているといえよう（『将門記』）。

●将門書状と『将門記』

そこで順序としては、このまますぐに書状の内容紹介へと入っていくところであるが、その前にこの書状を取り上げるさいに欠かすことのできない問題点の指摘、およびそのことと深く関わる範囲で『将門記』そのものの説明をしておきたいと思う。

まず問題点であるが、それはこの書状が実物であれ写しであれ、現存するものではなく、『将門記』中、例の将門新皇即位記事（詳細は後述）に続く位置で、「仍て公家に、且つは事の由を奏する状に云はく」として載せられていることから生じた、書状と『将門記』との関係、具体的にいえば、書状が将門もしくは彼の代筆者によって実際に書かれたものか、『将門記』作者による創作かをめぐって、従来から研究者間で意見が分かれていることである。前者＝真物説の場合、書状と『将門記』本文との間に記述内容・文体に著しい差異が見られることが根拠となっており、後者＝創作説はこの差異について、作者の周到な構想によるもので、書状と本文とには文体にも内容にもそれぞれの構想に即しての選択があり、選除が行われたとするのである（北山前掲書、上横手前掲論文）。

さて両説いずれを妥当と見るかであるが、残念ながら筆者はいまだその結論に達していない。ただ史実面に関していえば、書状と本文との差異のなかでもとくに注目されている、将門の常陸国発向の理由についてのあまりに著しい差異などを考慮する時、これを作者による周到な構想とするには、少々無理があるのではなかろうか。また書き手の視線・姿勢に注目する時、なかでも後述するように武芸・合戦に対するそれが際立って相違していることはやはり気になるところであり、小論では書状＝真物説の立場から論を進めていきたいと思う――もっとも右の根拠にしても、そのまま作者創作説の根拠となる可能性もあることは否めない――。

次に問題の書状を載せ、先にも述べたように将門や将門の乱を語る上での必須の文献とみなされている『将門記』そのものの説明に移ることにするが、それにしても同書に対し、このような高い評価が与えられているのはほかでもない。乱に関する中央政府側の記録が、反乱への対応、鎮圧の過程、乱後の論功行賞などといった政府側の視点にそったものに限られているのに対し、『将門記』には、そもそも将門とは何者で、彼が反乱を起こすに至った動機・いきさつは何か、さらに反乱（合戦）の具体的な状況・経過はどうであったかなど、反乱の詳細を知る上での貴重な情報・手がかりが記されているからである。

ただ残念なことにその成立時期については、本文末尾近くに「天慶三年（九四〇）六月中記文」とあることから、同年二月の将門敗死から四か月後の執筆とする説をはじめ、年時をそれより下げるべきだとする説もあり、詳細は不明である――テキストとして広く使用されている真福寺本は、承徳（じょうとく）三年（一〇九九）に書写されたもの――。また作者についても同様で、東国の事情や将門の動静に詳しいことから東国在住者説、逆に朝廷の記録とか坂東諸国や将門らの解文（げぶみ）（上申文書）が参照されていることから京都在住者説、さらには京都と東国との往復可能な人物説など、諸説が対立している。

こうした中、ここでぜひとも取り上げたいのは、この二十年来、佐倉由泰氏によって精力的に提唱されている『将門記』＝「吏（り）（国府に官人として勤めるような人々）の文学」説である。

●『将門記』は不戦を主張する「吏の文学」

佐倉氏によれば、『将門記』の用語・表現・文体は、高校日本史教科書などでもおなじみの「尾張国郡司百姓等解文（おわりのくにぐんじひゃくしょうらげぶみ）」――将門の乱から約半世紀後の永延（えいえん）二年（九八八）、尾張国の郡司百姓らが国守藤原元命（もとなが）の暴政を朝廷に訴えた文書――と近似し、しかもその記述にしても、吏のあるべき姿を重視し、民政の理念を説く、先の解文と「同じ関心と問題意識に支えられて成り立っている」ことからして、「『将門記』は、吏の学問のネットワークから生まれ吏の視点に立った記述である。吏の文学と称することができそうだ」ということになるのである。

さらに「吏の文学」としての『将門記』における記述の具体的な特質について、これを「戦闘を憎み、否定すること」だと端的に述べる佐倉氏には、次のようなより詳しい文章もあるので、少し長くなるがそのまま引用しておこう。

『将門記』にとっては、戦闘そのものが悪である。戦いが悪である以上、正義の戦いも、望ましい戦いも、必要な戦いもない。討たれてよい悪人もいなければ、悪を討つ英雄もいない。将門も、悪人でも、英雄でもない。戦闘の被害者として苦しみ、悲しみ、戦闘の加害者として、多くの人に悲嘆と苦痛と恐怖をもたらした。将門と戦った人々もまた悪人でも、英雄でもなく、悪しき戦闘に痛み、悪しき戦闘に加担した。さらに『将門記』の記述は、戦闘の当事者よりも、戦わない吏民の悲しみと苦しみを語ろうとする。同時に、坂東の国衙（こくが）が戦闘を止めなかったことには批判の目を向けている（「『将門記』を拓く」—松尾葦江編『武者の世が始まる』花鳥社、二〇二〇年）。

右の文章をより理解するには、やはり『将門記』が描く、具体的な戦闘の場面そのものの情景に目を向ける必要があろう。そこで後世の『平家物語』に代表される軍記物語などではあまり見ることのできない、「戦闘の当事者よりも、戦わない吏民の悲しみと苦しみ」が語られている場面――（Ⅰ）、および「戦闘の当事者」の中でも、いわゆる「兵士」と呼ばれるものたちの心情、戦場における作物損失の愚行にも触れた場面――（Ⅱ）、さらには戦いに巻き込まれた女性が敵方の兵士によって辱めを受けた場面――（Ⅲ）を読むことにする。

（Ⅰ）　承平五年（九三五）二月、将門が、彼を襲った前常陸大掾（だいじょう）源護（まもる）の子たちに対する反撃として、護や護と姻戚関係にあった将門の伯父常陸大掾平国香（くにか）らの本拠地を焼き払い、護の子や国香らを討った場面。

※将門らは敵方の「宅（住居）」より始めて、「与力の人々の小宅」に至るまで、悉く焼いて廻った。屋内に隠れて焼かれた者は煙にまかれて逃げることもできず、火を逃れて屋外に出た者は、飛んでくる矢に驚いて火中に戻り、泣き叫んだ。長年の貯えも「一時の炎」となってしまった。さらに将門の手勢は、三か郡に広がる「伴類の舎宅五百余家」も焼き払った。哀しいことではないか。男女は火に焼かれる薪となり、珍しい財宝は掠奪者によって分けられた。炎の立てる音は雷鳴のように響きわたり、黒煙は雲のように空を覆い、人家は灰のように風に吹き散らされた。「国吏万姓（国庁の役人や一般人民）」はこれをみて慟哭し、遠近の身寄りや知人はこれを聞いて嘆息した。矢にあたって死んだ者は思いもよらず父子の中を断たれ、楯をすてて逃れた者は図らずも夫婦離別となった。

先に紹介した四年後の将門軍による常陸国府侵攻の記述とあわせる時、いかに『将門記』作者が、戦場となった地域の悲惨さ、荒廃ぶりを、力を入れて描こうとしたかが、しっかり伝わってくるのではあるまいか。なお『将門記』中に見える「舎宅五百余家」を焼かれた「伴類」とは、他の場面で出てくる「従類」とともに、当時の合戦で動員された兵力にほかならない。従類は主人の側近くにあって行動し、両者の関係が密接であったのと比べ、伴類の主人との関係は薄く、いわば同盟軍的存在であったとみなされている。また従類は騎兵隊を、伴類は主として歩兵集団をそれぞれ構成していたともいう。彼ら、従類・伴類とも平時は農業生産に従事しており、その居住形態も『将門記』が記すように、「宅（主人の館）」の近くに「与力の人々（従類）の小宅」が集まり、さらに「伴類の舎宅五百余家」が三か郡にわたり、広がっていたのである。このため攻撃側の用いた各「宅」への放火という、いわゆる焦土戦術は相手側の軍事・生産あわせての拠点を攻撃することにより、相手方に甚大な被害を与えることになったのである。

（Ⅱ）承平七年（九三七）九月、前年六月以来、将門とその伯父下総介平良兼との間で合戦が繰り返されていたが――両者はかねてから「女論（女性をめぐる争い）」によって、険悪な関係にあった――、優勢に立った将門勢が良兼らの隠れる筑波山の東方弓袋山へ兵を進めた時の場面、および結果として戦闘は回避されたものの、この軍事行動がもたらした地域の被害を描いた場面。

※季節は初冬（陰暦十月）、日も黄昏を迎えたので、両陣とも楯を引いて陣ごとにそれぞれの身を防禦した。昔より兵士らが苦しんだのは、昼は矢をつがえて矢が人にあたるのに目をみはること、夜は弓を枕に敵の夜襲を恐れることであり、また風雨を蓑笠でしのぎ、草の露に濡れながら蚊虻に悩まされることであった。しかしどちらの陣もたがいに敵を深く恨むがゆえに、寒温をいとわず、合戦を続けるばかりであった。

※このたびの行軍においては、秋の収穫物が多く残っていたので、稲束を深い泥の上に敷き人馬をわたしやすくしたという。また秣を食べすぎて死んだ牛は十頭。酒に酔って討たれた者は七人もいたというが、口惜しいことである。将門は結局、何万もの稲を台無しにしながら、敵と遭遇しないまま、空しく本拠地に帰ることになったのである。

前者、すなわち弓袋山で対陣する兵士らの記述について、佐倉氏は「『平家物語』などの中世軍記物語で、風雨や蚊虻に苛(さいな)まれる兵士の苦しみが示唆されることはない」と述べ、そこに「人びとの受苦に対して鋭敏な『将門記』の重要な特徴が現れている」とする。この指摘もまた継承していきたいと思う。それにしても後者の場面に描かれた戦場における兵士らの愚行、なかでも深くぬかるんだ道に敷かれた稲束にそそがれる作者の目は、たしかに在地の悲しみを知るものの目ではあるまいか。一体なぜ、敵方の拠点を焦土にしたり、敵方の収穫物に対してこのような乱暴な扱いが、同じ農事に携わる兵士＝伴類・従類たちによってできるのか。『将門記』作者の厳しい問いかけは続けられていく。

（Ⅲ）天慶三年（九四〇）正月中旬、前年暮れに「新皇」に即位した将門は、年が明けると宿敵平貞盛（将門に討たれた国香の息男）や藤原為憲(ためのり)（常陸介藤原維幾の息男）らの探索のため、常陸国へ出兵したが、目的を果たすことは出来なかった。そうした中、配下の夫兵(ふひょう)らが、貞盛や源扶(たすく)（前常陸大掾源護の息男で先に将門によって討たれている）の妻女たちを捕えて、新皇軍の主力武将の陣中に連行してきた時の場面。

※新皇はこのことを聞いて、女人たちが夫兵らに辱めをうけないように勅命を下したが、すでにことごとく凌辱をうけていた。なかでも貞盛の妻は衣服をはぎとられて裸形にされ、どうにもならない有様であった。あふれる涙で顔の白粉は流れ、胸の内の恨みの炎は燃えあがり，心中の肝(きも)を焼いた。新皇は「貞盛の妻を早く本籍地に帰しましょう」という武将たちの進言をうけて、「女人の流浪の場合、本籍地に帰すのが法式の例だ」と述べ、一揃(ひとそろ)いの衣服を与え、彼女の本心を試

すかのような歌――貞盛の行方を尋ねたものなどの解釈がある――を詠みかけた。これに対して貞盛の妻も、新皇の温情を謝して――あるいは夫の温情が伝わってくるとして、の意とも――、自分は決してわびしい身の上ではない旨の返歌をした。このような歌のやりとりによって（扶の妻の歌も載せられているが略す）、人々の心もなごみ、反逆の気持ちも、しばし休まることになった。

婦女子への凌辱は、二か月前の将門軍による常陸国府侵攻のさいにも見られたが――より詳しく紹介すれば、そこには「（女性たちは）急に形を裸にするの媿を取り（辱めを受け）」とか、「士女は酷き媿を生前に見る」などとある――、ここではそのほか貞盛の妻の「胸の内の恨みの炎」といった強い表現までも用いられているのである。ただそれにしては、その恨みも将門との歌のやりとりによって、彼女らの心になごみが生じたとする記述は、少々気になるところである。また先には省略したが、「恨みの炎云々」のあとに、「将門側、貞盛側双方による、たがいの敵に対しての報復の思いの結果、貞盛の妻が恥辱を受けることになったのだ。どうして人のせいにしたり、天を恨んだりすることができようか」といったような内容の文章も続いているのである。この文章について、佐倉氏は「貞盛の妻たちの苦しみは貞盛が以前に将門に与えた苦しみの報いであることを述べ、報復の応酬が苦痛と悲しみ以外の何ものももたらさないことを明示する記述」だとして注目されているが、基本的には妥当な指摘であろう。とはいえ、この場面も含めて将門の新皇即位以後、将門の言動などについて、『将門記』作者が先の将門の和歌にしても「勅歌」と記すなど――他にも「勅命を下す」「新皇に奏して曰く」「新皇勅して曰く」と出てくる――、将門＝新皇を意識したかのような文言が並ぶことからして、あるいは新皇に対する作者の配慮といった面とあわせ、今後における検討の余地を残しておきたいと思う。

●再び将門書状

摂政藤原忠平宛ての将門の書状を収める『将門記』の特質、就中、佐倉氏の説く、『将門記』＝吏の文学説の紹介に多くの紙数を割いたのはほかでもない。そこからうかがわれる作者の執筆動機――それは作者の願いともいえよう――と、書状に託した将門の心情というか、彼のめざしたもの＝夢とを比較する時、両者の差異がより鮮明になってくると考えたからである。このことを念頭に置きながら、あらためて将門の書状に目を向けていきたいと思う。

この書状は、親しく教えをうけることもないまま歳月が過ぎてしまったことをわびる文面――「将門謹みて言さく。貴誨（貴い教え）を蒙らずして、星霜多く改まれり。謁望（拝謁する望み）の至り、造次（急なこと）に何をか言さむ。伏して高察（ご賢察）を賜はば、恩々幸々（有難き幸せ）なり」――から始まり、ここに至るまでの一部始終を記したものである。将門は先述のように前年も私君忠平に陳情を送っているが――当時、将門は武蔵国庁の内紛（国司と郡司との対立）に介入し、この時も謀叛の疑いをかけられたため、その疑いがまったくの事実無根であることを訴えた弁明書――、今回の書状はそれとは明らかに異なっていた。たしかにそこには「大殿（忠平）」が摂政の時に、このような事件を起こしたことをわびる言葉、また「旧主」のことを忘れたことはないなどといった文言も見えている。しかし一方で、私は桓武天皇の五代の子孫であり、たとえ長く「半国（日本国の半分）」を領有しても、それは天から与えられた運であり、また私の「武芸」も天から与えられた能力で、誰も肩を並べることはできない。昔から「兵威」を振るって天下を取る者は、多くの史書に見えるところである。

と、きっぱり言い切っているのである。すなわち、前年のように謀叛は事実無根であることを弁明しようとする将門は姿を消し、自分には、常陸国に始まる坂東諸国の制圧＝「半国」を領有する正当な資格が備わっていることを「大殿」に認めさせようとする将門が前面に押し出されているのである。

書状の末尾近くの文言「将門は、国を傾くるの謀を萌せりと雖も（心中に抱いているといっても）、何ぞ旧主の貴閣（旧主である閣下）を忘れむ」には、まさに執筆当時の将門のさまざまな思いが込められているといえよう。一九二〇年（大正九）、文豪幸田露伴が雑誌『改造』に発表した史伝「平将門」の中で、この書状を全文引用して、「将門は旧恩ある太政大臣忠平へ書状を発した。其書は満腔の鬱気を伸べ、思ふ存分のことを書いて居るが、静かに味はって見ると、強い言の中に柔らかな情があり、穏やかに委曲を盡してゐる中に手強いところがあって中々面白い」と評していることが思い出されるところである（岩波書店刊『露伴全集』第十六巻）。

ただこの末尾近くの文言が、後世の読み手の判断を困難にさせていることも確かである。それは将門が、この文言によって私君忠平との訣別を宣言しようとしているのか、あるいは今後も関係の継続を求めているのかがあいまいで、いずれが妥当であるかの判断がつけ難いということである。とすれば、この問題は将門がめざしたもの（夢）が、「半国」の領有＝坂東の独立国家樹立（京都朝廷の支配から自立）であり、忠平宛ての書状はその宣言であったとする見方と、将門は書状において坂東支配を宣言するとともに、その承認を京都朝廷に求めた（坂東は京都に服属し、朝貢する関係）とする見方との対立、さらには『将門記』の中でも、もっとも衝撃的な記事＝将門の新皇即位記事をめぐる議論、とも深く関わっていくことになるのであり、研究史も多岐にわたる。それゆえここでは、京都朝廷との関係はひとまず置いたうえで、筆者がかねてから関心を寄せている、将門による東国国家樹立の宣言（夢）が記されている書状と、戦闘や報復を否定し、不戦を人々に訴えるという作者の願いが込められた『将門記』との差異、なかでも新皇即位記事が後者にのみ見えるという差異に焦点をしぼって話を進めていくことにする。もっともそのためには、肝腎の衝撃的な記事についての説明がいま少し必要であろう。

●『将門記』の伝える新皇即位

事件は天慶二年十二月、将門軍の常陸・下野両国に続いての、上野国府侵攻のさいに起こった。『将門記』は次のように記す。

上野の国庁に入った将門のもとに八幡大菩薩の使者と名のる一人の巫女（みこ）が現れ、「朕の位を平将門に授ける。その位記は左大臣正二位菅原道真（すがわらのみちざね）の霊魂がたてまつり、また八幡大菩薩が八万の軍を起こして授けよう」と告げた。将門がこの位記を捧げもって繰り返し礼拝すると、兵たちは歓声をあげて伏し拝んだ。また、この場を取り仕切っていた興世王と常陸掾藤原玄茂（はるもち）らも喜悦して将門を新皇と名づけた。

記事中に登場する八幡大菩薩といえば、奈良時代、九州の宇佐八幡神が東大寺大仏造立の成功を援助するという託宣を下したり、僧道鏡（どうきょう）の即位をめぐる事件に関わったりしたこと、平安時代に入ると平安京鎮守として山城国（やましろ）に石清水（いわしみず）八幡宮が勧請（かんじょう）されるとともに、皇祖神として現れるようになったことなどで知られる神で、将門の乱の頃には平安京を中心に多くの人々の崇敬を集めていたという。もう一人の菅原道真は、延喜（えんぎ）元年（九〇一）、政敵左大臣藤原時平（ときひら）らの讒言（ざんげん）により大宰権帥（だざいのごんのそち）に左遷され、翌々年、失意のうちに大宰府で死去したため、やがてその怨霊の祟りが人々に畏怖されるようになったこと、とりわけ今回の新皇即位の九年前における、死傷者までも出した宮中清涼殿（せいりょうでん）への落雷事件は、人々の道真霊魂に対する恐怖を決定的にしたことなどで知られている。

すなわち『将門記』に載せる将門の新皇即位記事は、右のような強烈な性格を持った八幡大菩薩と菅原道真の霊魂が、将門への皇位授与者として現れてくるという驚くべき出来事を伝えているのである。そして先にも述べたように、この新皇即位記事は同じく『将門記』に載せる将門書状には見えないのである。この点については、『将門記』が記す、両者の前後関係に注目した新しい見方も示されている。それは、『将門記』では即位記事末尾の文言「将門を名づけて新皇と曰（い）ふ」に続けて、「仍（よっ）て公家に、且（か）つは事の由（よし）を奏する状に云はく」として将門書状を載せているが、正しい順序は書状の方が先であり、とすれば将門が書状を発したとき、「新皇即位など誰も考えていなかった」というものである（乃至政彦『平将門と天慶の乱』講談社現代新書、二〇一九年）。

また即位場面に菅原道真の霊魂が現れる理由について、道真の子（菅原兼茂（かねもち））と即位を演出した将門の側近（藤原玄茂）とが、ともに常陸国司であったことに着目し、詳細かつ具体的な論証の結果、将門の即位は必ずしも虚構とはいえない、とする説もよく知られている（川尻秋生『古代東国史の基礎的研究』塙書房、二〇〇三年）。

いずれも学ぶことの多い貴重な成果であるが、ここでは紹介のみにとどめたいと思う。先にもお断りしたように、小論では『将門記』が新皇即位記事を載せている意味自体に焦点をしぼろうとしているからである。さらに補足すれば、戦いを憎み、否定するという特質を持つ、吏の文学とみなされる『将門記』の作者が、あえて戦火の拡大を招くような記事を載せたこと——しかも先に指摘したように、即位後、将門を新皇と表記し続けている——の意味を探ることにこだわりたいからである。

●新皇即位記事の批判的精神

それではこの点について、『将門記』＝吏の文学の提唱者である佐倉氏の発言から見ていくことにしよう。佐倉氏はまず、『将門記』の終末近く、将門の一生の所業をまとめた文中に見える、「猛々しい悪行ばかりをして、毎年毎月に合戦をしていた。それゆえ学業に取り組む人たちを問題にもせず、ただ武芸の類にのみ関わっていた」という、将門に対する非難の言葉に注目し、これをもって「戦うこと自体を悪と捉える『将門記』の本質が現れた重要な記述」だとする。

続いてこの記述からは、新皇と称した将門を弟の将平らが諫めた時の場面が想起されるとし、将平の諫言＝「そもそも帝王の業は、人の智によって競うべきではなく、また人の力によって、争うべきではない。昔より今に至るまで、天の与えたところである」、および将門の反論＝「将門はいやしくも兵の名を坂東にあげ、戦さの腕前は都と地方に広まっている。今の世の人は、必ず撃ち勝った者を主君とする。たとえその例がわが国にないとしても、外国には多くみられる」という二人の言葉を並べて引いた上で、「『将門記』は、この力を恃む将門の考えこそ大きな誤りと捉えている」とまとめる。そしていよいよこの点に関する佐倉氏の論のうち、もっとも興味深い指摘に入る。それは『将門記』の作者が統治権者＝朝廷に対してもまた、「吏の文学」の特質の根底にある公正な民政と不戦を求め、「学業」を尊ぶという理念の実現を望んでいたという指摘、より強く言えば、『将門記』の非難は将門ばかりでなく、朝廷の治世に対しても向けられていたという指摘である。さらにこの指摘は、『将門記』の新皇即位関係記事に触れての、同氏による次のような作者評にも通じるものがあると考えられる。

※『将門記』は、「公」を公権力というよりは、公正な民政を期する規範、理念と考えており、朝廷の不可侵性を絶対視して将門を反逆者、悪行者と断じているのではない。将門が新皇と称することも必ずしも僭称とは捉えずに、将門を「新皇」とくり返し呼び、最期の場面でも、「新皇は暗に神鏑に中り、（略）滅ぶ」と語っている。（略）将門が武力を行使して「新皇」と称したことを批判しながら「新皇」と呼ぶのも、将門が「新皇」として威を振るう現実に、何らかの理由、根拠があると考えてのことだろう。

※（『将門記』が上野国府における「昌伎（巫女）」「八幡大菩薩」「菅原道真の霊魂」、それぞれの働きを述べているのも）「昌伎」の言を託宣と信じ、そこに八幡大菩薩と菅原道真の霊魂の加護があることを認めていたためと思われる。

以上、『将門記』＝「吏の文学」の提唱者佐倉氏の発言を紹介したが、そこから学ぶべきは、『将門記』を戦いとか報復を否定する文学と位置づける一方、その新皇即位記事の背後に将門ばかりでなく、時の朝廷の治世に対しての作者の批判的精神をも、しっかり読みとっていく姿勢ではないだろうか。

右のような『将門記』の載せる新皇即位記事からは、当時の朝廷に対する作者の批判的精神が読みとれるという見方に賛同する時、深く関連するものとして、ここで紹介したいのが、竹内光浩氏の説く「『将門記』作者の画期性」論である（「天神信仰の原初的形態―『道賢上人冥土記』の成立をめぐって―」〈十世紀研究会編『中世成立期の歴史像』東京堂出版、一九九三年〉）。

竹内説のうち、とくに鋭い指摘として印象に残るのは、将門の目ざした東国国家が伊勢の天照大神など、古代律令国家を支えてきた神々ではなく、「王権によって疎外され都の貴族たちを恐怖の底に落とし始めていた道真の怨霊神を戴いた」ことに着眼し、そこに「『将門記』作者の画期性と、彼の古代律令国家への精神史的反抗表現」を見出していることである。少々結論を急ぐようだが、ここで先の佐倉説とこの竹内説とにあわせ学ぶ時、次の二つの仮説が可能となってくる。

●二つの仮説

一つ目は『将門記』作者が、あるいは強烈な性格を持った八幡大菩薩と菅原道真の霊魂を精神的な「武器」として、戦いを終焉に導こうとしているのではないかという仮説である。作者は道真の怨霊神が、それを恐怖する中央の貴族たちに大きな効果が発揮されることを期待するとともに、将門に対しても、「力を恃（たの）む将門の考えこそ大きな誤りと捉え」ながらも、「将門が『新皇』と称することも必ずしも僭称とは捉え」ない立場からの、「道真霊魂の加護」を持ち出しての終戦説得が功を奏することを心から願っていたのではあるまいか。

二つ目の仮説は、『将門記』＝吏の文学であるとすれば、『将門記』の成立にあたって、おのずから「吏」の世界に通じていた人物の関与が想定されるが、新皇即位場面における道真霊魂登場はさらにその範囲を狭めることになる、というものである。すなわち、「道真」に心を寄せる「吏」の世界に通じた人物、もしくはその交流圏にある人物という仮説である。そこで思い出されるのが、道真九州左遷当時、文章博士三善清行が道真左遷の首謀者・左大臣藤原時平（将門の私君忠平の兄）に送った書状である。実はこの頃、道真問題に関わる処分が道真の子息たちをはじめ、政界において道真派と目された人々にも及んでいたことから、さらにその対象は道真の門弟にまで拡がるという噂がもっぱらで、門弟たちの不安を高めていたという。こうした風潮のもと、事態を憂えた清行は書状をもって彼らに対する穏便な処置を時平に進言したのであるが、注目されるのは、その書状の中に諸官司の半ばを道真の門弟が占めており、もし彼らを処分したら有能な官吏がいなくなってしまうという文言が含まれていたことである（『本朝文粋』七。藤原克己『菅原道真・詩人の運命』ウエッジ選書、二〇〇二年）。とすれば、中央・地方を問わず官界に進出していた多数の門弟たちの中に、先の『将門記』成立に関与したと想定される、「道真」に心を寄せる「吏」の世界に通じた人物、もしくはその交流圏にある人物を求めることもできるのではないだろうか。この点、より想像を逞しゅうする時、クローズアップされてくるのは、いうまでもなく東国の国々の官吏たちである。たとえば戦場となった、将門や彼と敵対した一族の本拠地である下総・常陸の両国、将門が国司・郡司の対立に介入したり、『将門記』によると「国の書生」たちが国司を告発する文を書いて国庁の前に落としたという武蔵国、坂東八か国以外でも「将門の乱」関係の情報（将門書状も含む）往来の接点となり、国分寺付近・千曲川辺り一帯では、将門勢と貞盛勢との合戦も行われた信濃国といった国々の名前をただちにあげることができる。

それでは最後に、摂政・太政大臣藤原忠平宛ての将門の書状に記された、東国国家樹立の宣言（将門の夢）と、『将門記』に込められた戦いの無い世の到来という作者の願いの行方について触れておくならば、前者は周知のように約二世紀半後、源頼朝の鎌倉幕府草創によって果たされていくが、後者の作者の願いが叶うことはなかった。ただ同書が読み継がれていくかぎり、その願いも受け継がれていくこと、また鎌倉幕府を生みだした治承・寿永の内乱が、その一方で軍記物語の傑作『平家物語』を誕生させていることも忘れてはならないだろう。将門の目ざした東国国家と鎌倉幕府、『将門記』と『平家物語』、それぞれの共通性・差異をどのように捉えるか。興味は尽きないものがある。

（樋口州男）

【参考文献】

本文中で紹介。テキストは柳瀬喜代志・矢代和夫・松林靖明校注・訳『将門記・陸奥話記・保元物語・平治物語』（新編日本古典文学全集『将門記・陸奥話記・保元物語・平治物語』小学館、二〇〇二年）、関係資料は岩井市史編さん委員会編『平将門資料集・付藤原純友資料』（新人物往来社、一九九六年）、を参照。

第二章　摂関時代の経済

1　摂関時代の国家財政はどのように運営されたか

●摂関時代の文化と財政

「摂関時代の国家財政」というテーマを目にして驚いた読者も多いのではなかろうか。摂関時代といえば、華やかな宮廷行事や貴族の生活のイメージで語られることが多いが、多くの人はその財源についでは関心を向けていないようである。いまだに、受領の地方での苛斂誅求と中央での権力者への奉仕という漠然とした、そして多分に偏見に満ちた説明で済まされる傾向にある。

高校の教科書をみると、律令の税制（租調庸など）の納入が滞った結果中央財政が逼迫したため、平安中期の税制は官物と臨時雑役の二本立ての税制に転換したこと、官物が土地税であったことが記され、このような地方支配の転換を担ったのが、国司のなかで地方支配を中央から委任され大きな権限を与えられた受領であったことにも触れられている。このように税制転換と国司制度の改変（受領の成立）は、律令制の弛緩に伴う財政逼迫を打開するための施策と位置づけられている。しかし、その結果、財政状態がどのように変化したのか、教科書にはそこまでは書かれていない。国家財政は摂関時代に変化したのであろうか。朝廷の運営や行事の経済基盤は、貴族や官人の収入は、どのようになっていたのであろうか。ここでは摂関政治、特に藤原道長の時期を中心に中央財政運営のあり方を、物資の運用を中心にみていこうと思う。監査も非常に重要なテーマなのであるが、今回は最小限触れるに留める。

実は、摂関期の国家財政研究は、この三十年の間に大きく進んだ分野である。しかし、これらの研究は、平安時代研究のなかで新しい分野であることに加え、そこで明らかにされた財政システムは、現代人からみると奇妙かつ厄介なものなので――財政制度はどの時代も煩瑣なものとはいいながら――、なかなか専門家以外に認知されないのである。

摂関期より前の段階にあたる律令の中央財政は、諸国で徴収した租税を中央の財政担当官司（大蔵省など）に納入し、さらにそれを、諸官司や主要寺社の運営費、あるいは人件費などとして配分する体系的な財政構造であった。財政担当官司による租税の蓄積・分配が行われたという点では、現代人にとっても理解しやすい構造である。ところが、平安中期になると、国家財政はそのような分配システムではなくなった。以下、摂関時代の朝廷が、いかに必要なものを効率的に入手する方法を編み出していたかをみていくことにしよう。まずは、朝廷の行事用途の二つの事例の紹介から入る。通常の叙述スタイルは、最初に摂関期の中央財政全体を概観・分類し、順次説明していく方法なのであろうが、ここでは最初にリアルな調達の場面を紹介する。摂関期の財政運用の特徴をよく示す事例を足掛かりに摂関時代の国家財政を構成する主な経費の類型と全体的構造の特徴を概観する。なお、史料の引用は、言葉を補いながら現代語訳した。

●長徳三年祈年穀奉幣

祈年穀奉幣は、天皇が毎年二回、伊勢神宮はじめとする京周辺の主要神社（当初十六社、二十二社に増加）に奉幣使を派遣して幣帛を奉り、一年の豊穣を祈る恒例の国家的神事である。摂関政治においては、仏神事の挙行は、天皇はじめ国家の果たすべき最重要な役割の一つであり、その経費も重視された。藤原行成の日記『権記』の長徳三年（九九七）七月十九日条は奉幣使発遣の当日の記事で、儀式が行われる八省院（朝堂院）に天皇が行幸する直前になっても伊勢幣帛にする綾が揃っていないドタバタが記されている。

行事弁（この行事を担当する弁官　弁官は太政官の上席の事務官）の右少弁藤原朝経から私（左中弁藤原行成）に対して伊勢神宮への幣にする物が不足しているとの報告があった。私は「近江と駿河にそれぞれ絹三疋負担するよう率分下文（賦課を伝え、進納を命ずるの文書、切下文）を出してある。どこの国がまだ納入していないのか」と問うた。そこへ近江介源則忠（この場合は守ではなく介が受領、近江国務を掌握）がやってきていうには「昨日の夕方に使が率分下文を持ってきた。絹三疋は出したが、綾はすぐには用意できない」とのことだ。本来ならそれでも納入を命ずべきだが、近江は他の件で費用を負担しているので無理だろう。そこで行事官掌（この行事担当の太政官下級官人）安倍尚貞を召し「去春に越前が率分納入の国解（国から上級官庁に提出する文書）を出したにもかかわらずまだ正蔵率分蔵（正蔵率分を納める蔵。正蔵率分については後述）に納められていない綾はどうなっているか」と尋ねると、尚貞は「その綾五疋は、宣旨によって御斎会（正月の国家的仏事）講師装束料と他の幣料に充てた」という。行成は「装束料宣旨は下っていない。おまえの言うことは不当だ。また、駿河にも納入できる綾がある。おまえは駿河国の事に通じているということだから、早く駿河に納めさせろ。もう天皇が八省に出御する時刻だ。近江介の言い分は不当だが前々にも他の用途を宛てているので（文字欠損。「今回は出させないことにする」というような内容）」と命じた。

この記事を書いた藤原行成は、一条天皇や藤原道長の信頼の厚い有能な貴族で、後に大納言まで昇進した人物である。能書としても知られる。この時は、太政官の左中弁で、率分所という財政官司を担当する勾当弁にもあたっていた。幣料は率分という租税から支出することとなっていたため、未進が行事弁から率分所勾当の行成に報告されたのである。奉幣の前日に賦課したことや、命じられた近江介が勾当弁のもとに直接進納不能の弁解に来ているところ、蔵に未納になっている越前綾をめぐる行成と行事官掌のやりとりなど、興味深い内容が多い。結局駿河国が綾を持っているという理由で納入させており、かなり行き当たりばったりな印象をうけるが、実はこの時期の財政運用システムの特徴をよく示す史料なのである。まず、他の用途調達にも通ずる特徴を列挙してみよう。

①経費は特定用途限定の形で国に賦課され、経費を支出する（＝物資を使用する）部署の担当官（ここでは行事弁や行事官掌）が催促にあたっている。

②財政官司（ここでは率分所）で収納保管されている税からの支出ではなく、諸国から直接経費支出機関に税を納入している。越前国の率分が、進上国解は提出されているにもかかわらず実際には正蔵率分蔵には納入されていない状態も語られている。

③国を対象とする賦課であるが（国は地方行政単位）、京都からの納入（京済）である。この事例では、

近江にせよ、越前・駿河にせよ、国に所在する倉庫からの調達はありえず、すでに京に存在している綾の調達が大前提となっている。納入においては受領が主体的な役割を果たしている。つまり、受領は任国で負名（ふみょう）（納税者の有力農民）から徴収した租税を運京し、京で保管管理していた。

①〜③を総合すると、中央財政官司による租税の収納・保管機能が低下し、逆に受領による京での租税保管・管理が体制化しており、朝廷の側もこれを前提に財政運用するしくみが成立していたことがわかる。祈年穀奉幣の幣料は、数多い経費のなかでも特に随時性が高く短期に調達されたが、次項以下の他の類型の経費にも①〜③の特徴がみられ、一般的なあり方であった。

次に、祈年穀奉幣のような幣料の調達に特徴的な点をみてみよう。

④祈年穀奉幣は毎年行われるが、式日が定められていない行事であり、幣料の負担国もあらかじめ定められていない。この例の前日賦課は極端な例のようであるが、短期間の調達はそれほど珍しくはない。

⑤賦課された絹・綾はそのまま幣物として用いられる。他の奉幣も、一般に代物ではなく現物を納入させる。

⑥太政官人で構成される行事所による催促が行われている。朝廷の主要な恒例・臨時行事においては、執行と経費調達を担う臨時の機関として行事所が置かれ、祈年穀奉幣に限らない。トップは上卿（しょうけい）と呼ばれ、公卿（くぎょう）が勤め、その下に行事弁や行事史が選任される。国家中枢に位置する太政官の行事所による催促は、このような短期間での調達に効果を発揮した。

⑦賦課に明確な数値的基準はみられず、諸国への賦課は公平性よりも行事用途確保が最優先される。右の例では近江の綾進納不能の申立てに対して「近江は他の用途も出しているから」という理由づけで免除されたが、最初の賦課の時点では他用途との重複は考慮されなかった。一方、駿河は最初の賦課以外に追加の負担を負う結果となった。賦課頻度は考慮されているものの、数値的基準に基づいた賦課や正確な頻度把握による賦課ではない。綾の欠怠が判明すると他国の絹の転用や、納入可能な国（受領）への変更が検討されているように、最優先すべきは幣料調達であった。行事ごとに担当官が異なっており、同一人物が担当した行事については記憶があるようであるが、他の行事も含めて横断的配慮は難しいしくみである。

⑧受領への随時・不定額・不定品目の賦課が定着しており、受領からみると不確定要素が強い賦課であるが、納入は当然なものと認識されている。納入辞退は可能だが不当とみなされる。このような賦課では京済が必須で、他の例をみると、在京受領を選んで賦課する傾向にある。

⑥〜⑧は、次にみる行事所召物（めしもの）にもみられる特徴である。

この例や公祭（勅使が派遣される神社の祭礼）の幣料の財源とされる正蔵率分は、天暦（てんりゃく）六年（九五二）に始められた制度で、中央に納入される調庸などの納入が滞るなか、特に国家にとって重要な経費を確保するために、これらの十分の一を割いて、率分所に別納させるものであった（十一世紀前半には十分の二に増加）。大蔵省などの租税収納・保管機能の後退を背景に、本来の収納機関（調の場合は大蔵省）より上位にあり官僚機構の頂点にある太政官の弁官に担当させて重要用途の確保を図ったのである。右の例のように、十世紀の末には進納手続きが踏まれたにもかかわらず率分蔵には現物が納入されない事態も増えた。税の確保・保管機能が衰退しても伊勢幣料などの幣料は、率分の名目が付与されて国から調達され、使用された。

一般に幣料は率分の調か大蔵省納の調が充てられ、その都度指定された国への賦課は率分所切下文か大蔵省切下文という形式の文書で伝えられた。右の史料には記されていない幣物賦課に至る手続きについて簡単に触れておこう。例幣や公祭の幣物は天皇が神社に奉るものであるので、内廷（天皇の主に私的な側面を掌る）の財政官司である内蔵寮が担当して差し出す形式をとる。内蔵寮は天皇に対して幣物として太政官管轄下の調を使用することを申請し（内蔵寮請奏）、許可をうけると、太政官が具体的な賦課対象国と賦課額・品目を決め、率分所あるいは大蔵省が切下文という文書を出させて各国に賦課した。ややこしい手続きであるが、天皇が自分の絹・綾を奉るという形式と、太政官機構を通じて諸国の調を用いるという形式を合わせた手続きである。これは単に調を率分所や太政官が管轄しているからだけでなく、天皇が全国から集めた調を神に奉って豊穣を祈ることに国家的神事として意味があったからである。行事経費として使用される物資に象徴的な意味合いがある場合、賦課の手続きに表現された。行事所が国（受領）の直納で入手するという現実的な方法と保守的で理念的な賦課手続きとを同居させるのが当時の天皇や貴族らの行動原理なのである。

●寛仁元年賀茂行幸

平安中期、石清水・賀茂社行幸をはじめとする神社行幸が、行事として定着した。なかでも石清水・

賀茂行幸は、原則天皇即位儀礼である大嘗祭の翌年に行われる臨時行事であり、神事のなかでも費用のかかる行事である。寛仁元年（一〇一七）の後一条天皇の賀茂社行幸は、正月に行事上卿が大納言藤原実資と定められ、日程も石清水行幸が三月、賀茂行幸が八月と決定した（以上藤原道長の日記『御堂関白記』）行事所の始動から行幸まで数か月の準備期間が設けられており。賀茂社行幸は十一月に延期されたが、上卿実資は行幸間際まで物資の調達・運用を指揮している（『小右記』、記主は藤原実資。以下この賀茂行幸に関する出典は同記で月日のみ注記）。行事の性格上必要な物資は、幣帛や神宝・舞人装束、社頭の設備、神官への禄、饗など多岐にわたり、その費用は主に諸国に行事所召物として賦課された。他にも調達や加工・設営に様々な機関が関与している。行事所は、これらの部署に各々必要物資の仕度（見積）を作成させ、これに従って経費と負担国が決定された。たとえば、天皇御在所料などの材木は、行事所が木工寮に仕度を出させて阿波国や近江国などに賦課した。特殊な物の原料となる物資は、それを準備できる国に賦課し、国が準備できない特殊なものは別途入手した。一方、完成品の形の賦課もあり、たとえば幣帛を入れる韓櫃は越後国に課されている（十月二十二日・十一月九日・二十二日条）。

材木や韓櫃は召物のなかで特殊な品目なのに対し、召物の中心は絹と米で、大量の米が数多くの国に割り当てられた。次の記事は十一月延期による米の追加賦課の記事である。

行事所が八月行幸に向けて大炊寮に申請した年料米は二〇〇石だった。そのうち越前は納入辞退の国解を出してきた。また新たに諸国米一五〇石を諸国に召すこととした（この日延期日程決定）。国品（国のランク）に従って、二十石・十五石・十石とする。この米は、御在所料、上下軽幄覆の織手に給わる二色綾の料、および冬に延期されたために必要となった舞人の下襲擣料で、これらは八月の支度の他の用途であるので今召すのである。（十月二十一日条）

ここに見られる国品は律令に規定された国の等級ではなく、この時期の国の負担能力によるランクを指す。ランクが三つというのは緻密さに欠けるようだが、一か国に賦課されたのは多い国でも二十石で、多くの国に賦課することで費用確保を図っている。臨時行事の経費は、受領にとって負担であり、現実的な調達方法といえる。米が設備や装束の費用とされているのは、米が当時貨幣として機能しているからで、多額の米を賦課して、様々な必要物資に交換したのである。交換を前提に賦課が行われたことは、国家財政が京の流通経済の上に運用されていたことを示しており、非常に興味深い。

召米は、この場合中央の穀物収納機関である大炊寮にある年料米（特定国が毎年進納する米）からの支出とされたが、実際には行事所の差配で大炊寮切下文を下す形で諸国に賦課している。前項の率分所切下文による幣帛調達と共通する。ただ、異なる部分もある。

上卿実資のもとに史の伴惟信が来て諸国の召物が難済（出し渋り）のことを報告したので、摂政藤原頼通に報告させた。（中略）頼通は、「諸国が理由を付けて召物を難済していることに対しては、諸国の弁済使を行事所に召し出して納めるよう命じろ。弁解は許さない」と返答した（八月五日条）。

部下の行事弁が実資のもとに来て、「行幸召物を未進している国について、十日以内に究進するように命じる」と方針を報告した。実資は、それに加えて「もし弁済使がつべこべ申したらその身を拘禁せよ」と命じた。（八月八日条）

ここでは催促の対象は弁済使である。この弁済使は、受領によって京都に置かれた人員（出先機関）で、受領から中央所々への租税の納入の実務や決算を担当したが、受領が在国している際には特に代わりに催促の矢面に立った。弁済使は、十世紀前半にはみられるがその段階では不法とされた。しかし、十世紀半ばには朝廷の側も弁済使を前提とした納入システムを法改正はしないで半ば公認した。弁済使は中央の諸官司や寺社などが、諸国から個別に財源を調達する体制の一翼を担う存在として定着していたのである。

召物は十世紀後半にみられるようになった調達方式である。十世紀・十一世紀は仏神事などに新たな宮廷行事が数多く生まれている。神社行幸もその一つであり、前項の祈年穀奉幣も新しい行事であった。幣物は調限定の原則が維持されたが、行事所召物は、律令税制との関連づけがない場合も多く、新旧の行事で必要とされる様々な物資を柔軟に賦課できる新しい調達方式であった。官召物以外にも、蔵人所も召物を課し、天皇の生活面や私的性格の強い行事などの経費を調達した。

これまで見てきた幣料の調達や行事所召物は、年間の計画はなく、臨時に賦課するものであった。受領からみれば予測しがたい負担であったが、在京受領による納入や受領による弁済使の設置など、随時賦課に対応する納入態勢が整えられた。

●永宣旨料物制

行事のなかでも年中行事は、式日が定められ経費も年間計画を立てやすい。そのなかで費用のかかる行事の場合は永宣旨料物制という特別な態勢が整えられた。

天禄元年（九七〇）九月八日、播磨国に対して永く御斎会料米として一三〇石を進納することを命じる太政官符が発給された（『別聚符宣抄』）。御斎会は正月に宮中で行われる仏事で、「永く」というのは、一回限りではなく永年御斎会料の米を播磨国の負担とするという意味である。このためこのような官符は永宣旨と呼ばれる。この時、春季御読経米一〇〇石進納を越前国に命じるなど、他の年中行事も永宣旨により負担国を固定する態勢が整えられた。永宣旨料物制が適用された行事は、御斎会、春季・秋季御読経と、京中賑給・施米で、長保二年（一〇〇〇）には春季・秋季仁王会が加わる。いずれも毎年行われる鎮護国家と窮民救済儀礼という国家の果たすべき機能を担う儀礼であったが、この時期費用の調達が困難となったため、年額と品目を定めて負担国を固定したのである。

永宣旨料物の納入は基本的に京からの納入で、徴収・運用は行事所が主導した。物資の調達・運用からみると、随時賦課の率分や召物と異ならない。費用の多額な年中行事の財源を安定化する永宣旨料物制は、院政期にも新たな仏事用途などで採用されている。

ここまで行事用途ばかりみてきたが、中央の諸々の役所の運営費や人件費の方が重要なはずと感じる読者も多いのではなかろうか。諸司運営費や人件費への対応や変化をみると、当時の位置付けや背景にある状勢変化を知ることができる。

●料国制―諸司の運営費

律令国家は巨大な官僚機構を作り上げた。中央官司の運営費や人件費は大蔵省などの財政官司からの分配が原則であったが、その後これらの中央機構の経費がどのように変化したか、史料の残存度が低いため、全体を明確にすることは難しい。

摂関期ころの変化として判明しているのは、重要度の高い官司、特に技術系の官司の用途確保の方策として、年額や品目を定めて特定の国に固定して負担させる方法が採られるようになったことである。研究者はこれを料国制と呼んでいる。年額・品目・国の固定は、永宣旨料物制と共通するが、料国制はそれより早く、『延喜式』（延長五年（九二七）完成奏上）に端緒がみられる。例えば、内蔵寮や斎院司（賀茂斎院の神事や生活を扱う官司）の用途の一部が負担国を規定されている。その後、より諸国の進納を確実にするため、賀茂禊祭料（賀茂祭に先立つ斎院の禊ぎと賀茂祭当日の用途）や大炊寮・穀倉院・修理職については、受領の任期終了後に行われる受領功過定（公卿による受領の勤務評定の会議）にそれぞれの官司の納畢勘文（完納証明書）提出が義務づけられた。官司ごとの個別の納入と決算が受領の勤務評定に組み込まれることにより、料国制の制度的整備が進んだことを示している。

その後も主殿寮用途（宮中の油）も料国制が採用され、摂関期も終わった後三条天皇の時期には、さらに料国制が拡大整備されて造酒司や内蔵寮御服用途（天皇衣服）に及んだ。具体的な物資を扱う官司、特に天皇身辺の用途を扱う内廷官司で重点的に料国制を採用され、用途確保がめざされた。

料国制をとる官司の料物は、それぞれの受給官司が直接国（受領や在国の倉庫）の租税から徴収した。十二世紀の史料には、主殿寮が切下文を発給した例もみられる。料国制の官司による切下文発給が一般的かどうか詳細は不明であるが、受給官司が受領に納入を催促して受け取ることは、他の類型と同様である。京済が多かったと想定されるが、地方にある国の倉庫から支出することもあり、その場合も受給官司から国に使者が派遣された。ただ、いずれにせよ料国制の場合、行事所召物や永宣旨のように、政権中枢の太政官が徴収に直接関与することはない。太政官は受領功過定で納畢勘文を確認する形で統制し、紛争が起きた際には訴訟を裁定した。従って、実際の納入と決算は当事者である受給官司と受領の間で完結する。このため未進も起こりやすく、また実際の納入額が当事者間で交渉される余地がある。寺院封戸（寺院に与えられる国家給付）の例をみると、実際の納入額・品目は、本来の調などの律令税目による額とは異なっており、寺院と国司の間で済例という納入額の先例が個別に形成された。料国制の場合も同様の事態がおきていた可能性は高い。

摂関・院政期を通じてみると、諸司財政独立化が大きな流れである。官司によって経過は異なるが、院政期には官司ごとに所領が形成され、諸司領が確立する。料国制は諸司領成立への一段階でもあった。受領が納物を難済すると、受給官司の使者が在国倉庫に赴いて徴収する「国下」も行われ、さらに未進が進むと、受領との交渉で料物を土地に転化し（便補）、これにより十二世紀には諸司領が確立する。天皇の命令のもと太政官が直接経費調達に関与する主要行事用途と異なり、諸司運営費は独立採算化していき、諸司領という所領の経営による財源確保へと向かった。摂関期においては、受領から主に京で徴収する方式が採られたとみられ、他類型の経費調達と共通するが、異なる方向性を内包していた。

料国制によらない官司の財政運営は、ほとんどわからない。太政官は官僚機構の中枢であり、もともと独自財源があり、それらは便補により官厨家（かんちゅうけ）領荘園となった。しかし、重要度の低い官司は、大蔵省による分配が崩壊している以上、財源の保証がなくなり退転したものも多かったと推定される。律令国家の時期に行われた業務のなかには、社会の変化によって不要となった業務も多い。九世紀までは統廃合という形で官司の整理がされたが、十世紀になると令制官司の法による統廃合が行われなくなり、官僚機構は質的に変貌していった。院政期以降の大内裏をみると、必要な官司や施設の建物が再建・維持されたのに対し、維持されないものが多く、「内野（うちの）」と呼ばれる野と化していった。摂関期はそこまでは退転していないが、必要な部署に重点的に財源を付与する一方、必要性の低い官司が淘汰される傾向はあったと考えられる。

●人件費―貴族と下級官人

通常人件費は国家財政の経費の大きな部分を占める。多くの官人を擁する律令国家も同様であったが、官人制は九世紀の間に変化が進んだ。摂関期以降の官人給与をみると、五位以上の貴族、特にそのなかで限定された者の給与と、それ以外の中下級官人らの給与は別の変化をたどっている。

《封戸・位禄―五位以上の官人の給与》

華やかな文化の担い手というイメージの強い平安貴族たちの収入源としては、給与ではなく荘園からの年貢や賄賂といったものを思い浮かべる方も多いのではないだろうか。しかし、本書の鎌倉佐保氏の章にも記されているように、荘園や私領が経済基盤として存在したことは間違いないが、まだ荘園制は本格化しておらず流動的で、公卿の収入源は封戸が中心であった。

律令の規定では、五位以上の官人には大きな特権が与えられており、給与の点でも三位以上の最上級官人には封戸、四位・五位の上級官人には位禄が支給された。この封戸や位禄は摂関時代になっても変化しつつ機能していた。

律令の規定では、封戸は封主（受給者）ごとに特定の国の戸を指定してその調庸などの税の多くを収入とさせる制度で、寺社の財源ともされたが、公卿給与としての封戸の場合、位階により戸数が定められた。摂関期には、戸を登録する戸籍は機能しなくなっており、現地で徴収される税制も調庸ではなく官物となっていたが、定められた国の税を封主に定額支払う制度として存続し、その国の受領が封主に進納した。特定国の定額負担という意味で、これまで見てきた永宣旨料物や料国制と共通する。

実際の納入がどのように行われたか、『雲州往来』に載っている皇后宮大進（皇后の事務を扱う役所の三等官。摂関期では五位クラス）と伊予守（受領）の往復書簡によってみてみよう（中巻七十一・七十二）。『雲州往来』は、往来物という一種の文例集なので、その書状は実際に使用された現物ではないが、文例集に載るほど使用頻度がある書状類型とみられる。内容は、皇后に仕える皇后宮大進が、淀（山城国にあった京の外港）に皇后の封戸のある伊予国の米が着いたという情報を得て、伊予守に封米納入を依頼し、これに対して伊予守が返書で進納を約したもので、返書には淀の綱丁所（綱丁は官物運納にたずさわる者）に封米の支出を命じる受領の下文が添えられていた。受給者である皇后宮の側が納入主体である受領から下文を受け取って、受領管理下の収納施設（この場合淀の綱丁所）に持参・提示し、封物を受け取るしくみである。受領側からは進納の動きは示していない。受取りのタイミングとしては、米が京（あるいは外港）到来の都度の他、必要が生じた時に受領に下文を依頼して封物を受け取ることもしばしばである。いずれにせよ、一年分耳をそろえて受領に納めさせるのではなく、分割して受け取る形式であった。受領からみれば、年額固定ではあるが、随時賦課の要素があった。

　このシステムは、封主の側にも封物を受給するための態勢整備が必要で、未進も起こりやすい。長徳三年（九九七）に中宮藤原定子が脩子内親王を連れて参内した際、その費用は「国々の御封など召物したが、はかばかしく物を納入する人もいなかったので、しかるべき御庄などに絹などを奉らせようと案内申す人がいたので、絹を召してよろずお急がせになった」という（『栄華物語』巻四）。当時定子の兄弟伊周・隆家は左遷され、政敵である藤原道長の権力掌握が決定的になっていた。このため、受領は定子に封物を納入したがらなかったのである。封戸は当事者間の交渉で納入・決算されるため、封主の政治的立場や力関係によって順調あるいは怠納と、納入が左右される側面があったとみられる。

　このように、封戸納入の際に受領が優先順位をつけることは多かったとみられるが、制度的にはまだ健在で、料国制と同様受領功過定により納入が保証されるしくみになっていた。

　封戸も院政期になると、荘園に転化していく。女院領などでは、荘園を立荘する根拠として先に封戸が指定される場合もあった。

　四位・五位官人に支給される位禄は、封戸以上に制度の質的変化があった。十世紀後半に成立した『西宮記（さいきゅうき）』によると、位禄を支給する対象は、特定官職の者や天皇・院宮・大臣の推薦を受けた者に限定された。受給者は毎年指定され、それぞれの負担国が定められた。有資格者全員に毎年支給するのではなく、重要度の高い官職の者に限定されたことも大きな変化だが、受給者と政権中枢にある者との主従関係を前提とした給与と化しているところに大きな特徴がある。位階を基準とした支給という律令の原則が崩れただけでなく、摂関時代の官人の、国家に属する者という立場だけでない、権門との関係など複雑な関係も組み込んだ給与体系に再編されていた。

　位禄の支給方法は、位禄支給を認める太政官符が受給者に与えられ、受給者が国から受け取った。支払を命ずる文書が太政官符である点が異なるが、受給者が個別に国と交渉して受け取るしくみは他の用途とも共通する。

《中下級官人の人件費》

　律令の規定では、全官人を対象とする給与として季禄（きろく）が年二回支給された。五位以上には季禄に加え封戸や位禄などが与えられたが、六位以下官人にとっては季禄が給与の中心であり、五位以上とは経済的にも大きな格差が設けられていた。ところが、この季禄の給付は十世紀半ばに崩壊した。摂関時代には下級官人の正式な給与はほぼ失われたのである。随分と不健全な変化のあり方であるが、ただ、十世紀を過ぎると、下級官人は六位のみに統合されて七位以下がみられなくなり、全体的に下級官人の規模も縮小していた。前にも触れたように、律令的支配の業務のなかには行われなくなったものも多く、特定の官職が必要な行事が行われる時に代官を定めることも多くなる。数多くの下級官人を抱えておく必要性も減退した。季禄支給の途絶の背景にはこの状況変化があることも見逃せない。

　季禄支給停止の結果、下級官人は別の方法で収入を得ることとなる。例えば、官職によっては職務執行にともなう収益（事務手続きのリベートや検非違使の場合の贓物（犯人から押収した盗品）など）が合法ではないながら国家に黙認され定着した（中込二〇一二）。他にも大蔵省の六位官人だった藤原清廉の私領経営のような有名は例もあるが（『今昔物語集』二十八―三十一）、下級官人層の多くは、宮廷に仕えると同時に院宮や上級貴族などに仕えることで生活を立てたとされている。下級官人は、経済的には国家財政以外の要素によりささえられる体制となり、社会関係からみると、権門への従属関係に重心がシフトして、多層的な社会関係が形成されていったのである。

●摂関時代の国家財政の構成

　ここまで摂関期の主要な経費の調達を見てきたが、摂関期の財政運用の構造と経費の種類を図にしたものが図1である。この文章で触れられなかった費目も入れておいた。この摂関期の国家財政運営には共通する特徴がある。一つ目は、行事や機関が用途を個別に入手し決算するシステムが採られたことである。律令の原則では大蔵省などの財政官司が、全国の租税の収納の面でも、官僚機構への配分の面でも物資の運用の中枢としても機能していたが（租税の数値的把握・監査は民部省（みんぶしょう）が担当）、この体系性が崩壊したところに摂関時代の国家財政は成立していた。二つ目は、行事にせよ、官司にせよ必要性の高いものの経費を重点的に確保、あるいは設定する制度が作られたことである。これには随時に決定賦課する方式と、国と年額・品目を固定して安定化させる方式があった。これらの制度の整備と裏腹に重要度が低いもの、不要になったものが軽視さ

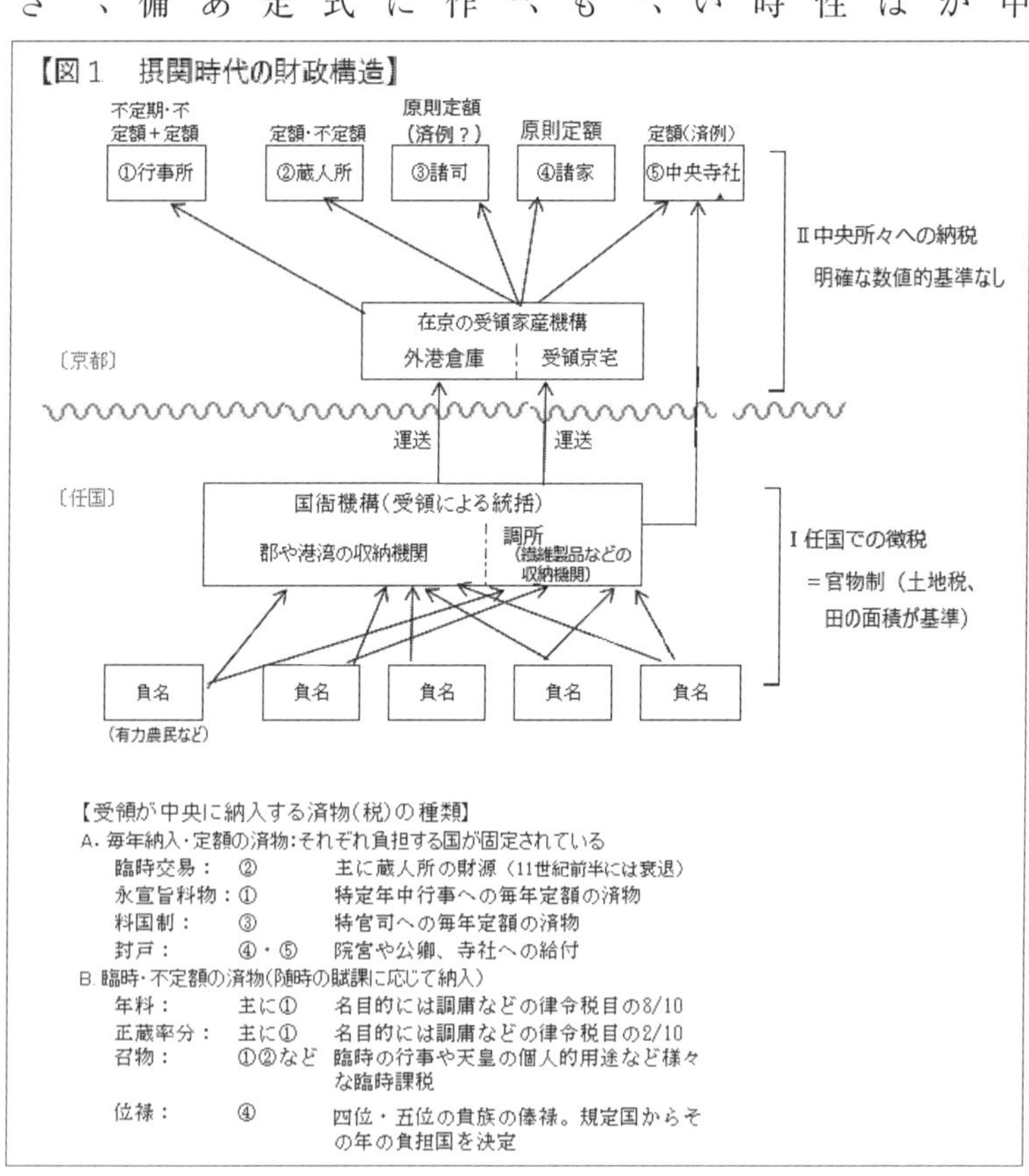

れ、途絶したものも多かったとみられる。三つ目は、このように個別化した経費構造であったが、財源は等しく受領が保管・管理している物資であったことである。料国制や封戸などでは在国の物資を調達することが増えるが、随時の調達は京済が適しており、年額が固定している封戸・位禄・料国制なども、必要時や物資京上時など随時の入手が通常にみられた。経費の入手方法は、使用者や受給者の側が主体的に動いて国（摂関期の実態では受領）から徴収する点で共通する。四つ目は、個別に経費が算出・賦課・徴収・決算されるシステムにおいては、これらの諸経費をトータルした国家財政全体の予算（あるいは概括的な計画）や決算は存在せず、国のランクに基づく賦課や、バッティングを避けるなどの配慮はなされたが、このランク（国品）も納入可能性の度合であり、調査に基づく数値基準（たとえば図1のⅠの諸国が収取した税額・田数など）はみられない。

経費の運用が個別化された中で、朝廷が重視し直接関与するのは国家的意味のある行事で、太政官に行事所を設けて、経費の調達も行った。古代中世では国家の繁栄・安穏に宗教の力は不可欠であったが、平安期は仏事・神事が再編されるとともに変質していった時期である。神事は、九世紀を通じて変化がみられ、さらに十・十一世紀には天皇が主体の神事が増加した。京周辺の主要神社に勅使を派遣して行われる祭礼（公祭）が年中行事として整備され、天皇即位後には神社行幸が行われた。仏事も新たなものが創設された。これらの天皇の仏神事の経費は優先順位の高い経費と位置づけられた。『小右記』や『権記』を読むと、先にみた事例のように、藤原実資や藤原行成といった後に大臣や大納言まで昇進する上級貴族が自ら行事用途の納入状態を逐一把握し、催促を命じている様子がみられた。この時期の国家が何を優先したか、財政構造によっても知る事ができるのである。

●中央諸機関の財布としての受領

各機関・受給者が個別に経費調達した相手は国（実態としては受領）であり、納められる物資は、受領が諸国で徴収した租税である。冒頭に記したように、この時期、諸国で受領が徴収する税制は官物制に転換していた。官物制の特徴は、律令税制の租・調・庸・正税利稲などの区別を解消して統合したこと、田の面積を基準に課税額を決定し賦課したことにあり、これによって租税徴収状況はかなり回復したとみられる。また、律令税制においては、租や調・庸はそれぞれ使途が定まっていたのに対し、官物は、使途が規定されるものではなく、融通性が大きくなった。原則的に米・稲が基準となる品目であったが、米・稲は当時現物貨幣として機能していたので、米の形で徴収されるだけでなく、米と換算して決算することで紙や染料など雑多な品目を負名（納税責任者の有力農民）から徴収できた。つまり、官物制は国と京両方で様々な必要品目を入手できる融通性の高い税制で、受領京宅や外港倉庫に運上・保管された官物は、様々な使途・名目の負担に対応できたのである。特に京上された米は、大都市京都での貨幣として活用された。前に挙げた事例でも、行事所は召物で多くの米を調達し、必要物資に替えていた。行事所召物の運用の背景には地方の官物制があったのである。幣物や封物・位禄のように、律令格式によって律令税目を財源と定められた経費も、召物のように律令税目との関係が希薄な用途も、さらに行事や造作などこの時期に多く生み出された新たな用途にも官物制は柔軟に対応した。

このように、受領京庫（外港倉庫を含む）や在国の倉庫に蓄えられた官物は、個別調達システムをとる中央財政の財布のような役割を果たしたのであるが、中央の太政官・財政官司・経費を支出する官司は、いずれも財布の中身を正確には把握していなかった。というより、把握するしくみを生み出さなかった。平安中期の税制の転換は、中央の政策として受領に任国支配の権限を委任したなかで生まれた税制で、中央の政府は調庸制を法的に廃止したわけではなかった。中央の財政制度は律令税制を土台とする建前を堅持したため、国に対して官物の収納額や納税者である負名のリストと請負田数などを報告させるシステムを作らなかったのである。同時に非公式ながら地方における新たな官物制は認知し、それだけでなく、それが融通性の高い税制であることを活用する中央の経費調達システムも形成させた。大まかに国ごとの負担能力を把握して、恒例用途は国を固定し、臨時の用途はバランスをみながら負担可能な国に賦課したのである。

摂関時代における受領の財政的役割は非常に大きいものがあった。国司の収入として律令で規定された地方財源からの給付はすでに無実化していたにもかかわらず、受領は巨額の富を築くことのできる官職であった。そのしくみは、任国から徴収した租税のうち、様々に賦課された臨時・定額の税を納入した残りを収益とするもので、任国で多くの税を徴収することで富裕になれた。ただ、それは「私腹を肥やす」という行為ではなく、様々な随時賦課に備える存在として京に租税（官物）を保管・運用しなければならない立場に置かれたのであった。受領からみれば、任期が終わってみないと収益は判明しないしくみであり、徴税した物資は任期中の受領の生活費などの私的な費用としても使用された。これは公私混同ではなく公私不可分な状態の体制化という方が正しい。朝廷も、大蔵省などの国家の財政官司による租税の保管管理を棄て、受領の家に租税の管理を任せて財布代わりに利用したのであり、同時に受領に大きな収益を認める方式としたのである。

●受領による納入と監査―摂関期の財政を支えるもの

これまでみてきたように全ての経費は、多かれ少なかれ受領による未進・難済がしばしば生じた。このような未進を防ぎ受領を統制する方法とされたのが、受領功過定である。十世紀に、以前からの民部省・勘解由使（かげゆし）による監査の上に、公卿による受領の勤務評定を加えたのである。公文勘会（くもんかんかい）やそれに基づく受領功過定は全体に、律令税制に基づいた内容であるため、平安中期には実態とは乖離していたが、賀茂祭料、修理職・穀倉院など料国制や封戸などの個別納入システムが審査項目とされた。料国制のチェックが納入額ではなく納入事実の確認だったことはすでに記した。さらに功過定の審査項目以外が功過定の合議のなかで問題とされることもあったため、当時の政権が重要視した項目に限っては受領の未進を一定度抑制する効果はあった。受領功過で合格しなかった受領は、再び受領に任命しない原則であったため、功過定は数値的監査というより人事面での締め付けという形で経費確保の機能を果たしたのであった。

●摂関期の国家財政と貴族文化

平安中期の国家財政では、今回は触れることができなかったが、租税外の物資を経費に充てる手段があり、院政期・鎌倉期に向かって比重を増してゆく。成功（じょうごう）である。成功のなかでも下級官人を任命する地下官人成功は、率分・召物や官司の施設の修繕などの不足を補うために活用された。これも一面では前に触れた官僚機構の変質を背景とするものであった。

人件費の縮小や官司運営費の変化から考えると財政規模としては縮小していると考えられる。にもかかわらず摂関時代の宮廷文化が華やかにみえるのは、一つには選択的な財政運用、今一つは、それを下支えした税制の転換の効果があったためである。摂関・院政期の受領の巨富は、任国における税収の好転を物語っている。

平安貴族文化の経済的背景は中央財政構造の再編だけではない。いわゆる経済の私的な側面の増大も摂関期の特徴であり、受領の富や富裕な貴族の富は様々な場面で示された。国家的行事との関連でみれば、賀茂祭の行列は、国家財政による部分以外に、個々の参加者が過差（分を超えた贅沢）を競ったことは有名である。しかし、国家財政の変質との関係で興味深いのは、藤原道長ら摂関家による馬の提供である。賀茂祭や競馬などの国家行事では、馬寮の馬が用いられる。この馬寮の馬は、律令制下では地方財源により運営された東国の御牧の馬が貢上された。しかし、この時期には御牧の馬の貢上が衰退し、道長を始めとする摂関家による天皇への貢馬が馬寮の馬の供給源であった。この馬の多くは受領により道長に献上されたもので、どちらも贈与である。贈与を国家財政の財源とすることは鎌倉期に向けて増加するが、この場合は国家の財政運用として取り込むのとは異なる形で国家行事を下支えしている。また、五節における舞姫の献上は、二人は公卿、二人は受領が献上する慣習となっていたが、公卿と受領という多額な負担が可能な地位の者への命令であり、財政官司が関わる財政行為とは異なる論理によっている。五節舞姫を献上する公卿には、他の受領などの貴族から訪という贈与がなされた。これらの宮廷行事は、国家財政だけでなく、貴族社会が経済的に支える慣習も組み込んで成立しており、華やかさが演出された。

従来の平安貴族社会の経済については、贈与や奉仕ばかり強調されてきた。しかし、国家財政制度が再編されたこと抜きには摂関時代は理解できない。そのしくみは体系性が分解し、分立する方向性にあると同時に、勤務評定により受領を統制するシステムもあるように、過渡期的で複雑な要素が入り組んだものであった。なかなか理解が難しく、専門家の間でも律令官僚制の延長としての性格を強調する見解、受領統制の限界や中世的な権門の分立への方向性を強調する見解など、様々な立場があり、議論が続いている。冒頭に「厄介」と記した通りである。ただ、平安貴族社会についての受領の苛政と租税の私物化、朝廷行事の軽視と権力者への奉仕という固定的イメージが、極めて表面的であり、摂関期の国家財政が社会の変化に対応して再編されたものであること――ややこしい改編ではあるが――を理解して頂ければと思う。

（中込律子）

【参考文献】

大津透『律令国家支配構造の研究』（岩波書店、一九九三年）
勝山清次『中世年貢制成立史の研究』（塙書房、一九九五年）
中込律子『平安時代の税財政構造と受領』（校倉書房、二〇一三年）

中込律子「日本古代・中世移行期の「賄賂」」（『歴史評論』八六一、二〇二二年）
吉川真司『律令官僚制の研究』（塙書房、一九九八年）

2　摂関時代の荘園とはどのようなものか

天下の地、ことごとく一の家（摂関家）の領となり、公領立錐の地もなきか。悲しむべきの世なり。
（『小右記』万寿二年七月十一日条）

●増加する荘園

藤原道長が没する三年前の万寿二年（一〇二五）、右大臣藤原実資はこう日記に書き付けた。道長の四男権大納言能信の領有する山城国の荘園の雑人が、朝廷から派遣された祈雨奉幣使の一行に乱暴をはたらき、検非違使庁の官人が出動したという話を聞いてのことである。しかし、国土がほとんど摂関家の荘園となってしまい公領が錐を立てるほどもなくなってしまったというのはかなりの誇張で、公領もなくなるほど荘園ばかりとなってしまったということはその後にもなかった。摂関家の経済基盤の中心は、律令に規定された封戸などの給与にあって、荘園の比重はそれほど高くなかったことも明らかにされている（竹内理三「貴族政治とその背景」一九五二年）。

しかし、このころから徐々に摂関家の荘園が増えていったことは確かで、のちに後三条天皇が延久荘園整理令を発したとき、藤原頼通は、「五十余年、君（天皇）の御後見をしてきた間に、所領を持っている者たちが縁故を結ぼうとして寄進してきたのを、そうかと言って受け取ってきた」と言ったと伝えられており（『愚管抄』）、頼通は自らの領有した荘園九か所を平等院に施入してその経済基盤を確立させ、そのほか領有していた荘園を娘の寛子（四条宮）、室の高倉北政所（隆姫）、子息師実に譲与するなど、多くの荘園を領有した。また少し後ではあるが、天喜元年（一〇五三）の伊賀国では、伊賀郡には右大臣藤原教通（道長五男）、春宮大夫能信（道長四男）、侍従中納言信長（教通三男）の荘園が、山田郡には内大臣頼宗（道長次男）、按察使大納言信家（教通長男）、民部卿長家（道長六男）の荘園が前司の任期中に新立され、官物の徴収ができなくなっていると伊賀守が訴えている（天喜元年三月二十七日官宣旨案）。

たしかに誇張はあるものの、実資の言葉は、そうした状況となる兆しを敏感に感じ取っていたからのものだったのだろう。かくいう実資も、全体数は不明ながら、寛仁三年（一〇一九）には家領の大部分を女子千古に、残りの尾張国浅野荘など五か所を資平・良円に譲与しており、また長元元年（一〇二八）には尾張守源則理から美作荘の寄進を受けるなど（『小右記』同年八月二十四日条）、それなりの数の荘園や牧を領有していた。十一世紀には摂関家に限らず荘園の領有が広がっていったのである。

そのことは荘園整理令の発令状況からもうかがえる。長保四年（一〇〇二）には若狭、長元元年（一〇二八）には越前の国司から荘園新立停止の要求が朝廷に出され（『権記』長保四年四月十日条、『小右記』長保元年七月十八日条）、また長久元年（一〇四〇）には後朱雀天皇と関白藤原頼通が新立荘園停止についての審議をおこない（『春記』長久元年六月八日条）、以降たびたび荘園整理令が発せられるようになる。延久元年（一〇六九）には後三条天皇が荘園整理令を発し、徹底して荘園整理が行われたことはよく知られている。十一世紀は荘園が増加しはじめ、そしてその状況に対して荘園整理政策が実施されていった時代であった。

●受領による地方支配の再編と荘園形成への関与

ではなぜ十一世紀ころ荘園が増加していったのだろうか。それは地方支配の変化と関連している。律令制に基づく地方支配が立ちゆかなくなると、朝廷は国司の最上位者（受領）に地方支配を委ねて中央への貢納の責任を負わせるようになった。国内支配の専権を与えられた受領は、十世紀を通じて国衙機構を再編するとともに、それまでの人別賦課を基本とした律令税制から、田地面積に基づいた官物・臨時雑役という税目からなる新たな税制へと転換し、地方支配を建て直していった。受領の恣意的な支配は、郡司・百姓等の反発を招き、苛政上訴を頻発させたが、朝廷政治や都の文化は、受領が貢納物や富を地方からもたらすことによって支えられたのである。受領は任国では、税収を増加するため、検田（田地調査）を強化したり、荒廃公田の再開発を奨励したりするなど積極的な政策をおこない、荘園に対しても厳しい規制をおこなった。しかしそのような国衙支配強化にもかかわらず、荘園の形成は進んでいった。それは、受領自身が荘園形成に深く関与していたからである。

例えば、三条天皇中宮藤原妍子（道長の第二女）領の摂津国宿荘は、中宮大進藤原佐光が摂津守在任中に立てた荘園であったという。佐光は、任期後にも宿荘に関わっているので、自らの所領を妍子に寄進し、官物や臨時雑役を免除して荘園としたのだろう。このとき佐光は、先に藤原実資領の桜原荘に承認した寄人十人を、改めて国符を下して宿荘の住人としてしまったという（『小右記』寛仁二年五月三十日条)。寄人とは、荘園領主への奉仕者という身分をもった荘民のことで、荘園領主に所役をつとめるかわりにその分の臨時雑役を免除された。国内の支配を一任された受領は、官物や臨時雑役免除の特権与奪の権限を行使して荘園形成を進めていたのである。

そもそも荘園とは、貴族や有力寺社が領有した土地のことであるが、本来国に納める貢納物を不輸と認める権限は国家にあった。太政官符・民部省符によって不輸が認められることから、官省符荘という。しかし、国内支配を任された受領は、上級貴族や寺社が領有する田地にかかる官物や臨時雑役の免除(不輸)を認めることがあった。これを国免荘という。摂関期にはこうした受領の認可による国免荘の形成が進んだのである。

受領が、上級貴族や寺社の荘園の不輸を認めたのはなぜか。それは、上級貴族や大寺社には封戸という国家的給付があり、受領は上級貴族や大寺社に封物を納入する義務があったが、上級貴族や大寺社のもつ土地にかかる官物を免除することで封物納入の代替としたためである。受領にとっては、自らの責任で封物を納入したり、未納の責任を負ったりするよりも、封主に田地経営から封物収納までを委ねてしまうほうが好都合だったのである。また臨時雑役の免除は、未開墾地の開発の際に認めることが多かった。免除を与えることは、受領にとって必ずしも不利益なことではなかったのである。

●国衙による再開発奨励と私領形成

また荘園形成が進んだ背景には、受領が税収増加をはかるために、新たな田地開発や荒廃公田の再開発を奨励し、それによって広く私領が形成されていったということがあった。和泉国では、現在耕作している田地を荒廃させずにさらに加作した場合には、田率雑事（でんりつぞうじ）と官米（かんまい）のうち五升を免除するという開発奨励策が寛弘（かんこう）九年（一〇一二）に出されている。田率雑事とは、田地面積を基準に賦課される雑役、官米とは官物として納入する米のことである。開発特典として税の一部免除を認めて開発・再開発を奨励したのである。和泉国の開発奨励は田堵と呼ばれた農民に対して発せられたものであったが、これを受けて積極的に開発を推進したのは、財力をもった中下級貴族たちで、彼らは一定領域の開発・再開発を請け負って私領を形成していった。こうして公領内に、中下級貴族層を中心に、開発、経営、徴税を請け負った私領が広範に形成されていったのである。

しかし、和泉国では、その四十年ほど後の永承（えいしょう）五年（一〇五〇）には、「五位以上諸司官人以上」が多く部内に来住して、諸家の荘園を立てて国務を対捍したり、平民の田畠を押し奪って私領を構えたりすると受領が訴えた。中下級貴族らの活動は自己利益の追求に向かい、私領を上級貴族に寄進して荘園としたり、不当に私領を拡大するなど、受領の国衙支配を脅かした。

儒者の家柄で、遠江（とおとうみ）・相模（さがみ）守などの受領を歴任した大江公資（おおえのきんより）は、十一世紀前半ころ、遠江国質侶（しとろ）牧、相模国早川牧などの所領を獲得し、これらを藤原長家（道長六男）に寄進して荘園とした。牧とは馬や牛を生産する領域を囲い込んだ所領で、領域内には田地も存在しており、実質的に荘園と変わらない。公資は受領を歴任した国で所領を確保し、それを上級貴族に寄進することで免除を獲得し荘園としていったのである。公資はそのほかに大和（やまと）国山口荘も長家に寄進している。公資の子の広経も、受領となった伊勢国で田地を買得して領田とし、さらに山城・摂津・遠江などで買得や負物（ふもつ）の代（借物のかた）として私領を集積し、その子公仲の時には、山城・大和・摂津・伊勢・遠江・相模に十四もの荘園を領有するまでになっていた。

地方社会では、こうした受領を歴任する中下級貴族層が主体となって私領の形成や荘園の形成が進んでいったのである。

●受領による荘園規制

しかし、受領として任国を支配するにあたっては、荘園の増加は望ましいことではない。新任の受領は、前任者が立てた荘園の免除を否定し、時には朝廷に荘園整理令の発給を求めて荘園を停廃して官物や雑役を徴収した。とくに、朝廷から内裏（だいり）造営や、天皇代替わりの大嘗会（だいじょうえ）などの臨時費用が課されたとき、受領は国内の公田に賦課をしてその費用を調達しなければならなかった。その際、荘園に免除が与えられ不輸となってしまっていると、十分な調達ができなかったため、免除を取消すために朝廷に荘園整理令の発令を求めた。こうして荘園整理令が頻発されるようになった。ただし、注意したいのは、荘園整理令によって官物・雑役の免除は停止されたが、荘園の土地の領有自体は否定されなかったことである。つまり、田地経営は領主に任せたまま、不輸を取り消して、官物や雑役を国衙が徴収したのである。荘園に対する規制にもかかわらず荘園が増加していく理由がここにあった。

また受領は、荘園に対して検田（田地調査）を行い、荘園のなかに公田や新開発田がないかどうか調査をおこなった。国家が不輸を認めていた官省符荘に対しても、国衙による検田が行われた。官省符荘とは、国家が荘園領主の経済基盤として不輸を認めた荘園である。官省符で認められた田地は免田として認めなければならなかったが、国衙検田では荘園内から官省符に載せられていない坪付の田地を見つけだし、「公田」「剰田（余田）」と検田帳に記載して、そこに官物や雑役を賦課したのである。

大和国の栄山寺領では、永祚二年（九九〇）から康平二年（一〇五九）まで、官省符に基づいて国衙に領田の免除を申請した史料が残されている。申請を受けた国衙では、田所において検田帳など国衙保管の帳簿とつきあわせて、官省符に登録された坪付の田地であるか、新開田が含まれているかが確認された。新開田は原則として官物が賦課されたが、実際には登録された田地が荒廃していて、新開田をあわせても官省符の田数に満たないことも少なくなく、その場合には、新開田の官物免除も認められた。栄山寺は、こうした申請を数年ごとに繰り返し、その都度、国衙の確認を経て新開田の免除を認めてもらわなければならなかったのである。こうした国衙による免除認定の方法は、「免除領田制」と呼ばれている（坂本賞三『日本王朝国家体制論』東京大学出版会、一九七二年）。免除領田制は、摂関期の荘園が、強い国衙支配のもとに置かれていたことを示している。

●不入権の獲得と領域型荘園の形成

このように受領は、国衙検田を通じて、荘園内からも官物・雑役の徴収をおこなった。しかし、荘園のなかには、この国衙検田を拒否する権利、すなわち検田使を入部させないという不入権を獲得する荘園も登場した。正暦四年（九九三）右大弁平惟仲が領有する紀伊国石垣荘に対して紀伊国符によって不入権が認められているのが早い例である。惟仲は、この荘園は山川嶮難の地で公田は含まれていないとして検田使の不入を申請し、それが容れられたのである。もともと荘園の領域内に公田はなく、検田をおこなってもさして増収は期待できないと紀伊国司は判断したのだろう。また石清水八幡宮領の紀伊国野上荘（のかみのしょう）・隅田荘（すだのしょう）では、万寿（まんじゅ）五年（一〇二八）に宣旨によって検田使の不入が承認された。野上荘は朝廷の大会（だいえ）として行われる石清水八幡宮放生会（ほうじょうえ）の費用を、隅田荘は石清水八幡宮内に一条天皇の御願で建立された三昧院（ざんまいいん）でおこなう仏事費用を出す料所としてそれまでに官物の免除がなされていたが、さらに検田使の不入と臨時雑役免除も認められ、不輸・不入の荘園となったのである。不輸に加え、不入権を獲得したことによって、新たに開発された田地を国衙が把握することはできなくなり、事実上、国衙支配を排除した荘園となった。こうして、国衙支配から分離する荘園が登場しはじめたのである。

●摂関期荘園とはどのようなものだったか

しかし、摂関期の荘園は不安定であった。受領が任期中に認めた不入権は完全なものではなく、また朝廷が認めた場合も、荘園整理令が朝廷から発せられれば、宣旨に基づいて検田使が再び荘園に入部し田地調査が行われた。官物・臨時雑役の免除も、国免荘の場合には国司が交替するたびに否定と承認を繰り返すことが多く、また官省符荘であっても、免除領田制に見られるように免除を得るにはその都度国衙による確認と承認が必要であった。

荘園経営にも不安定な要素が存在した。耕作者である田堵が必ずしも荘民として定着していなかったのである。東大寺領の越後国石井荘では、十一世紀半ば、荘司として経営再建に臨んだ大法師兼算（けんさん）が、隣国から浪人を招き据えて田堵とし、勧農をおこなって荘園経営をすすめたが、古志得延（こしとくえん）という田堵は、兼算の従者となって来住したにもかかわらず、兼算に離反して、信濃（しなの）国にあまたの百姓もろとも逃げ去ったという。このころの田堵は「寄作人」とか「諸方兼作の民」などといわれたように、公田も荘園も耕作する者が多かった。石井荘では、集団で荘園領主に訴状を出すような住人等の政治的組織も形成されつつあったが、結局、兼算の経営はうまくいかず、石井荘は東大寺領として存続できなかった。石井荘退転の原因はひとつではないが、田堵の流動性も大きく関係していただろう。強い国衙支配のもとで、官物・臨時雑役免除や不入権を得て、荘民を定着させられるかということが荘園経営の安定化のためには重要であった。

地方でさかんに私領を形成した中下級貴族が、摂関家など上級貴族に寄進をしたのも、その威勢をもって受領から官物や臨時雑役の免除を得るためであった。大江広経（ひろつね）が得た遠江国小高荘は免除の国判が得られず荒廃してしまっていたが、その子公仲（きんなか）は再開発のため免除の国判を得ることを期待して右馬頭藤原兼実（藤原信長の子）に寄進している（嘉保（かほう）二年正月十日大江公仲処分状案）。

しかし先にみた伊賀国の摂関家一族の荘園もそうであるが、摂関期に上級貴族に寄進された荘園は、その多くが次代には継承されておらず、その点でも流動的であった。寄進を受けた上級貴族の側には、荘園を家領として編成しようとする積極的な姿勢は見られず、荘園の形成や管理・経営の主体性は中下級貴族の側にあった。延久元年（一〇六九）の延久荘園整理令によって荘園整理政策が本格化すると、こうした領有のあり方で荘園を維持していくことは困難となっていったのである。

●摂関期荘園から中世荘園へ

荘園史の全体からみると、荘園の形成が本格化するのは、このあとの院政期、十一世紀末から十二世紀で、摂関期はまだその前段階にあった。荘園整理令による荘園領有の動揺のなかで、院政がはじまると、中下級貴族たちは私領や荘園を院や女院の周辺に寄進するようになり、院権力のもとで、新たな荘園が次々と形成されていくことになった。

治暦二年（一〇六六）藤原教通からの寄進によって仁和寺領となっていた阿波国篠原荘は、当時三十七町の免田からなる荘園であったが、白河院政期、白河院の権力によって勝浦郡の全域にわたる田畠一五〇〇〜一六〇〇町が領域に取り込まれ広大な荘園となった（『中右記』元永元年九月一日条）。この荘の場合は荘園領主は継続しているが、院政期に領域が郡規模に拡大したのである。また白河院は、早世した皇女郁芳門院のために無量光院を建立し、肥後国山鹿荘を施入した。この荘園は、もとは壱岐守能高が領有した私領で、その子出羽権守能輔から、郁芳門院に仕える女房を通じて白河院に寄進されたもので、白河院の権力によって山鹿郡・玉名郡にわたる惣田数一二〇〇町以上、年貢六〇〇〇石の大荘園として立荘された。

教科書にも載せられてよく知られている肥後国鹿子木荘も、その後に繋がる荘園として成立したのは鳥羽院政期であった。鹿子木荘は、十一世紀前半に沙弥寿妙によって形成された私領に由来し、寿妙の孫の中原高方から応徳三年（一〇八六）に大宰大弐藤原実政に寄進され荘園となったが、その後、鳥羽院政期の保延五年（一一三九）、鳥羽院の皇女高陽院内親王に寄進されて、本田数二〇〇町、年貢四〇〇石の広大な領域をもつ荘園となった。鳥羽院皇女に寄進されたことによって、それまでの荘園の領域をはるかに越える領域が設定されて、新たな荘園領主の領有する荘園となったのである。

院政期には、中下級貴族からの寄進が院周辺に集中するのと同時に、院をはじめとする荘園領主側からの積極的な働きかけによって、新たな荘園が形成されていった。荘園領主として荘園を領有したのは、院・女院などの王家、朝廷政治や儀式を担う摂関家をはじめとする上級貴族、鎮護国家を担う寺社などで、国家機能を担う権門として荘園の領有と支配を認められた。こうして摂関期までの荘園は再編成され、荘園は公領とならぶ国制上の土地支配の単位となり、荘園公領制と呼ばれる土地制度が成立した。院政期以降に形成された荘園は、領域の規模も、国制上の位置づけにおいても、摂関期の荘園とは大きく異なっており、近年ではこれを中世荘園と呼ぶようになっている。

中世荘園の典型的な形態は、四至と呼ばれる東西南北の堺によって領域を区画した領域型荘園である。それに対して摂関期の荘園は、免田・寄人型荘園という類型概念で説明されてきた。免田・寄人型荘園とは、領域型荘園が形成される前段階の、国衙の規制のもと限定された特定の耕地と特定の人間だけの支配が認められた、未熟で過渡的な荘園とされている（小山靖憲「古代荘園から中世荘園へ」『中世寺社と荘園制』塙書房、一九九八年所収、初出は一九八一年）。中世荘園と比較したとき、摂関期の荘園は未熟で過渡的であったといえるかもしれないが、免田・寄人型荘園という概念は、摂関期の荘園を、免除という一面でしか捉えておらず、これを摂関期荘園の典型的な形態と捉えることはできない。荘園領主に認められた免除は免田・寄人という形をとっていたが、荘園領主（実質的には管理を担う中下級貴族や寺社領の荘官）による現実的な支配は、免田という特定の耕地と寄人という身分の人のみに限定されてはいなかった。摂関期の荘園も、多くは四至を限った領域が存在し、荘園領主は領域内の免田の範囲を越える耕地を支配し、寄人と認定された人に限定されず田堵を編成し支配した。国衙も、荘園領主による開発・田地経営・荘民支配を前提として、免田以外の田地から官物・雑役を徴収したのである。

この点は、中世荘園でも同様で、領域内の開発・田地経営・荘民支配が荘園領主に委ねられ、荘園領主は自らの支配組織をもって荘園経営をおこなって国家的給付を確保し、そして免田として認められた以上の田地からは国衙への官物等を負担した。領域型荘園は摂関期に開発・経営が領主に委ねられるなかで生まれていったのであり、摂関期荘園はその端緒的な形態ということができるのである。

（鎌倉佐保）

【参考文献】

鎌倉佐保『日本中世荘園制成立史論』（塙書房、二〇〇九年）
川端新『荘園制成立史の研究』（思文閣出版、二〇〇〇年）
小山靖憲「古代荘園から中世荘園へ」『中世寺社と荘園制』（塙書房、一九九八年所収、初出は一九八一年）
佐藤泰弘『日本中世の黎明』（京都大学学術出版会、二〇〇一年）
竹内理三「貴族政治とその背景」『竹内理三著作集』第五巻、貴族政治の展開（角川書店、一九九九年、初出は一九五二年）

3　中央政府による地方支配と国司制度

●国司制度の始まり

　日本社会に本格的な地方行政制度が導入されたのは、大宝令の施行（七〇一年）以降である。手本とした古代中国でも地方官の勤務態勢が充実するのは比較的遅く、たとえば給与制度が整えられたのは隋代（五八一～六一八）以降である。当時、地方出身者が本籍地を管轄する官庁に勤務できない「本籍廻避」が施行されたことで、地方官に一定の給与を保証しないと活動が困難になったことによる施策だった。この時期に始まる俸禄と職分田で地方官の活動を支える方針は、やや改悪されつつも唐代（六一八～九〇七）、そして日本の古代社会へと受け継がれていく。

　ただし日本の国司制度の場合、実質的に見切り発車の色合いが濃く、施行当初には施設・給与など多くの面で未整備が目立っていた。とくに大宝令に先立つ、飛鳥浄御原令制下（七世紀後半）の国司は、活動のための諸機能の大半を現地勢力へ依存する状況にあった。独自財源を持たず、個々に指定される「養郡」からの上がりで業務や生活を維持する方式は、当時の制度の脆弱性を象徴している。この方式が地方財政の整備が進んだ八世紀前半に禁止されるのは、地方有力者による国司の抱き込み策として機能しかねない側面があったからだろう。また初期の国司には、執務に必要な本格的な施設群も用意されていなかった（いわゆる初期国衙の段階）。この後、八世紀代に入って、「国府」（国衙を中心とする行政施設群）が設置され、ようやく機構面でも現地勢力からの独立が実現することになる。

●赴任後の留京

こうして軌道に乗った地方行政を進める過程で、最初に問題化したのは、一旦赴任した国司が理由をつけて帰京したまま再赴任しない現象である。書類処理や病を口実とする留京が目立ってくると、宝亀十年（七七九）以降、再三の禁制が出されたが、十分な改善は生じなかった。

なお先行研究のなかに、上皇などの葬儀参加のために帰京した事例や、皇親（皇族）の在京事例を挙げて、すでに奈良期の中頃には国司の赴任状況に大きな問題が生じていたとする見解もあるが（吉村茂樹『国司制度崩壊に関する研究』東京大学出版会、一九五七年）、誤解である。とくに後者の事例の場合、たとえば『万葉集』や正倉院文書に見える山背王・安宿王の活動実態を見れば、彼らが京・任国間の上下向を繰り返していたことは明らかである。八世紀〜九世紀中頃の国務文書に見える皇親の自署欄（計五例）がすべて空白であることも踏まえると、令制施行の当初から皇親は任地への常駐義務を特別に免除されていた可能性が高い。この種の特殊事例を拡大解釈して当該期における地方官の未赴任を主張する論法は、この時期を対象とした研究に限らず散見されるが、分析手法として不適切であろう。

ともあれ一般の国司の場合も、八世紀末までには勤務状況の悪化が生じ始めていたことは間違いない。禁令も十分な効果を挙げず、国務文書を見る限り九世紀までには下級国司の未赴任状態が恒常化している。そのうちで不在要因が明記される事例を見ても、たとえば承和七年の国司解で「承和四年貢調使」（『平安遺文』六十六）を在京理由としているが、あきらかに無理があり、この種の説明自体、地方官の勤務意欲が全般的に低迷する実態を物語っている。

●国司の未赴任

八世紀末に問題化した赴任後の留京に続き、九世紀代にはそもそも赴任義務を果たさない国司が目立つようになる。先行研究では、任用国司の未赴任現象は国司官長の受領化が引き起こしたもので、九世紀末以降に生じるとされるが、事実誤認である。この種の現象は九世紀前半には問題化しており、各種の史料に置いて、多数の事例が確認される。当時の国務文書に見える自署状況からも、赴任義務が課された国司の任国不在は相当な割合に上っていたことが判明する。

具体的に、六国史に見える国司の未赴任事例三十六例（すべて九世紀代）を整理してみると、前半の嵯峨・淳和・仁明朝に任用国司の未赴任が見え始め、後半の文徳・清和・陽成朝に同様の傾向が国司官長へも広がる傾向を検出できる。また九世紀中頃になると、仁明朝の藤原衛・文徳朝の橘良基などのように任命の際に赴任拒否の意志を示す事例すら生じる。ただし前者は「帝、之を聴さず。乃ち遂に任に赴く」（『日本文徳天皇実録』天安元年〈八五七〉十一月五日条）という結末となり、後者には「文徳天皇、盛怒を発し、其の官を解却す」（『日本三代実録』仁和三年〈八八七〉六月八日条）という処置が採られている。

このような厳しい対処にもかかわらず、清和朝以降になると国司の未赴任は常態化している。たとえば未赴任の伊予守豊前王について、右大臣藤原良相は上表文のなかで良吏の典型として褒め称えている（『日本三代実録』貞観七年〈八六五〉二月二日条）。このほか、未赴任国司がペナルティを受けないまま別官に遷任する事例も広く見られるようになる。

　こうした状況は、綱紀の緩みというレベルに止まらず、現地における国務決裁の滞りや責任所在が不分明な案件を多発させたと考えられる。たとえば貞観八年（八六六）、讃岐介（官長）藤原有年が政務責任を追及された際、一応、同時期の未赴任の国司まで裁判の遡上に挙げられたことは（『日本三代実録』同年十月二十五日条）、彼らが法制上は完全に国務から切り離されてはいなかったことを示している。十世紀代に入って、この種の未赴任者が国務文書に自署欄を用意されなくなる現象（渡辺滋「日本古代国司制度に関する再検討」『古代文化』六五―四、二〇一四年）は、おそまきながら彼らが明確に国務から解放された結果である。

●同国の国司に再任される現象

　このように地方官の勤務意欲の低下が目立つ一方、九世紀中頃から十世紀前半にかけて、同じ人物が同国の国司に複数回任命される現象も見られる。たとえば元慶二年（八七八）～五年まで遠江守を勤めた藤原清保の場合、任終後も遠江国に関する上申を行うなど同国の国政へ関心を寄せ続け、仁和三年（八八七）に遠江守に再任されている。同時期にこの種の人事が少なくない状況は、九世紀代に「国例」（地域毎の特質・慣例）を重視した政務処理が一般化してくる傾向（戸田芳実『日本領主制成立史の研究』岩波書店、一九六七年）とも、軌を一にしている可能性が高い。

　この種の人事は、この時期に目立つ同国内で昇進する国司人事とも連動している。たとえば坂上貞守は九世紀後半にたびたび丹波国司を勤める過程で、介→権守・権守→守と昇進している。またその間に国司を勤めた美濃国でも、権守→守と昇進している。このような現象は全国的に見られ、守まで行き着かない事例も含めると五十例を超える。仁和年間以降になると、介への就任から一〜二か月で守に昇格するような形骸化も生じるが、逆に言えば、当時、そういう昇身手順を踏むことが好ましい地方官人事のパターンであると認識されていた可能性を示している。

こうした履歴を踏んだ地方官のなかに、紀田上・路年継など九世紀代の「良吏」だけでなく、朝野貞吉など「酷吏」として名を残した人物も含まれる現象は興味深い。一般に良吏とは、自己判断に基づく能動的な統治を行い成果を上げた国司とされる。なかには独特の統治手法ゆえに十分な評価が与えられなかった事例もあったはずで、朝野貞吉がそれに当たると考えられる。

このような現象の背景を考える際、「承和十五年（八四八）三月二十二日 太政官符」（『類聚三代格』巻五）が、国司に任期が存在する理由について「労逸（辛いことと楽しいこと）を均しく」するためと説明している点は注目される。そもそも日本の令制で国司に任期を設けたのは、中国隋・唐代の律令における任地の私領化を防ぐために地方官任期を限定する方針を継受した結果で、労務負担の平均化という議論は規定本来の趣旨とはズレている。それにも拘わらずこうした説明が出てくることは、九世紀の段階で「地方官勤務はしんどいもの」して忌避する傾向が相当広く存在した可能性を示唆している。当時、特定の人物を長期にわたって同一国の国司に留める人事が広くみられることは、それが好ましくないと認識しつつも、現実問題として地方統治に熱意を持つ少数の人々（いわゆる「良吏」）に頼らざるを得ない状況に陥っていた実態を推定させる。

●八〜九世紀における国司任期の実態

さきに九世紀代の中央官僚層が、地方勤務を負担と感じていたことを述べたが、ここで国司の任期について考えてみよう。そもそも大宝令で六年と定められた任期だが、承和二年（八三五）に四年と定められるまで計七回の改訂が繰り返されている。任期を伸ばす際の理由としては交替の煩雑さや民情の安定などが挙げられているが、短くする際の理由は史料が残っておらず不明である。ただし同時期の赴任状況を見る限り、地方官勤務を忌避する傾向が強かったことへの対応である可能性が高い。実際、八世紀代の国司は平均二年半程度で交替を繰り返しており（平野邦雄「八世紀における国司の人的構成」『日本歴史』六〇〜六一、一九五三年）、法制上の任期はほとんど機能していない。

九世紀代を見ても、国司の在任期間は平均二年半程度の水準に止まる状況に変化はない。ただし在任期間が一年を切る事例も見られる一方、前述したように長期に渡って在任し続ける事例も散見されるなど、八世紀代よりも偏差が激しくなっている。こうした傾向は、前述したような地方勤務に関する認識の二極化が激化しつつある実態を物語っている。「宝亀十一年（七八〇）八月二十八日　太政官謹奏」（『類聚三代格』巻五）以降、任期末了の遷任者に交替料を不支給とする指示が度々出されているのは、その種の人事異動のほとんどが自己都合（たとえば体調不良の申し立て）によるものだったことの現れと理解すべきだろう。

断片的な史料から任期の実例を確認しておくと、たとえば三河（みかわ）国（東海道）の場合、天安元年（八五七）

～貞観二年（八六〇）の間、少なくとも五名の守が任命されており、任期の安定は貞観七年（八六五）任の長岡秀雄より後と推定される。また丹波国（山陰道）の場合、承和六年（八三九）～八年の間、四名の守が見える。その後も貞観三年（八六一）～六年の滋野善陰が三年を勤めたほか、後任者が一年、以降も最大で三年と揺れ動いており、任期の安定は貞観十七年（八七五）～元慶二年（八七八）の藤原是行以降と推定される。このほか各道の諸国も、判明する限りでほぼ同様の傾向を示している。

●九世紀後半における国司任期の安定化

このような広い範囲で任期が全うされない実態からは、九世紀代の多くの国司が任国統治に熱意を持っていない状況を推定できる。こうした状況は、前述したように実例によると貞観年間の後半頃に改善の兆しを見せ、以降は平安期を通じて四年一任を全うする事例が一般的となる。

こうした状況改善の背景として注目されるのが、「貞観十年（八六八）六月二十八日 太政官符」（『類聚三代格』巻七）・「貞観十二年十二月二十五日 太政官符」（同巻六ほか）などの発布である。これらの処置が、それ以前の宝亀十年（七七九）・大同元年（八〇六）・承和七年（八四〇）などの勅による未赴任取り締まりとは異なり、①任中に一回の上京は権利として認めるとか、許可があれば一年以内の在京を認めるという任地常駐義務の緩和処置を伴う点や、②「撰格所起請」（前者）・「造式所起請」（後者）など下部組織からの上申を受ける形で施行されている点は重視される。おそらく貞観年間の官符の趣旨は、現場からの要望を受け、一定の条件を満たすことで任中の上京を柔軟に許容する点にあったと考えられ、実例を見ても任期の安定化などの点で一定の効果を発揮したと評価できる。

ただしこの規定が、後年、顕官を兼ねた受領を出現させる際の法源としても機能した可能性が高い点には注意すべきである。つまり従来は皇親などに限られた特権を、結果として一般官僚にまで広げた点で、制度に一定の変化をもたらした改革と位置づけられよう。

●光孝朝における改革

こうして九世紀末には国司任期が安定しはじめた一方、未赴任の目立つ勤務状況は十分に改善せず、依然として国務決裁の滞りや責任所在が不分明な案件が問題化し続けていたと考えられる。光孝(こうこう)朝（八八四〜八八七）以降、地方行政の抜本的な改革が志向されるのは、おそらくそのためである。光孝・宇多(うだ)・醍醐(だいご)の三代において、仁明朝を規範とする（＝文徳・清和・陽成朝を積弊の時期と見なす）意識が強く見られることはすでに指摘されているが、実際、地方官の職務遂行状況を見る限り、そうした認識は妥当なものと言わざるをえない。

改革の端緒となったのが、仁和二年（八八六）に打ち出された国司官長の赴任励行である。光孝天皇は即位三年目の二月、自分がこれまでに任命した国司の未赴任を問題視する勅を発布し、これをうけた左・右大臣が該当者十名を喚問している（『日本三代実録』仁和二年二月三日条）。ついで三か月後、先の警告にも拘わらず依然として未赴任のままだった四名について、勅断による現職解任・位階降格という厳しい処分が下される（同五月十八日条ほか）。未赴任者のうち複数の者は六位に降格される結果となったので（＝通貴身分の剥奪）、相当きつい処罰といってよい。解任者のなかには、式部卿時代の光孝の部下で関白藤原基経(もとつね)の従兄弟藤原当興(まさおき)も含まれており、この処分にかける彼の意気込みが見て取れる。

つづく「仁和四年七月二十三日 太政官符」（『類聚三代格』巻五）では国務に関する責任の所在が明確化され、国司官長が受領化する直接の引き金となった（北条秀樹『日本古代国家の地方支配』吉川弘文館、二〇〇〇年）。これ以降、国務文書に自署する主体が受領を中心とした現地に赴任している一部の国司に限定される現象も、そうした制度変更に対応した処置と考えられる。

これら一連の改革は、光孝即位後の上位議政官の構成の変化のなさや、具体的な処置が「奉勅」・「勅断」に基づいている点などからも、光孝天皇の強いイニシアチブによって実施された可能性が高い。彼は、常陸太守・上野太守などを長く勤めており、当時の国司の赴任実態について具体的な情報を持っていたと考えられる。また式部卿として、国司の解由の処理や下級地方官の任用を担当する責任者も長く勤めており、その過程で国司未赴任の問題を意識せざるを得なかったのだろう。鷹揚で周囲に配慮する人物と伝わる光孝だが、そうした人物が劇的な改革を実施せざるを得なかったのが当時の政界の実態だった。

ただし以上のような改革にもかかわらず、一般官僚たちが地方勤務に対する一定の熱意を持つようになるまでには、それなりの時間が必要だった。仁和二年正月の除目で讃岐守に任命された菅原道真が悲しみを詠んだ多数の漢詩は、同時期の多くの中央官僚と共有される心情の発露といってよい。下向に先立つ内宴の場で「涙流嗚咽」（『菅家文草』）な状態にあった道真を見て、光孝天皇は事態の深刻さを再確認したことであろう。

ともあれ、この後、受領（赴任義務を帯びた最上位の国司）に関しては、任国に赴任する傾向が一般化する。なお先行研究では、これ以降の時期の国司のなかに中央官僚が任命された事例だけでなく、現地採用者、遥授国司、揚名国司（単なる肩書き）など多様な事例が併存する状況を分別せず、制度の崩壊を主張する論者も見えるが誤解である。

●令制における国司官長・次官の同質性

さきに国司官長の受領化の契機について触れたが、いうまでもなくこの肩書きは令制施行当初から存在したわけではない。そこで、まずは受領登場の前史から確認しておこう。

それぞれの官司のなかで各官人の責任範囲が明白な中国唐代のあり方とは異なり、日本古代の令制では、その場に居合わせた官人全員が「共知」する連帯責任制を採っていた。とくに地方官の場合、「介一人〈掌ること守と同じ〉」（養老職員令七十大国条）とあるように長官（守）と次官（介）の職掌は規定上同一で、他の四等官も含めて「国中の政、上下共知す」・「一国の政、上下共行す」というあり方が強く求められていた。国務文書の書式から、官司内部における国司官長の立場が中央諸官司ほど卓越したものではなかったことも、すでに指摘されている通りである（渡辺滋『日本古代文書研究』思文閣出版、二〇一四年）。

しかし官僚組織においてこの種の権力バランスを設定することは、政務処理の過程に摩擦・遅延・不適切な妥協など各種の弊害を生じさせる（ウェーバー『官僚制』創文社、一九五四年）。そのため個々の権限範囲が不分明な状況は、官僚制の成熟過程で、①業務分掌の明確化、②トップへの責任集中という方向へ必然的に改善される。日本古代の地方官司の場合もその例に漏れず、まずは八世紀後半以降、特定業務に関して単独で責任を負う専当国司が登場する。また「天長元年（八二四）八月二十日 太政官符」（『類聚三代格』巻七）で、国司官長に何名かの任用国司の推薦権が与えられたことは、両者間に明確な上下関係が形成される端緒と考えられる。

●受領の登場背景

このような過程を経て、地方官の場合、最終的に九世紀末の諸改革（前述）によって、国司官長が「受領」化する。受領という存在については、私欲で苛政を行う悪辣な地方官というイメージが一般的である。しかしこの用語をめぐっては戦前〜戦後の研究史のなかでネガティブなイメージが過度に強調されて以降、さまざまな誤解が流布している。たとえば藤原陳忠の「「受領ハ倒ル所ニ土ヲ摑メ」トコソ云へ」（『今昔物語集』巻二八―三八）という発言から、受領の貪欲さを強調する論者は少なくない。しかしこの発言は「楠葉御牧の土器作り、少しき得たりしるしには、倒ふるる所に土つかむ」（『寺門高僧記』）という、焼き物と胎土の関係を前提にした職務熱心さを奨励する標語に過ぎず、貪欲さを示すものではない。

また先行研究では、九世紀後半における地方支配の混乱を収める目的で「受領」が発生したという説明も見られるが、官司の構成員が受領―任用に分化する現象が、国司に先行して九世紀代の諸官司で確認されることは看過すべきでない。そもそも「受領」とは、前任者と後任者の間で行われる引継作業を指す表現である。そのため初期の用例では、官司全般で行われる分付（引き渡し）・受領（受け取り）業務を指して用いられている。固有名詞として用いられた初例は、「受領之官」（『日本後紀』弘仁三年〈八一二〉十一月十三日条）だが、本文中で解由（遷任の際に発給される書類）を提出する先が「式・兵両省」とされる点からは京官を指す事例と判明する。このほか初期の「受領」の事例は、いずれも国司とは無関係な官司（伊勢神宮・諸寺三綱など）である。令制施行当初の責任分担が不明瞭な構造から、九世紀代に総責任者と下僚の区別が明確化する過程で、当時の官司全般に生じた変化のなかから登場した呼称と考えるべきだろう。

　こうした改革の一環として、九世紀末に国司官長も受領化したのは、直接にはこれまで見てきたような地方官司の構造上の欠点（責任の分掌体制の点で中央官司よりも大きな欠点を持つ）を解決するためだった。ただし、この施策によっても九世紀前半から顕著になっていた任用国司の未赴任は改善せず、また平安中期以降、光孝～宇多朝における改革で、当初意図した以上に受領個人の負担が拡大し、結果として受領単独で税物の京納義務を遂行せざるを得ない状況が生じたと考えられる。

　なお、こうした受領の活動実態を念頭に置き、受領を「徴税請負人」と表現する先行研究も戦前から散見されるが、一考を要する。世界史上で徴税請負と称される現象は、官僚組織に属さない私人が政府に対して予定税額を個人財産から全額前払いしたうえで、法行為として契約書を交換し、地域の徴税権を時限的に行使する方式を指す表現である。しかし受領の場合、厳密な法的契約を結んだ形跡はなく、未納や欠負が発生した際に個人財産からの取り立てが執行された事例もない。徴税は統治の主要目的ではなく、結果として生じる現象の一つに過ぎないこと（ウェーバー『支配の社会学』創文社、一九六〇年）も踏まえれば、そもそも徴税権を本来の権能の一つとして保持している立場の官僚に対して「徴税請負」という表現を用いることは不適切であるだけでなく、受領の果たした様々な社会的役割（第一章2「国司と地方社会の関わり」で詳述）を分析する際に論点の矮小化も招きかねない。政務の大幅な「委任」（時限的な代行、結果は努力目標に過ぎない）などと表現するのが、適切であろう。

●十一〜十二世紀の受領

さて平安中期の受領については様々な研究が存在し、そのイメージも具体的な一方、平安後期の受領については本格的な研究がほとんどない。断片的な先行研究の指摘は、おおよそ二点に整理できる。

一つは、十一世紀代のうちに受領の現地掌握力が大幅に低下しているという指摘である。この見解の根拠として挙げられるのは、祖父や父の頃の受領の収入の多さに対し、自身について「徴るところの庶米、一年に十石に及ばず」と嘆く摂津守中原師遠の述懐である（『中原師遠記』大治二年〈一一二七〉六月一日条）。しかし祖父・父と師遠の収入差は、彼が大外記としての職務繁多から任国下向をほとんどしなかったことで生じた可能性を想定すべきである。父師平が任国に常駐し国務に当たっていたことは、師遠自身が父の任国で誕生し元服を迎えるまで、直接目にしていたはずである。師遠のような統治態度を取る受領に対し、現地勢力が最低限の奉仕しか行わないのは当然だろう。

もう一つは、十一世紀末までに受領の未赴任が一般化したという指摘である。根拠として挙げられるのは、六名の未赴任国司の存在（『為房卿記』嘉承二年〈一一〇七〉七月二十四日条）や、当初は侍従を兼ねていたこともあり、結局任命後九年に渡って赴任しなかった因幡守藤原宗成の事例

（『中右記』元永二年〈一一一九〉六月〜七月条）である。しかし、この種の特殊事例を取り上げて一般化するのは飛躍である。平安期の古記録の記事を見る限り、受領の下向（あるいは上京）記事が激減するのは一一六〇年代以降である。この種の古記録に見える事例に加え、任符への請印記事（当時の任符は下向が確定した後に当事者の申請に基づいて発行されるため、任符への内印捺印に関する記事から下向の事実が推測できる）や、和歌集に見える赴任・帰京に関する記事などまで視野を広げれば、十二世紀代でも受領の下向事例は相当な数にのぼる。

なお中央の顕官を保持したまま受領兼官が認められる事例は、平安中・後期でもそれほど多くない。たとえば「長徳二年（九九六）大間書」（『大日本史料』二―二）に兼官の国司は十例見えるがすべて任用国司で、この段階で受領の京官兼任者は多くなかったことが分かる。受領人事を抜書した「小書出」（『魚魯愚抄』第七）でも、兼官しているのは延久四年（一〇七二）六％、応徳二年（一〇八五）七％、嘉保二年（一〇九五）二十九％、長治三年（一一〇六）十五％と増加傾向こそ否定できないが、十二世紀代にも二割前後に収まっており、いまだ大多数の受領に赴任義務が課されていたことは確認できる。

そして、その種の兼官者や院近臣の場合でも、任国へ下向することは珍しくない。たとえば藤原憲方（鳥羽院近臣）は、周防守（一一二八〜三五年）として度々下向し、その過程で国衙機構を十分に掌握したらしく、現地で海賊討伐も行うなど成果を上げている（『長秋記』保延元年〈一一三五〉三月十四日・四月八日条）。同時期の平忠盛（鳥羽院近臣）も、『平忠盛集』によれば、備前守〈一一二七〉

～）・尾張守（一一四四年頃）・播磨守（一一四五年頃）の時期、頻繁な上下向を繰り返していた。この種の事例は、枚挙にいとまがない。

実際、平安後期に到っても、地方社会において受領の役割が不要視されたわけではない。たとえば国内の主要神社で行われる「神拝」は、受領と現地勢力の間で双務的な契約関係を結ぶ場だった。最低でも、この儀式については受領本人が行うべきであるという認識は、院政期に到っても全国的に共有されていた。その際に確定した契約（税額や国内の主要人事に関する取り決め）を基礎として、その後の任期中の国内秩序を維持する象徴的な役割を果たすことこそ、十一世紀後半以降の受領に求められた主要な政治的機能と考えられる。

●地方財政と官僚機構―遥授の背景―

ところで国司のなかに、遥授国司というものがいる。「遥授」とは、国司としての給与は受け取るが、任国に赴任せず京にあって通常の国務には携わらない形態を指す表現である。実はこの制度は、単に奇妙な存在という域に止まらず、古代における中央社会と地方社会の関係性を典型的に示すものである。以下、制度の発生背景を確認しておこう。

日本の古代国家は、伝統的支配に基づく家産制のなかで一定の合理的支配を目指す「家産官僚制」方式を採っていた。官僚は天皇の臣下として律令に基づく全国統治に従事したが、その過程で徴税された物品の大半は五位以上の中央官僚の給与（位禄・季禄など）として支出されていた（早川庄八『日本古代の財政制度』名著刊行会、二〇〇〇年ほか）。

職務内容と切り離された財源から固定給を得る権利は、官僚が法令に基づいて職務を遂行する際に重要な条件となる。そのため日本古代においても、令制施行に先だって制度設計を担った官僚たちは、必要な人件費の恒常的な確保を重視したはずで、実際、当初は円滑に運用されていたと推測される。具体的に、現存する『養老令』（七五七年施行）の規定によると、五位以上の官僚の定員は京官一〇〇名＋地方官五〇名程度であり、この数値が奈良期初頭における中央貴族層の人数と推定される。つまり制度構築に当たった日本古代の官僚たちは、一五〇名＋α程度の貴族層の給与として必要な物資を地方社会から徴収する制度を構築したと思われる。ところが、令制施行以後、貴族層の規模は八世紀末までに三〇〇名を超えるレベルまで急速に拡大していく（土田直鎮『奈良平安時代史研究』吉川弘文館、一九九二年ほか）。危機に瀕した中央財政を救うために始まったのが、いまだ十分に余裕があった地方財源から中央官僚の給与を支出しようとする新施策だった。

貴族層増加の要因は、当該期の政局の乱れだけでなく、制度運用のなかで官僚機構が次第に完成度を高めていった結果とも推定される。一回の科挙で数百名を合格させることもあった中国のあり方と比べて、日本古代の官僚組織の規模は極めて小規模であり、この程度の人数増加はやむを得ないとも言える。問題は、当時の中央政府が、支出の変化に対応する独自財源を用意できなかった点である。人件費が倍増したのであれば、その財源（調・庸）の徴収額を増やせば解決する。あるいは中央政府独自の徴税体系の構築とか、必要な支出をまかなう規模の直営財源の新設も解決策の一つである。しかし以上のような諸施策は採られないまま、既存制度の拡大解釈（遥授国司・員外官・権官などの定員外の地方官ポストの乱発）で地方財源を吸い上げようとする弥縫策が実施されることになる。

地方財源の転用は、天平十八年（七四六）を初見とする員外国司や、七五〇年代以降に一般化する中央顕官の兼国など、八世紀中頃から発生している。時期的な問題を重視すれば、天平十七年十二月の公廨制度の改訂と関連する可能性が大きい（近年、この時期の公廨については給与としての側面よりも、財源への補填機能を重視する研究成果が目立つが、改定の翌年から遥授国司の任命が始まっている現象は看過すべきでない）。つづく九世紀代には、一般京官の給与（位禄）も国充（地方財政からの支出指示）という形で支出が行われるようになるなど、地方財源の転用策は拡大の一途をたどる。

なお地方財政の転用を目的とする人事には、九世紀代の陸奥・出羽の地方官（国司や鎮守府将軍）が坂東諸国の権介などを兼ねたり、あるいは対馬守が大宰府管内の他国の権介を兼ねるなど、地方官同士で行われる場合もあった。通常ルールでは兼官のうちで収入の多い方のみを支給される（『養老令』禄令四行守条）のに対し、これら辺境国の場合は両国の公廨を全給されるという規定を踏まえた特例人事と考えられている（この他、この種の財源転用型ではなく、七世紀末の領制、按察使と類似する複数国守の兼務、伊勢守と斎宮頭の兼官など業務統合型ともいうべき事例も併存していたが、詳説は省く）

ところで、兼官による地方財源転用策は、早くも九世紀後半には不安定化する。たとえば天安元年（八五七）から翌年にかけて、ほぼ半年ごとに異なる遥授国への任命が繰り返された菅原是善（道真の父）のように（『公卿補任』）、現地から申返（支出拒否）が連続したらしい事例が見え始める。十世紀前半になると、この種の申返や未支出が目立つようになり、後半には参議・近衛中将などが給与未支給の窮状を訴える事例すら出てくる。一般京官の位禄についても、十世紀中頃までに支給体制に大きな問題が生じていた可能性が指摘されており（吉川真司『律令官僚制の研究』塙書房、一九九八年）、全体として官人への給与支給が滞る状況（＝財源の不足）が慢性化していたことは間違いない。

このように平安中期には、地方財源の転用で官僚層全体の人件費をまかなおうとする施策は実質を失いつつあった。中央財源から給与を支給される上位議政官の場合ですら、位禄・季禄が削減支給される状況下ではやむを得ないともいえるが、おそらく下級官僚の困窮ぶりはこれに輪を掛けたレベルだったろう。個々の官人に限定すると、何らかの形で上級貴族とつながれば生計を維持することも不可能ではなかったろうが、そうした状況が行きすぎれば官司業務の遅滞は免れない。

十世紀中頃以降、たとえば民部省の主計寮・主税寮などで書類作成時に「勘料（かんりょう）」（勘済料）などの多額の手数料を徴収する傾向が目立ってくるのは、その種の手数料を設定することで業務の維持を図った結果と考えられる。さらに十一世紀以降には、諸官司が本格的に独自財源を設定し、最低限の運用費用をまかなう方式へと転換しようとするが、すでに機構の崩壊は始まっており時宜を逸していた。

●弁官の受領兼任―地方財源の官司運営費への転用―

こうした地方財源の中央人件費への転用策と類似するのが、九世紀末に始まる弁官（べんかん）による受領兼任である。中央官司の運営費用として、地方財源を利用しようという施策と考えてよい。十世紀末以降、他の中央官司でも多用されるようになる方式の先懸と位置づけられる。

中央政府が地方財源の転用策を過度に押し進めた結果、九世紀後半の段階までに、地方財政は「正税用尽し、終に不動を行ふ」（「元慶三年〈八七九〉十二月四日　太政官符」『類聚三代格』巻一五）、つまり本来手を付けてはいけない不動穀（予備費）まで支出せざるをえない状況に陥っていた。八世紀中頃以来の財源転用策は、早くも一世紀程度で危機に追い込まれたのである。同時期に遥授制度の行き詰まりが見え始めることとも（前述）、密接に結び付く現象だろう。

このような状況打開のために、遅まきながら中央政府は直営財源として官田四千町を新設し（いわゆる元慶官田）、これがのちに諸官司の独自財源（諸司田）へと発展する。この新政策は令制施行当初のあり方と比べると進歩だが、各官司の運営に十分な量の財源とはいえず、また官田が設定されなかった官司も少なくなかった。そうした官司のなかで最も重要な役割を担っていたのが、太政官の中枢に位置する弁官局である。

さて実際に受領を兼任（単なる遥授ではない）したことが確認される弁官は、九世紀末の寛平年間～鎌倉初期まで計四四名である。最初期の源希（播磨守）・平季長（山城守）らの兼官は宇多天皇側近へ権力集中を試行した事例と考えられるが、参議・大弁・侍従（前者）、蔵人頭・大弁（後者）との兼官という負担の大きな組み合わせで、後者は任中に死去している（過労か）。こののち兼官者が下級の弁官に変更されたり、兼官時に他官（蔵人や衛門佐）を解く事例が目立つのは、職務繁多を解消する必要が認識された結果だろう。この施策は花山朝の永観二年（九八四）の新制で受領兼官が禁止された際、辺境国における武官兼任の受領とともに一時中断するが、一条朝以降は復活し、大治二年（一一二七）任の平実親までの期間は、ほぼ切れ目なく最低一名の受領が確保され続けている。

　こうした弁官と任国の関係性について、ある程度まとまった情報を記録するのが、彼らの日記である。たとえば『為房卿記』寛治五年（一〇九一）条には、左少弁と加賀守を兼官した藤原為房の受領としての職務遂行の一端が垣間見える。下向予定のいくつかは弁官としての職務多忙で中止されているが、現存する断片的な記録のなかからも、任期中にたびたび下向していた実態は浮かび上がる。ほぼ同時期に右少弁と因幡守を兼官した平時範の場合、兼官先が近国ではない点は異例の人事で、当時の弁官局の地歩低下をうかがわせる現象といえる。そのため頻繁な任国下向は不可能だったが、それでも業務の合間を縫って赴任した際の記事が『時範記』承徳三年（一〇九九）条に遺されている。

　兼国を持つ弁官の多忙さは、相当なレベルだったらしい。たとえば源経頼のような能吏でも、受領兼任の時期に任国下向で局務遅滞を生じさせ、藤原実資はたびたび日記に不快感を記している（『小右記』寛仁三年〈一〇一九〉五月一日条・同年十月二十五日条）。こうした困難もあって、兼官者自身はこの制度にありがた味を感じていなかったらしい。たとえば寛弘二年（一〇〇五）末に山城守を兼官した藤原輔尹（左少弁）は、「山城の守になりてなげき侍り」（『詞花和歌集』）と強い不満を示し、就任早々に「山城辞書」を提出している（『権記』寛弘三年〈一〇〇六〉二月七日条）。

　このような負担に耐えてまで、一部の弁官が受領兼官を求められた理由は、先述のように地方財源の転用で局の業務を円滑に運用するためと推定される。実際、複数回にわたって弁官と受領を兼務した源経頼の場合、たとえば任国の物資を局の業務から生じた需要に宛てている（『小右記』万寿二年

〈一〇二五〉九月二十二日条）。近国の国衙財政と弁官局を直結させることで、このほかにも局務遂行に役立つ局面は多かっただろう。

●他官司における受領兼任

なお同種の受領兼官は、十世紀末以降、他官司でも見えるようになる。たとえば衛門府では、円融朝から一条朝にかけて数名の衛門佐が受領を兼官するが、三条朝以降は連続性が失われる。右衛門権佐・検非違使と山城守（長保三年〈一〇〇一〉～寛弘二年〈一〇〇五〉）を兼任した藤原孝忠が、「拝除の日、只だ不運の甚しきを嘆く」（『権記』寛弘元年四月三十日条）と述べているように、業務負担に耐えかねた衛門府側から代替わりを契機に申返をした可能性も想定される。このほか外記局の大夫史（五位の位階を持つ大史）が十一世紀を通じて断続的に受領を兼官したり、十一世紀後半に内蔵頭（内蔵寮の長官）の受領兼任（橋本義彦『平安貴族社会の研究』吉川弘文館、一九七六年）も一般化しているが、弁官局の事例ほどの長期に渡る連続性はない。

これらの人事は、いずれも官司業務に地方財政を直結させるための施策と考えられるが、当てにされる側の地方社会にとっては負担が増えるだけで、たまったものではあるまい。令制の施行段階における制度的欠陥を、このように地方財源を流用することで弥縫的に解決し続ける消極的な姿勢は、体制そのものの崩壊をうながす結果に繋がった可能性が高い。

●中世へ

以上、国司制度の運用過程を、中央・地方社会の関係性という側面から検討してきた。その結果、八〜九世紀における地方官の勤務状況は良好なものではなかったが、九世紀後半以降に改善し、受領の登場以降は任期・勤務状況ともに安定する傾向を確認できた。

また実際に任国で勤務する国司とは別に、地方財源から貴族層の給与や中央官司の運営費用を捻出するために国司のポストが便宜的に利用され続ける状況も確認した。こうした場当たり的な財源転用策は十世紀の内に破綻状態を迎え、それ以降は中央貴族層のなかでも受領と一部の上級議政官のみが必要な収入を確保できる状況に到ったと考えられる。十一世紀初頭は、一般に摂関政治の全盛期とされ、『源氏物語』成立など文化的に華やかなイメージも強いが、実際にはすでに本格的な財政崩壊が始まっていたと考えざるをえない。中央政府が力を失い、分権的な中世社会へと移行するまで、さほどの時間は必要としないことを、当時どれだけの人が気付いていたのかは怪しいものであるが。

（渡辺　滋）

【参考文献】

大橋泰夫・江口桂編『古代国府の実像を探る』（季刊考古学 別冊三七、二〇二二年）
鐘江宏之『律令制諸国支配の成立と展開』（吉川弘文館、二〇二三年）
佐藤信『古代の地方官衙と社会』（山川出版社、二〇〇七年）
佐藤泰弘「受領の成立」（吉川真司編『日本の時代史五』吉川弘文館、二〇〇二年）
森公章『平安時代の国司の赴任―『時範記』をよむ―』（臨川書店、二〇一六年）

第三章　摂関時代の女性・貴族・武士

1　平安時代の女性たち

女のもとにまかりたりしに　こと男のまうできたりしを、
帰して、琴をかきならし侍りしかば

人知れず　かへれることを　聞くからに　人の上とも　おもほへぬかな　（『実方集』）

（誰かが秘かに帰って行ったことを聞くと、他人事とも思えない）

藤原実方が、女の家に行っていると、誰か男がきたのを帰して、知らん顔で琴をかきならしている女に詠んだ、嫌みな歌である。

●恋愛と婿取婚

実方は、祖父左大臣師尹、父定時、母源雅信女で、長徳四年（九九八）に陸奥国守在任中に亡くなっており（『中古三十六人歌仙伝』）、いろいろな逸話が残されている。また、清少納言はじめ多くの女性と関係があり、その一人の女を訪れた時の歌である。恋多き実方の相方も恋多き女だった。女が何人かの男と関係を持っていても、当時は決して非難などされていない。

もう一つ、実方の歌がある。ある人の娘に、しのんで通っていたら、娘の母親が聞きつけて、大変怒って、娘をあさましくつねったことを聞いたので、三月三日夕方、「お餅を召し上がれ」と出されたので

三日の夜の　餅は食はじ　わづらはし　聞けばよどのに　母子つむなり
（三日の夜の餅は遠慮します。聞く所では、母親が娘をつねるとか、わずらわしいでしょうから）
（『実方集』）

三月三日に草餅を食べる習慣がすでにあったことが興味深いが、その餅を、三日夜餅（みかよのもちい）にかこつけて結婚を嫌がる歌に仕立てている。

三日夜餅は、ちょうど十世紀頃から貴族層で結婚儀式が始まり、三日目の夜に新郎新婦二人が碁石大の餅を食することで、正式な結婚が成立する、大変象徴的な餅なのである。しかも、今上（きんじょう）天皇ご夫妻も、上皇上皇后ご夫妻も、結婚当日に三日夜餅を食しており、現在までも皇室に受け継がれる伝統的儀礼である。

奈良時代の結婚は、男女が同意すると性関係となり、それが結婚だった。平安時代初期も、実方のように男女が同意すると男が夜に通い、女の両親が承認すると妻方に同居した。

結婚儀式をきちんと挙げるようになるのは十世紀中頃である。藤原道長（みちなが）（九六六～一〇二七）の場合は、道長がラブレターを送り意思表示を示すと、相手の源倫子（りんし）（九六四～一〇五三）の父左大臣源雅信は難色を示す。しかし、母藤原穆子（ぼくし）が、道長の将来性を買って、夫を説得して結婚が成立した。永延（えいえん）元年（九八七）十二月十六日、「御堂（道長）、鷹司殿（たかつかさどの）（倫子）に渡御す」（『台記別記（たいきべっき）』）と、二十二歳の道長が二十四歳の倫子邸に渡った。すなわち婿取婚だった。翌年、彰子（しょうし）が誕生する。

貴族層の結婚式は、吉日を選んで結婚の日が決まると、第一日目に儀礼的なラブレターを送り、夜新郎が行列で新婦方に赴く。新婦方で初夜を送り、翌朝暗いうちに帰宅して、初夜の余韻を詠んだ歌を送る。後朝使（きぬぎぬのつかい）である。第二日目も同様に夜聟行列（むこぎょうれつ）で向かい翌朝帰宅する。第三日目に、聟行列で赴くと三日夜餅を新郎新婦が食し、妻方親族が出てきて宴会を行う、露顕（ところあらわし）である。この日から、新郎は大ぴらに一定期間通った後か、その日から新婦方で同居する。妻方同居である。

以後、道長は、姑穆子が父中納言朝忠（あさただ）から相続した土御門殿（つちみかどどの）に妻方居住した。この土御門殿（上東門院（じょうとうもんいん）とも）は、入内後の彰子の里第（りてい）となった。朝忠→穆子→倫子→彰子と女性三代に継承されている。平安中期は、女性が家を継承することが多いのは、婿取婚だったからである。なお、穆子の姉妹に、雅信の同母兄重信（しげのぶ）も聟取られており、一時、史料には土御門殿が重信邸とされることもあるが、最終的には、穆子が相続した。

平安時代の結婚は、天皇や東宮（とうぐう）、東宮予備軍などは嫁取婚、以外の貴族層は、基本的に婿取婚だった。平安中期までは、妻の両親と同居することが多く、十一世紀末頃からは、妻方が新郎新婦のために邸宅を用意して、そこで婿取儀式を行い、妻方援助でその邸宅で同居する場合が多かった。

平安時代、妻が嫁に取られ、夫の両親と同屋敷で同居することは、基本的にはない。嫁姑確執はまだ始まっていなかった！　平安時代に、「○○を嫁取った」とか「○○に嫁入りした」などの記述は、婚姻形態を解っていない不正確な叙述である。

平安中期、道綱（みちつな）母・赤染衛門（あかぞめえもん）・清少納言・紫式部（むらさきしきぶ）・和泉式部（いずみしきぶ）等々、世界に冠たる古典文学を創作することができたのは、受領層の娘が父から漢籍を学んでいたことに加え、婿取婚で両親と同居し経済的愁いはなく、夫は通うか帰ってくるだけで、子育ても乳母や女房・侍女等がおり、自由な時間がたっぷりあったからだ、との指摘には肯かれる。

●家族と子育て

貴族層の家族は、妻の両親と姉妹、ある時は姉妹の夫や子どもたち、すなわち母系家族が基本だった。道長と倫子の次男教通（のりみち）は、藤原公任（きんとう）夫妻に聟取られ、公任邸で同居していた。数年後、父道長が提供した邸宅に移ったが、同居していたのは妻の両親と子どもたちだった。夫自身や夫の両親が提供した邸宅に居住したから嫁取婚だ、とは決して言えないのである。妻の両親と同居しているので母系同居家族だった。夫婦と子どもたちだけで同居する場合もある。しかし、だからといって現在のような核家族を思い起こしてはいけない。夫にも妻にも、乳母や女房たち、さらに家司や従者たちが大勢おり、土御門邸には、二百人前後の人がいたとされている。

道長は、源倫子と同居していたが、もう一人妻がいた。醍醐（だいご）天皇皇子の源高明（たかあきら）の娘明子（めいし）（九七五～一〇四九）である。明子は父高明から伝領した高松殿に住んでおり、道長は通っていた。他にも性関係を持つ愛人が多かった。夫が通ってくるのを待つ妻の悲哀、いらだちは、道長の父兼家（かねいえ）の妻が書いた『蜻蛉日記（かげろうにっき）』に有名である。ただし、作者は次のように宣言する。

天下の人の品高きやと問はむためしにもせよかし、とおぼゆる
（この上なく高い身分の人と結婚した女性生活はどのようなものかと問われたら、その答えの実例にでもしてほしい）

柏木の木高きわたりより、かくいはせむと思ふことありけり。

（摂関家の若君である兵衛佐さまから、私に求婚の意向を示されたことがあった）

下級貴族の受領層を父に持つ作者は、「トップ貴族の摂関家の御曹司から求婚され、結婚した高貴なセレブな生活を教えてあげますよ」、と高らかに宣言している。けっして、待つ妻の悲哀だけを記したのではなかった。この時代は、妻たちのランクは、まだ固定化していなかった。

道長の息子頼通の時代になると、上層貴族層でも同居の妻一人が多く、摂関の妻は北政所、他のツマは妾・側室などと呼ばれるようになる。一人の夫に一妻多妾となる。

夫は家長、妻は夫妻の家の財政管理を担当し、従者や馬・武具なども含めた家を取り仕切った。いわば、夫は社長、妻は専務の株式会社である。妻は夫の職務にも知識が必要であった。当時は貨幣の流通がほとんどなく、絹や米が貨幣代わりの交換経済ゆえに、相場をきちんと把握していなければならず、経済情勢の知識も必要だった。また、朝廷行事ごとの衣装や持ち物なども熟知して夫を支えなければならなかった。夫が亡くなると、夫の遺産分配など、まさに「夫が亡くなった家の後」の管理、すなわち「後家（ごけ）」の名称が始まり、夫を亡くした妻を後家と呼ぶようになる。後家が遺産のみならず夫の家の職務にも関与するようになっていく。後家の力である。赴任先で受領が亡くなると、国守にとって重要な鍵や収納物の管理は同行した妻、すなわち「後家」が行っている。

また、妻の両親と同居か、妻方の援助での生活が主だったので、出産・子育ては、安心だった。しかも貴族層や富豪層には、子どもそれぞれに乳母と女房や従女が付けられていた。夫が居ない女性が産んだ子どもたちは、養子に出したり、子どもが居ない夫妻が引き取ったりした。実の母が子どもを育てるべきだ、などの社会秩序、認識はまったく成立していなかった。

なお、妻方同居でも、両親の家計と、若夫婦の家計は別だったので、上述のように、同居の妻は、夫と自身の家計を合体して管理運営する役割を果たしていたのである。

庶民層の子育て史料はあまりのこっていないが、姉妹たちの家族でいわば協同保育が行われたようである。

●女性の女房出仕、清少納言・紫式部

貴族層の女性が天皇や皇后・上層貴族家などに出仕すると女房といわれる。都の都市民が朝廷に出仕しても、下級女官の役職に任命されるだけで、坊とよばれる部屋をもらうことが出来ないので女房とは呼ばれない。

清少納言は、歌人で肥後守等の国守を歴任した清原元輔の娘で、十七歳の天元四年（九八一）ころ、橘則光十七歳と結婚した。翌年則長を出産するが、則光は次第に通ってこなくなり、和歌や漢籍等の学問を教えてくれた父元輔は、正暦元年（九九〇）赴任先の肥後国で、八十三歳で亡くなった。

清少納言が、一条天皇中宮藤原定子に女房出仕したのは正暦三年（九九二）ころとされている。長徳元年（九九五）中宮定子の父道隆は亡くなり、翌年兄弟が花山天皇を射るなどの事件を起こし、中関白家は没落する。しかし、漢籍を学んで知的好奇心の強い清少納言は、主家の悲哀は全く記さず、生前の道隆の家の盛儀や、定子サロンの明るく闊達な輝かしい側面を『枕草子』に描き出し、新しい

ジャンルの随筆文学を創作した。長保二年（一〇〇〇）十二月、定子が亡くなると、女房出仕はやめ、その後再婚したとされている。

紫式部は、長徳四年（九九八）、四十四歳ころの藤原宣孝と結婚した。じつに、二十五歳ころだった。宣孝には、すでに二十六歳の隆光をはじめ、五、六人の子ども達がおり、しかも正妻故中納言藤原朝成の娘と妻方同居していたと考えられ、紫式部へは通いだった。当時、四十歳は老人の仲間入りで算賀とよばれる長寿祝いが行われた。こんな老人となんで初婚？、と思うかもしれないが、紫式部もいろいろな男性と関係をもっていたが、長保二年（一〇〇〇）娘、賢子が生まれたので、宣孝との関係が『紫式部集』に残っているのだと思われる。

長保三年（一〇〇一）四月二十五日、夫宣孝は亡くなる。四十七歳ころだった。娘と残された紫式部は、母子家庭で困窮したわけではない。婿取婚の当時、子どもは母方で養育されるのが普通で、紫式部の父為時は、越前守を終えており、経済的には豊かだった。もちろん娘賢子には乳母がつき、侍女や女房たちが何人もいた。紫式部は、『源氏物語』を書き始める。『源氏物語』が、貴族層に評判になると、藤原道長が、娘の中宮彰子の女房にリクルートした。紫式部は乗り気ではなかったようであるが、父為時は一条天皇や道長たちに近づいて、いわば猟官運動をしており、断れなかった。

紫式部の女房役割は、中宮彰子の家庭教師だった。一条天皇は知的好奇心が強く漢籍にも造形が深かったので、彰子も漢籍を学ぶのに積極的だった。『白氏文集』の新楽府を学び始めたのは、なんと、十二歳で入内して周囲から期待されながらやっと二十一歳で懐妊し、寛弘五年（一〇〇八）五月、内裏から実家の土御門殿に帰宅してからだった。懐妊中に漢籍を学んだのである。胎教かもしれない。九月、彰子は難産の末、待望の皇子敦成親王を、翌年十一月、敦良親王を産む。

『紫式部日記』には、彰子が敦成親王を出産した時の息詰まる緊迫感や、出産後の安堵感や皇子の悦び、産養などのお祝いの様子を女房視点で描いており、興味深い。紫式部は、長和五年（一〇一六）正月、敦成親王が後一条天皇として即位し、彰子が国母として後見力を発揮していた寛仁四年（一〇二〇）ころまで出仕していたのではないかとの説もあるが確定されていない。

紫式部の娘賢子は、裳着を行い、長和二年（一〇一三）ころ、母と同じ彰子に女房出仕したようである。流行作家の娘で、和歌も上手く、機知にとんだ会話もできたというから、いい男たちが言い寄ってくる。大納言公任の息子定頼、大納言源時中の息子朝任、道長の息子頼宗など、きら星のごとき貴公子と浮き名を流し、藤原公信との間に女児、さらに、関白道兼男兼隆との間に娘を産んだ。どちらも母と同様、正妻ではなく、夫が通ったのであろう。ちょうどその年、万寿二年（一〇二五）八月、彰子の次男東宮敦良親王の妃だった彰子の妹嬉子が、親仁親王（後の後冷泉天皇）を産んで亡くなった。賢子に白羽の矢がたち、親仁親王の乳母になった。この頃は、乳母が実際に授乳した。自身の娘は、下級貴族か上層都市民の女性が乳母になり育てた。

親仁親王が後冷泉天皇として即位すると、典侍になり三位を叙位された。『枕草子』には、一番羨ましいのは天皇の乳母とある。ましてや、生みの母嬉子が亡くなっていたので、賢子は天皇の母代わりとして力を発揮した。女房たちのトップに上り詰めたのである。高階成章と結婚し、為家と女子を儲けていたので、成章が大宰大弐になると同行した。「大弐三位」との呼び名のゆえんである。承暦二年（一〇七八）四月まで生存が確認できるとされるから、七十九歳以上の長寿を保った。紫式部も草葉の陰で娘の出世に満足したに違いない。

都市庶民の女性たちも宮中や、貴族層の邸宅で、多くの人が立ち働いていた。

殿司こそ、猶をかしき物はあれ。下女のきはは、さばかりうらやましきものはなし
（殿司の女官はやはりすばらしいものだ。下級の女官の身として、これほどうらやましいものはない）。
（『枕草子』）

殿司は、宮中の殿上の灯火や清掃などを受け持つ女官である。後宮には多くの役職の女官がおり、三百人近くが仕えていた。さらに、中宮や女御たちにも、女房や女官、さらに女房付きの私的な侍女や女童など、多くの女性が働いていた。当然、気が合う同僚や馬が合わない同僚も多い。『枕草子』や『紫式部日記』には、多様な面白いエピソードが満載である。ぜひ、覗いてみて欲しい。

●国母彰子の政治力

清少納言が仕えたのは一条天皇の最初のキサキ中宮藤原定子だった。定子は、正暦元年（九九〇）正月、一条天皇が十一歳で元服した年に入内した。十四歳だった。同年中宮になった。父は関白藤原道隆、母は掌侍高階貴子、漢籍が得意だった母からさまざまな学問を学び、父から明るくおおらかな気質を受け継いだ定子は一条天皇に寵愛されたが、長徳元年（九九五）四月、父道隆が飲水病、すなわち糖尿病で四十五歳で亡くなった。道隆の後は誰がトップに就任するか、一条天皇は定子の兄

伊周(これちか)を就かせたかったが、母東三条院詮子(ひがしさんじょういんせんし)の強烈な要請で弟道長が内覧(ないらん)、すなわち天皇に奏上する前に、文書を見て政務を代行する内覧の地位を得た。

> 而るに近臣、頻りに国柄(こくへい)を執(と)り、母后(ぼごう)、又、朝事(ちょうじ)を専(もっぱ)らにす。無縁の身、処(しょ)するに何(なん)と為(せ)んや。
> （『小右記(しょうゆうき)』長徳三年〈九九七〉七月五日条）

「母后、東三条院詮子が、朝廷の政事をほしいままにする。（権力者と）縁が無い自分は、どうしたらよいだろうか」、中納言藤原実資(さねすけ)が愚痴っている。もっとも、国母の異母弟で『蜻蛉日記』作者の息子藤原道綱(みちつな)が、自分より後で中納言になったのに、この日、先に大納言になった怒りを日記にぶちまけたのだった。しかも、実資は続けて、道綱は、「僅かに名字を書き、一、二を知らざる者なり」と、漢字も自分の名前くらいしか書けないやつが！、と記す。これが、千年以上のちの我々の道綱像になってしまったのである。たしかに、道綱は、出世欲は強いのに、行事などの失敗は多かった。ただ、和歌は詠んでいる。

いずれにしても、一条天皇の母東三条院藤原詮子は、「朝廷の政事を専らにする」実態が浮かび上がる。国母の人事への後見力である。

いっぽう、中宮定子は、前述のように、長徳二年長徳の変で弟たちが失脚した後、脩子内親王(しゅうしないしんのう)を、さらに長保元年（九九九）十一月、道長の娘彰子が十二歳で入内し、女御宣下されたその日、待望の第一皇子敦康(あつやす)親王を出産する。皇子誕生で本来なら大祝賀の日々のはずだが、公卿たちは誰も定子のもとには祝いに駆けつけず、彰子女御宣下の行事に大挙して押しかける。後見者のいない中宮の現実であった。

翌年、二月、道長のごり押しで、定子を皇后に、彰子を中宮にする。一人の天皇に二人の后の初例である。定子は、十二月、媄子内親王出産後、翌日に亡くなった。二十五歳だった。残念ながら国母になることはできなかった。敦康親王は、彰子が養母として育てる。定子の兄弟伊周や隆家が養育すると、そちらに摂関が移る可能性があったからである。道長の、深謀遠慮だった。

彰子が二人の子を産んだ二年後、寛弘八年（一〇一一）六月、一条天皇は譲位し三条天皇が即位、そして七月一条天皇は、崩御した。彰子は、二十四歳で、いわば「後家」となり、天皇家の財産も家職も支えていく。一条天皇の願いであった定子の忘れ形見敦康親王をまずは東宮にすることを彰子は考えていたが、道長の策略で敦成親王が東宮になった。

長和五年（一〇一六）正月、道長は、目を患った三条天皇を追い込み、皇子の敦明親王を東宮にすることを条件に譲位させ、ついに九歳の孫敦成親王が即位し、後一条天皇となった。道長は、念願の摂政となった。彰子は国母である。彰子は、内裏で同居し、国母の殿舎に道長の執務室が置かれ、そこで会議が行われることが多かった。国母の意見を摂政道長が執行していく。人事や政務、天皇のキサキ選びなど、国母彰子の後見史料が多い。

一例をあげてみよう。関白上表の際、堀河天皇の仰せで、白河院が内覧した。

これ、御堂（道長）、宇治殿（頼通）に譲御の時、上東門院（彰子）内覧の例なり

（『中右記』嘉保元年（一〇九四）三月五日条）

寛仁元年（一〇一七）三月に摂政を辞任し頼通に譲ったとき、「上東門院」が内覧した。この例を根拠に、白河院が内覧した、とある。内覧とは、前述のように、天皇に奏上する文書を、摂政・関白または宣旨を受けた人が、まず内見して政務を処理することである。しかし、この時彰子はまだ上東門院ではなかった。女院の例ではなく、母后、すなわち親権による内覧である。国母彰子が、摂政や関白と同じ内覧という政務行為を行ったこと、それは堀河天皇の父白河院に先例とされ受け継がれ、院政の特徴になったこと、がわかる。国母彰子の政務行為は、院政期の男院の先例となっており、このような史料は多い。彰子は、後一条天皇を政務も含め後見していた。

寛仁元年五月、三条院が崩御すると、敦明親王は東宮を返上し、小一条院との院号を賜与された。またも道長のごり押しで敦良親王が東宮になった。

余談だが、万寿元年（一〇二四）十二月七日、殺人事件がおこった。

> 一昨、花山院女王、盗人のために殺害され、路頭で死す。夜中、犬の為に食わる。奇怪なり。この女王、太皇太后（彰子）宮に候じらる。或云う、盗人の所為に非ず、女王を路頭に将い出し、殺すと云々
>
> （『小右記』）

なんと、花山院の娘が、彰子に女房出仕していたのに、夜中に殺害され、路頭で死んで、犬に食われた、という。翌年、三月十六日に、法師隆範が捕まり、拷問したら、三位左中将藤原道雅が唆し、殺害させたと自白する。道雅は、伊周男で定子甥だが、没落した中関白家の御曹司で、そのためか乱行が多く、荒三位と呼ばれていた。この話は『今昔物語集』第二十九話第八に説話化されている。この

史料にヒントを得た小説がベストセラーになっているが、作者の創作であり、彰子も登場するが、史実ではない。彰子像も筆者の印象とはだいぶ違う。

彰子は、天皇に妹威子を、東宮には末妹嬉子を入内させる。しかし、万寿二年（一〇二五）七月には小一条院妃の異母妹寛子が、八月には東宮の子ども親仁親王を産んだ後に嬉子が、亡くなる。万寿三年（一〇二六）正月彰子は出家し、上東門院となった。三十九歳になっていた。

長元九年（一〇三六）四月、病弱だった後一条天皇が崩御し、後朱雀天皇が即位する。九月には後一条天皇の唯一の后だった中宮威子が、章子と馨子の内親王をのこして亡くなる。彰子は、親仁親王と二人の内親王を育て上げ、東宮親仁親王に章子内親王を入侍させる。寛徳二年（一〇四五）正月、後朱雀天皇も崩御し、親仁親王が後冷泉天皇として即位する。上東門院は両親が亡くなっていた後冷泉天皇から朝覲行幸を受けており、母親代わりだった。

治暦四年（一〇六八）四月、後冷泉天皇が崩御し、弟の後三条天皇が即位する。従来、母は禎子内親王で藤原氏ではないので、藤原氏を排除して院政を用意した、とされてきた。しかし、禎子内親王の母は彰子妹妍子であり、東宮敦良親王への入侍は道長が決定しており、また両親のいない禎子内親王の出産や後三条天皇の邸宅の世話等々、上東門院彰子が行っており、けっして摂関家と対立していたわけではない。むしろ、前述のように、院政期の男院は、政事に介入する根拠に上東門院の先例を使っていたのである。

延久四年（一〇七二）十二月、後三条天皇は譲位し、彰子の曾孫白河天皇が即位した。院政を行う為だった、と以前は説明されていたが、病気だったことと、寵愛する源基子が産んだ実仁親王を皇太弟にする為だった。上東門院彰子は、曾孫の即位を見届け、承保元年（一〇七四）十月三日、八十七歳の生涯を閉じた。彰子の国母の後見力としての政務は、白河院に受け継がれた。まさに院政の魁けだった。

彰子は、国母のキサキ決定権を行使し、自身の息子や孫の天皇のキサキに道長子孫を選んだ。そのため、現在も残る五摂家、近衛、鷹司、九条、二条、一条はすべて道長の子孫である。彰子は、実家の摂関家でも中興の祖だったといえよう。

（服藤早苗）

【参考文献】

五味文彦『『枕草子』の歴史学』（朝日新聞出版、二〇一四年）

澤田瞳子『満つる月の如し　仏師定朝』（徳間文庫、二〇一四年。初出二〇一二年）

高松百香「院政期摂関家と上東門院故実」（『日本史研究』五一三、二〇〇五年）

樋口健太郎『中世摂関家の家と権力』（校倉書房、二〇一一年）

服藤早苗『平安朝の母と子』『平安朝の女と男』『平安朝の父と子』（中公新書、一九九一年、一九九五年、二〇一〇年）

服藤早苗『『源氏物語』の時代を生きた女性たち』（NHK出版、二〇〇〇年）

服藤早苗編『平安朝の女性と政治文化』（明石書店、二〇一七年）

服藤早苗『藤原彰子』（吉川弘文館、二〇一九年）

増田繁夫『評伝　紫式部』（和泉書院、二〇一四年）

2　王朝貴族とは何か

●貴族とは?

貴族とは、一般の民衆、社会から区別された特権的な階級、集団を意味する。その貴族が伝統的な身分と秩序にもとづいて政権を運営する政治形態が貴族政治である。古代の日本では天皇制のもとで貴族政治がおこなわれていた。本項では、古代日本の貴族がどのようにして生まれたのか、また彼らがつくり上げた政治や文化がどのようなものであったのかということを解説する。そのおもな対象は本書のテーマである摂関期の貴族で、ここではそれを当時の国家体制を念頭に置いて王朝貴族と呼ぶ。

彼ら王朝貴族はとつぜん現れたわけではない。大化前代からの豪族の系譜を引きつつ、律令制にもとづいた特権を与えられた律令貴族がその母体となっている。そして彼らが社会から区別された特権階級であるならば、社会そのものの動向やその特権を支えた政治のあり方にも注意しなければならない。以上のような観点から、王朝貴族とは何か、ということについて考えてみたい。

●律令貴族から王朝貴族へ

白村江（はくそんこう）の敗戦（六六三年）後、倭（わ）国は国防のために律令体制の構築に向かう。天智（てんじ）朝における部分的な接取をへて、飛鳥浄御原令（あすかきよみはらりょう）（六八九年）、大宝律令（たいほうりつりょう）（七〇一年）、そして養老律令（ようろうりつりょう）（七五七年）と法制度が整備されていった。そのなかで、在地に勢力基盤をもつ豪族たちは朝廷から位階や官職、収入を与えられて都に集住し、律令にもとづいた政務をこなして次第に官僚化していく。

養老律令では三位以上を「貴」、五位以上を「通貴」とする（名例律）。これら五位以上の官人に対しては田令・禄令・賦役令などで政治的、経済的な特権を認めており、彼らを律令貴族と呼ぶことができる。全体の官人が約一万人いるなかで、奈良時代前期の五位以上は百五十人前後、中期以降になると三百〜四百人と推定される。上位一・五〜四％にあたる律令貴族は、自らの位階にもとづいて位田や季禄などの田地や収入を与えられる。また、職田や職封をともなうすべての官職は位階をもとに任命されている。これを官位相当制という。彼らの身分や特権は天皇から与えられる位階によって保証されているのである。五位以上の位階は蔭位の制によって一族内で再生産され、これが律令貴族の基盤になっていた。

しかし、当時の貴族の収入は必ずしも律令制によるものだけではなく、令制前の経済基盤を引きついでいた。大量の出土木簡によって明らかとなった長屋王（六七六〜七二九）の家政経済がそれをよく示している。また、国政の最高機関である太政官を構成する高官は、藤原氏が次第に増えていくものの、石上氏、大伴氏、阿倍氏、紀氏など大化前代の有力氏族が多数みられる（『公卿補任』）。その意味では、律令貴族の基盤は令制前の政治勢力にあり、在地との関係性も残っていた。

彼らに変化が起こるのが平安時代の前期である。奈良時代における位階の昇進は勤務日数や業務実績を査定した「考選」にもとづいておこなわれていた（考課令）。しかし、複雑な各官司の業務において、官人一人ひとりを正確に評価するシステムにはもともと無理がある。九世紀の前半には五位以上の考選はおこなわれなくなり、中・下級官人の叙位や任官も年功序列によって自動的に決まるようになっていった。これを年労加階制という。天皇の側近などのごく一部をのぞいて官人たちの昇進は制度化され、これが貴族身分を固定化していった。

　平安中期になると六位以下の位階はほとんど意味がなくなり、かつて「通貴」と言われた五位の価値も大きく下がった。そして、天皇の住居である清涼殿に上ることを許された殿上人と国政に参与する参議、および三位以上の公卿が別格となっていく。いわゆる昇殿制の成立である。律令貴族を基盤にして政治勢力を確立し、そこからさらに抜け出た存在となった彼らを王朝貴族と呼ぶことができる。最終的にその枠内に入ったのが藤原氏（北家）と皇親から臣下にくだった賜姓源氏であった。それは平安後期の長治二年（一一〇五）時点で四十七人という人数である。政治社会が進展して位階制が値崩れをおこした結果、奈良時代には数百人いた貴族が、平安中期に数十人にしぼり込まれたのである。

　律令貴族としてはじまった藤原氏が王朝貴族に転身できたのは、もともとの高い位階が蔭位の制によって維持されたこと、外戚や政権担当者として天皇家の信頼を獲得したためである。いっぽうの賜姓源氏は、天皇の血を引くという尊貴性を起点にして天皇家、あるいは摂関家の外戚となり、官僚化に成功したことがその理由である。ともに天皇家と外戚関係を結んでいることが特徴であり、貴族という特権的な身分になるためには天皇家とのつながりが必要だったのである。

　朝廷内部の変化についてはこれまでみた通りだが、それは貴族層のみに焦点をあてたものである。

大切なのは、そのような王朝貴族が社会からどのようにして独立し、特権階級化したのかということにある。この問題を考えるために、当時の社会情勢とこれに対応した律令体制の変化をみてみよう。

●九世紀の政治変革

平安時代の前期、九世紀は政治変革の時代であった。奈良時代の達成である桓武・平城朝（七八一～八〇九年）をへて、嵯峨・淳和・仁明の三代の天皇のときに平安時代への転回が本格的にはじまった。夜明け前に朝廷に集い、午前中に政務をおこなう「朝政」は仁明朝（八三三～八五〇年）を最後におこなわれなくなる（『日本三代実録』貞観十三年〈八七一〉二月十四日条）。大化前代よりつづく倭王権の政治観念の発展的な解消であり、政治の場としての朝廷から、儀式・宴会の場としての宮廷への変化である。

また、この時期には官司制度が大幅に改編された。九世紀の末頃までには律令制本来の官司の半分が消滅し、八省においても民部省などの機能が突出して格差が生じていた。実情にあわない理念的な官司が統廃合され、実務重視の体制になっていったのである。また、蔵人所や検非違使など必要に応じて令外官が設けられ、以後、従来の令制官を上回る重要な役割をはたしていく。とくに蔵人所の職員である蔵人は、その後は多く参議に任命される重要な役職であった。

おりしも、律令制支配の根幹である戸籍・計帳は課税を逃れるための偽造が増え、地方では富豪層と呼ばれる有力農民が台頭して生産力が向上していた。それまで官司が独占していたさまざまな技術が民間に普及していったのもこの時期である。これによって発展した社会経済は各地で生産物の取引を促進し、調（ちょう）・庸（よう）として貢納されていた良質な布は売買の対象となった。官人たちの給与の財源であった調庸制はこのようにして崩れていった。その後、課税の対象は人から田畑に移行する。掌握が困難な人頭税から、安定した地頭税への転換である。官人の昇進システムと同じように、全国の公民一人ひとりを戸籍・計帳で支配することには限界があったのである。

このような政治体制の更新には気候変動による環境の変化も関係している。八世紀の気候環境は相対的に安定していたが、これが九世紀後半に不安定化し、同時期には地震や火山の噴火が多発する。これにより全国的に飢饉や疫病が発生した。西日本で海賊が現れたのもこの時期である。摂政・関白という天皇を補佐する官職はこのとき成立するが、それは右のような社会情勢に対応しきれない幼帝や天皇家の実情が要請したものである。これら平安前期の政治変革が次の国家体制の起点となり、王朝貴族の誕生を準備していく。

●十世紀の国制転換

奈良時代、朝廷は地方行政を担う国司の監督とその業務の督励に苦心していた。八世紀末から九世紀初めにかけて、朝廷は勘解由使（かげゆし）や観察使（かんさつし）を設けてその体制の強化を目指した。しかし、発展する在地の経済と個々に結びつく国司の動向を完全に把握することはむずかしく、そのため、十世紀になって朝廷はそこから大きく方針転換をした。

律令制はもともと軍国体制であり、対外関係の危機が去るとその集権的な政治体制は地方社会に軋轢（あつれき）を生み出した。個別の権限をもつ独立性の高い国司を通じて、さまざまな発展段階にある地方行政を画一的におこなうのは不合理である。そのため、中央集権型の支配体制を地方分権型に切り換え、国司に徴税と地方行政を一任する体制が生み出された。それは、対外関係の変化と社会経済の発展に対応したあらたな国家体制であった。これを王朝国家体制という。

中・下級貴族は国司として各国に赴任して受領と呼ばれ、朝廷からの徴税を請け負って地方の生産物を中央に貢納した。各自の所有する荘園とともに、これが王朝貴族を支える財源となる。政治行政が中央と地方に分離しながらも、全体の国家体制としてはうまく回っていたのである。中央の王朝貴族が中・下級貴族である国司に地方行政をゆだねた王朝国家は、現地主義にもとづいた柔軟な政治体制であった。

その結果、国司をふくむ朝廷内の人事である除目（じもく）と、国司が中央の判断を求める諸国申請雑事（しょこくしんせいざつじ）が国政の中心になっていく。天皇の主宰のもと、除目は公卿、すなわち王朝貴族たちによっておこなわれる。彼ら王朝貴族は、自分たちの身分と特権を支える役割を国司に負わせたため、その任免については真剣に審議した。

有名な例としては、尾張（おわり）国郡司百姓等解（九八八年）によって訴えられた尾張守の藤原元命（もとなが）が、翌年その責任を問われて国司を解任されている。この前後にも、尾張守の藤原連貞（つらさだ）（九七四年）や淡路守の讃岐扶範（さぬきのすけのり）（九九九年）など、在地の郡司・百姓らの上訴をうけて国司を解任した事例はほかにもある。逆に、加賀（かが）守の源政職（みなもとのまさもと）（一〇一二年）や丹波（たんば）守の藤原頼任（よりとう）（一〇一九年）など、訴えられはしたがその行政に不備はないと判断されて、そのまま国司に留任した例もある。

これらからすれば、中央の王朝貴族が地方行政のあり方に無関心だったとは言えない。徴税という一点において国司（受領）はきびしく査定され、その政治的力量を判断された。その国司が解決できない問題を「諸国申請雑事」として自分たちで回収したのである。その結果、これまでのような全国各地の行政の監査・督励からは解放される。このように効率化された政治体制を強化し、安定化させるために天皇や摂関が権威化され、さまざまな政務が儀式化、様式化されていったのである。

●王朝貴族の政治運営

宇多朝（八八七〜八九七年）において成立した昇殿制は天皇と近臣の関係を公式化し、王朝貴族の枠組みを決定した。政治の実際を担う摂政・関白と政務の中枢である蔵人の任命権が天皇にあることを考えると、天皇の権力がより高度に制度化されたと評価することができる。個々の権力関係はともかく、摂政・関白は天皇の存在を前提としなければ成立しない。この点も王朝貴族の特徴であり、彼らはけっして自らの力で権力を獲得していたわけではない。天皇を前提として成り立っているのが日本古代の貴族であった。

摂政・関白の地位や職掌は令制の太政大臣の延長線上にあり、現実的には天皇権力を代行する太上天皇が担っていた役割をはたす。摂関制は律令制・天皇制から生まれたのである。九世紀半ばから後半にかけて、藤原良房（八〇四〜八七二）とその養子・基経（八三六〜八九一）によって始まった摂政・関白は、十世紀前半の藤原忠平（八八〇〜九四九）のときに制度として安定する。それは誰が天皇になっても政務が滞らずに運営される政治体制をつくりあげ、その利益を共有する貴族・官人たちにとっても重要なものとなった。天皇家と摂関家は一つの利益共同体として国政にあたり、これにつらなる王朝貴族の連合体制をもたらしたのである。

そして、国政の重要事項を審議する場は太政官から陣定（じんのさだめ）へと移った。複雑な手続きをともなう令制の政務処理が実情にあわせて変化したのである。その陣定での主な議題は対外関係への対応と受領の統制である。これについては形式的・儀礼的であって内容がない、公卿や摂関・天皇が政治課題を共有する場として重要であった、という二つの異なる見解がある。この会議の最終決定はその場の議決に関係なく摂関・天皇に委ねられるが、下位の列席者から発言するシステムは審議の場として機能性、合理性がある。陣定が形式的な会合にすぎないのであれば、このような合議体制をとる必要はないだろう。

たしかに、そこで取り扱う政治問題が縮小したことは否定できない。しかし、かつてのような緊迫した外交課題がなくなり、地方行政を国司に委任する時代であればそれも当然である。彼ら王朝貴族が内外政の政治課題に積極的に取り組む姿勢はみられないが、それは彼らの能力や姿勢の問題ではなく、そういった時代背景そのものに要因がある。米穀の生産力が大きく向上し、対外関係の変化によって軍備の必要がなくなった王朝貴族は、かつての律令貴族よりも豊かな生活をしている。それは新たな税制によって発展した社会経済を国家財政に組み込むことができたためである。実務を最小化した王朝貴族たちは、彼らのおかれた世界で政治に取り組み、利益を享受していたとみてよい。

そのような王朝貴族はあるいは勤勉ではなく、形式にとらわれて能率的とは言えない日々を送っている。しかし、ひとたび重要な儀式や公事があると午前〇時を過ぎる執務も多く、日々の内裏や摂関家への致参も欠かさなかった。それらをこなすためには多くの知識と先例を把握しなければならず、さらには礼儀作法や人間関係への配慮が求められた。彼らはそれをさまざまな書籍から探り、必死に日記に書き止めて子孫への財産としている。朝廷以外に生きる道のない王朝貴族は、そこでの自身の地位を確保するために連帯意識と秩序を重視した。これが儀式の拡充、先例の重視につながっていく。

●儀式と造営

朝廷内の儀式や礼儀作法は支配権力の分割と序列、維持のためのものである。一見、取るに足らないような細かい動作が、その進行の手続きとともに権力を可視化し、王朝貴族はこれに参加することによって自らの地位を確保する。そのような意味をもつ儀式や行事は彼らにとって政治そのものであった。朝賀（ちょうが）や競馬（くらべうま）、相撲節（すまいのせち）、踏歌節会（とうかのせちえ）、賀茂祭（かもまつり）、大祓（おおはらえ）といった年中行事は王朝貴族の一体性を維持するための場であり、一年間で二〇〇種類以上もある。

そこには仏教に関する儀式もさまざまあり、比叡山や南都の僧侶も参加した。そのなかでももっとも重要なのが大極殿でおこなわれる御斎会（みさいえ）である。これは護国経である金光明最勝王経を講じて天皇の健康と五穀豊穣を祈り、それをもって国家の安寧を祈願する法会であった。ほかにも、春と秋の二度にわたって大般若経を読み上げる季御読経（きのみどきょう）などが宮中でおこなわれた。僧侶たちは王朝貴族のもとで儀式をおこない、これを滞りなく執行することで出世した。彼ら僧侶も、広い意味では王朝貴族ということができる。

藤原行成（九七二〜一〇二七）の日記である『権記』などを読むと、王朝貴族がいかに儀式に固執していたか分かる。儀式における参加者の服装、参列・着座する場所、調度品の種類と位置、式の進行と所作、退出の順番など事細かにその様子が記されている。少しでも疑問があれば先例にあたり、そこから外れた立ち振る舞いは「失儀」として非難される。張りつめた緊張感のなかで執り行われた儀式では、関連する知識と事務処理能力とともに精神力や対応力も要求されたのである。

そういった数々の儀式は醍醐朝（八九七〜九三〇年）から村上朝（九四六〜九六七年）にかけて定型化してくる。延喜・天暦の治と呼ばれる醍醐・村上天皇の治世は政務が儀礼化される画期でもあった。先にみた藤原忠平は摂政・関白を制度化するとともに、これを権威化する儀式の整備に尽力している。最初の体系的な故実書である『西宮記』は源高明（九一四〜九八二）によって十世紀の後半に成立している。貴族が階級としてまとまるためには一体感が重要であり、儀式や作法はこれを創出する役割をはたしていた。その儀式を行う場として重要だったのが宮廷の建物である。

さまざまな儀式がおこなわれる場でもある内裏は天徳四年（九六〇年）九月の火災によって全焼している。このとき内裏は、二十七か国が費用と造営を分担し、木工寮と修理職を中心にして一年がかりで再建されている。もともと、宮殿は天皇とともに神が住む場所であり（『古語拾遺』）、これを荘厳に維持しなければ災いがもたらされると信じられていた（『日本書紀』仁徳七年九月条）。朝廷の建物には霊性と秩序がやどっていたのである。

平安時代になってそのような観念が後退しても、儀式がおこなわれる空間としてはその荘厳化と維持が必須である。宮廷の建物は天皇の権威と国家支配を具現化する構造物であり、その修理と維持、焼失時の造営は重要だった。その後も内裏はたびたび火災に見舞われ、おもなものだけでも十回以上を数える。そのたびに内裏は再建されたが、それは古代国家を運営するために必要な舞台装置だったからである。

●王朝の文化

平安時代、とくに摂関期の文化は、その後の日本の社会に大きな影響を与えている。和歌や絵画、書道といった日本の貴族文化の基層がこの時期に形成されたからである。平安時代の貴族文化は、その後に展開する武家文化と融合しつつ日本的な価値観、美意識をつくりあげていった。摂関期における「国風文化」の内実や評価については近年、多くの議論がある。ここではそれに踏み込むことはせず、そのような文化が当時の貴族社会にとってどのような意味をもったのかを最後にみてみたい。

王朝文化の幕開けは『古今和歌集（こきんわかしゅう）』（九〇五年）が編纂された醍醐朝である。これは王朝国家の始まりと軌を一にしている。その『古今和歌集』の政治的な意味は勅撰であるということである。天皇の命令によって成書したこの歌集は、それまでの漢詩に対して和歌に公的な地位を与え、平仮名が広まるきっかけをつくった。言語の変化は社会の変化である。和歌、平仮名の普及は貴族社会にあらたな文化と心性をもたらした。

その後に生まれた『源氏物語（げんじものがたり）』（十一世紀初め）などの宮廷小説は王朝貴族が一体となることに貢献した。上流階級の社交や恋愛をえがいた『源氏物語』は貴族社会の連帯感を演出し、その感情を共有することに成功している。読書は共通の価値体系をつくり出し、特定の社会集団への帰属意識をもたらす。『更級日記』（十一世紀後半）に記されるように、それは貴族に連なる階層の願望をもかき立て、精神的なよりどころとなっていた。『源氏物語』は有閑貴族の娯楽小説ではなく、王朝貴族の社会意識を維持するために機能した文学作品だったのである。

このような文学が女性の手によって生み出されたことは王朝文化の大きな特徴である。天皇や皇后に住み込みで仕えて部屋（房）を与えられた女性を「女房」と言うが、彼女たちは最上流の社交の場で人間関係を構築するために高度な知識と教養を駆使した。清少納言の『枕草子』（十一世紀初め）における「香炉峰の雪」のくだりは、唐代における白居易の漢詩を前提とする彼女たちの機知にとんだ会話を表現したものであり、素養の高さをうかがわせる。男性社会の影響を受けつつも、前近代において女性が文学の主役を担うのはこの時期しかなく、摂関期の社会がいかに安定していたかを物語る。

そのほかの文芸や書物も王朝貴族の関係維持のための媒介であった。彼らの日記には漢籍、書法の貸し借りが頻繁にみられる。ときに天皇も交えておこなわれる文物の貸借は人間関係を良好に保つ方法であり、文化意識を共有する手段であった。この時期の文化がその後の日本文化の底流となったのは、たんにそれらが流行したからではない。それが天皇と貴族による古代文化の達成であったからである。

●貴族から武士へ

社会や国家が安定しなければ貴族は誕生しない。王朝貴族は発展する社会経済を基盤として、古代という時代を洗練された政治様式と文化でまとめあげた。「王朝貴族社会の繁栄といわゆる国風文化の発達は、この新体制確立によって生まれた精神的・物質的余裕の表現であって、決して衰退の一途をたどる律令体制の中に咲いた仇花といったものではない」。平安時代の雰囲気をもっともよく知る研究者と思われる目崎徳衛氏の言葉である。

そういった貴族を必要としなくなったのが鎌倉時代である。地域の実情と実利に根差した武士は、中央政界の特権と儀礼に生きる王朝貴族とは正反対の存在であった。保元の乱（一一五六年）において、王朝貴族は部下である源氏、平氏の軍事力を利用して自らの政治問題に決着をつけた。伝統的な身分や格調高い儀式ではなく、現実の武力が国政における政治権力の帰趨を決めたのである。それは、彼ら王朝貴族の終わりの始まりを告げる出来事であった。

（関根　淳）

【参考文献】

大津透『道長と宮廷社会』（講談社学術文庫、二〇〇九年。初版二〇〇一年）

倉本一宏『全現代語訳　藤原行成「権記」』上・中・下（講談社学術文庫、二〇一一〜二〇一二年）

土田直鎮『王朝の貴族』（中公文庫、二〇〇四年。初版一九六五年）

橋本義彦『平安貴族』（平凡社ライブラリー、二〇二〇年。初版一九八六年）

目崎徳衛『王朝のみやび』（吉川弘文館、二〇〇七年。初版一九七八年）

目崎徳衛『平安王朝』（講談社学術文庫、二〇二一年。初版一九六九年）

3　摂関時代の武士はどのような存在だったのか

●武士の成立

かつて武士は、田堵や名主など地方の有力な農民や開発領主が自分の土地を守るために武装して武士となったと言われていた。しかし、その後の研究の進展でこうした見解はほぼ否定され、現在では武士は武芸という特殊な技能を持つプロフェッショナル、そしてその技能を家業として引き継ぐ職能者と見なすようになった。武士に対するこのような見方はすでに定着したと言っていいものと思われる。

ところで、武士のその技能はどこで身につけられたものだろうか。この点については近衛府や衛門府などの律令制以来の中央軍事警察機構で身につけたとする見解と、九・十世紀の治安の悪化した地方で国司などになり反乱鎮圧や治安維持にあたりながら武士として成長したという考え方とがある。この見解のいずれが正しいのだろうか。

しかし、これらは何も択一的に考える必要はないと思われる。この双方で武士は成立したと考えてよいのではないだろうか。

例えば武士の成立を考える際に欠かせない戦乱の一つに平将門の乱がある。その将門の祖父平高望は桓武天皇の曾孫だったが、治安の悪化した東国に国司として下向し、治安活動にあたったと見られている。将門の乱の少し前、九・十世紀の東国では俘囚（帰順した蝦夷）や群盗が蜂起するなど治安が悪化していた。高望はそのような東国の治安悪化に対応するために国司として下向したのである。その高望がどのような軍事的経歴を持っていたかは史料がなく不明だが、全く素養がない者が登用されたとも考えにくい。おそらく軍事的技能をそれなりに持っていたものと思われる。また、高望の子の世代平国香らは常陸大掾源護一族と姻戚関係を持ったが、このような現地の武的な勢力と婚姻関係などを通してその武芸を鍛えていったことも考えられよう。さらに高望の孫、国香の子の貞盛は都に出て左馬允となっていた。左馬允も武官である。このように武芸という職能は何世代にもわたり、地方や都で、様々な場で磨きをかけられていったのではないだろうか。

つまり武士は軍事的素養を身につけた軍事貴族らが九・十世紀の治安悪化した東国などに下向し、戦乱や治安活動を経験し、その後も留住・土着、あるいは都に戻るなどしながら何世代にもわたって武芸に磨きをかけて成立したものといえるのではなかろうか。

●在地領主としての武士

ところで冒頭で、武士は有力農民が武装したものとする説を紹介した。その説は現在では否定されているのだが、多くの中世武士は自己の所領を持ち、経営する在地領主でもあった。この点はどのように考えたらよいだろうか。

一つには地方に土着した軍事貴族らが地方で生き残っていくために所領を手に入れ領主化していったものと考えられよう。また、もう一つ注目しておきたい事例として『将門記』に将門の駈使として登場する丈部子春丸という人物についてふれておきたい。

彼は駈使、走り使いとあり、農民だったかどうかははっきりとしないが、『将門記』にはしばしば常陸国の石田の庄辺の田屋に通うと記されている。田屋に通うとあることから農民的な存在とみなしてよいと思う。その子春丸を、将門と敵対する平良兼は、将門を裏切らせて自分の陣営に取り込もうとする。その際の口説き文句として良兼は子春丸に「将門を謀って害することができれば、乗馬の郎等としよう」と約束しているのである。子春丸自身は失敗して武士になることはなかったのだが、このように土着した軍事貴族が子春丸のような周辺農民を取り込み武士化させていくようなこともあったのではないか。農民が自衛のために独力で武士化するというのは武芸という職能を身につけるという点で無理があるように思われるが、農民が軍事貴族に組織されて武芸を身につけ武士化するというルートもあったのではないだろうか。

なお、ついでに触れるならば、近年の中世武士論では在地領主である武士は農業経営や土地所有だけではなく、流通や生産にも深く関わり、地域支配を行っていたことなど新たな論点も指摘されている。

さて、ここまで武士の成立の問題について述べてきた。武士はこのように都や地方で、様々なルートで世代を重ねる中で生まれていったものと思われる。有名な話であるが、清和源氏の祖である源経基は将門の乱の際、将門に騙されたと勘違いして都に逃げ帰り、そのことから「いまだ兵の道に練れず」と酷評されているのである。清和源氏といえども武士と呼ばれ、あるいは武家の棟梁と目されるようになるのは、いくつもの経験を経た後のことなのである。

したがって、一言で武士といっても摂関政治期の武士と中世の武士とでは、その存在形態に違いがあると考えた方がよいのである。以下、ここでは本書の対象である摂関政治期の武士の姿を追ってみたい。

●摂関期の武士群像

さて、よく知られている史料だが院政期に大江匡房が著した『続本朝往生伝』の一条天皇伝には一条朝の各界の代表的人物の名が列記されている。その一番最後に武士として満仲・満正・維衡・致頼・頼光という五人の武士の名が挙がっている。ここではしばらく彼らの五人の経歴を見てみよう。

満仲は源満仲。さきほどの源経基の子であり清和源氏の正嫡である。次の満正（満政とも）は弟である。経基の二人の子が一条朝を代表する武士としてその名が見えるのである。満仲は藤原氏が源高明を失脚させたいわゆる安和の変の際に、その発端となる密告をした人物として知られる。このことから満仲は当時摂関家に臣従していたものと言われる。そうした摂関家との関係もあってか、彼は越前守、武蔵守、常陸介、摂津守などの受領を歴任している。

満正も源経基の子で満仲の弟である。『日本紀略』正暦五年（九九四）三月六日条によれば平維時、源頼親、同頼信らと盗賊捜索のために山々に差し遣わされており、武士としての活躍が知られる一方、陸奥、武蔵などの受領を務めたことも知られている。

維衡は平将門を倒した平貞盛の子、平維衡のことである。伊勢国に居住し長徳四年（九九八）には同国で平致頼と合戦を起こし、翌年その罪により淡路国に移郷されている。その後、藤原道長や実資に接近し、伊勢平氏の祖となった。

致頼はその維衡と争った平致頼である。その父については平公雅とも平良正ともいうがはっきりとしない。年来伊勢神郡に居住し維衡と争い、隠岐に配流となっている。その際、散位致頼と表記されており、官職には恵まれなかったようである。寛弘四年（一〇〇七）八月九日には藤原伊周・隆家に語られ、金峰山参詣中の藤原道長の殺害を計画したといわれる（『小記目録』）。これは単なるうわさにすぎなかったようだが（倉本一宏『藤原伊周・隆家』ミネルヴァ書房、二〇一七年）、致頼はこのような傭兵的な存在であった。『今昔物語集』巻三一―二四にも同様の話がある。天台座主と対立した祇園感神院別当良算は平公正や平致頼の郎等を雇い寄せ、楯をもうけ、軍を整えたとある。この致頼のように受領などの官職を得ていない武士は自身やその郎等を傭兵として貸し出し、収入を得るなどしていたのである。

頼光は満仲の子で、後世、大江山の鬼退治の伝説などが語り伝えられている源頼光である。ところが、別稿で述べたように（拙稿「源頼光と頼信」新古代史の会編『人物で学ぶ日本古代史』三　平安時代編、吉川弘文館、二〇二二年）頼光については武士としての活躍よりも受領としての奉仕などの方が多く伝えられているのである。

たとえば、寛仁二年（一〇一八）藤原道長が土御門第を新造した際にはその雑具など一切を献上している。頼光に関しては、その伝説とは裏腹にこのように受領としての側面が多く伝えられているのである。

この点で興味深いのが『今昔物語集』巻二十五―六の説話である。この話は三条天皇からキツネを射るよう命じられた頼光が矢を射る技量が低下したとして固辞しようとする話である。この話から頼光が受領や中級貴族として活動するうちに武芸の鍛錬が不十分となった可能性を指摘する見解もある（近藤好和「源頼光」元木泰雄編『古代の人物六　王朝の変容と武者』清文堂出版、二〇〇五年）。「若く候ひし時」ならまだしもといって固辞していることから頼光はすでに高齢になっていたのだろう。その年齢もあって固辞したのだが、断り切れず、矢を射たところ、みごとキツネに矢を当て、兵の名を保ったという話である。われわれでも、子供時代に覚えた自転車の乗り方はしばらく乗っていなくとも忘れないように身体能力としてしみ込んだ武芸は歳をとっても、しばらく鍛錬していなくてもそう簡単には落ちないといったところだろうが、頼光にとって武士としての生き方より受領としての生き方に比重が置かれていったことを示す説話ではなかろうか。

ここまで『続本朝往生伝』の一条天皇伝に見える武士について見てきたが、摂関家に仕え、武士としても活躍しながら受領などを歴任するもの、受領などの官途には恵まれず傭兵的な在り方を示すもの、受領を歴任し、兵としての鍛錬が不十分になった（と本人が自覚する）ものなどその存在形態は多様であった。

●強盗の張本、本朝第一の武略

さて、『続本朝往生伝』では取り上げられていないものの摂関期の武士を考えるときに他にも注目しておきたい人物がいる。それは藤原保昌と保輔の兄弟である。この二人の出自は藤原南家、曾祖父は藤原菅根である。菅根は文章博士や参議をつとめ、王臣家領荘園としてしばしば注目される上総国藻原荘・田代荘を興福寺に施入したことでも知られる。後世の伝承では菅原道真の左遷を止めようとした宇多上皇の参内を取り次がず、そのため道真の祟りにより延喜八年（九〇八）落雷によって絶命したといわれている。

祖父の元方は文章得業生や朱雀天皇の東宮学士などを経て大納言となっている。『栄花物語』巻一「月の宴」によれば、娘が生んだ広平親王の立太子を期待したがかなわず、それを怨み、悶死し、替わって立太子、即位した冷泉天皇やその外祖父藤原師輔を怨霊となって祟ったと言う。二代にわたって祟られたり、祟ったりといささか不思議な話であるが、そのような噂、伝承を別とすれば基本的には学者、文官の家柄と言えそうである。

ところが父親の致忠となるとだいぶ趣が変わってくる。一気に武士的な要素が強くなるのである。詳しい背景はわからないのだが、致忠は長保元年（九九九）十一月に前相模介輔政の子及び郎等二人を射殺するという事件を起こしているのである（『小右記』同年十一月十九日条、十二月二十八日条など）。合わせて三人が射殺されていることから合戦に近い状態であったと思われる。また致忠は美濃

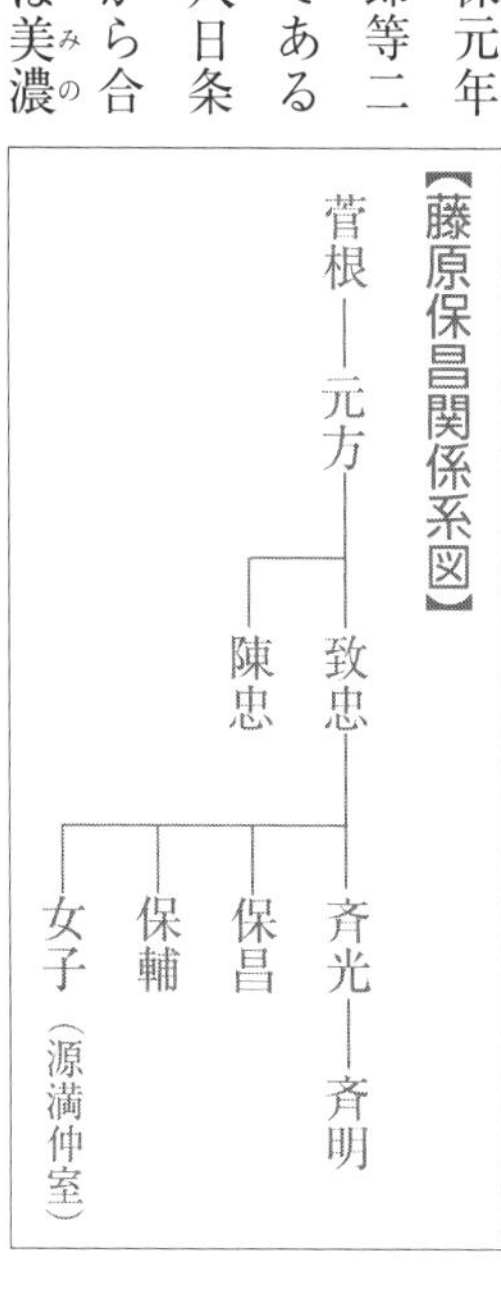

国で捕まっており、同時に美濃守為憲も罪名が勘申されていることなどから致忠は美濃守の受領郎等として雇われた武士的な存在で任国支配のトラブルからこのような事件を起こしたのかもしれない。ちなみに致忠の弟の一人は「受領は倒る所に土を掴め」と言った藤原陳忠である。摂関期の受領が暴力的な収奪を行うことがあったことはよく知られていよう。摂関期の中級貴族の中には受領や受領郎等になることによって武士化していく者もいたのではないだろうか。致忠の場合も本来文官の家柄だったものが受領支配に関わる中で致忠の代に一気に武士的な存在となっていったのである。

そしてその致忠の子が保昌と保輔である。この二人についても武士的なエピソードが伝えられている。弟の保輔は甥の斉明（『尊卑分脈』による。『日本紀略』寛和元年五月十三日条によれば保輔は斉明の舎弟とされている）とともに寛和元年（九八五）、大江匡衡や下総守（のち播磨介）藤原季孝を襲い、追討を受けるという事件を起こしている（『小右記』同年正月六日、二十一日、三月二十七日条など）。匡衡は左手の指を切り落とされ、季孝は顔を斬られたという。検非違使源忠良らが追捕にあたったが、斉明は摂津から船に乗って逃れた。さらに四月には忠良らが海賊追捕にあたっているが、あるいは斉明は海賊に合流し抵抗したのかもしれない（『小右記』四月十一日条）。その後、斉明は関東に逃れようと近江国に向かったが、そこで前播磨掾惟文王に射殺され梟首されている。

一方の保輔の方は父致忠に匿われ、長谷寺参籠を口実に逃げおおせたようである。その後、斉明を追っていた検非違使源忠良を狙って矢を射かけたり、忠良の因縁であるとして平維時の殺害を計画したことが判明している。斉明の仇をとろうとしたのであろうか。しばらくの間藤原顕光の家に匿われていたらしいが、逃げ切れず、切腹し、その傷がもとで獄舎の中で絶命している（『小右記』永延二年（九八八）閏五月九日条、『日本紀略』同年六月十三日条、『続古事談』など）。この保輔を『尊卑分脈』は「強盗の張本、本朝第一の武略」と注記している。

●藤原保昌

もう一人保輔の兄保昌についても見ておこう。保昌は弟保輔とは異なり、日向・大和・丹後・摂津などの国守を歴任しているれっきとした中級貴族であるが、『尊卑分脈』によれば「勇士、武略の長」とも評されていてやはり武士的な存在であったようである。ここではその保昌の任国支配の一端を覗いてみよう。

『御堂関白記』寛仁元年（一〇一七）三月十一日条に次のような記事がある。

> 十一日、（中略）六角小路と福小路に侍る小宅に清原致信と云ふ者、侍りけり。是れ保昌朝臣の郎等なり。而るに乗馬の兵七、八騎・歩者十余人ばかり、囲み来たりて、殺害し了んぬ。検非違使等を遣はし、日記せしむるに、（中略）秦氏元の子、此の中に有る（中略）。氏元の在る所を問ふに「頼親朝臣に相従ふ者なり」てへり。仍りて案内を問ふに、頼親の為す所なり。人々、広く云はく、「件の頼親、殺人の上手なり。度々、此の事有り。是れ殺害せらるる大和国為頼と云ふ者の阿党なり」と云々。

（大意）六角小路と福小路のあたりにある小宅に清原致信というものが住んでいる。彼は藤原保昌の郎等である。ところが乗馬の兵七、八騎と徒歩の従者十余人ばかりがその家をとり囲み殺害してしまった。検非違使等を派遣して調査させたところ、犯人の中に秦氏元の子が含まれていた。そこで氏元の居場所を調べると彼は源頼親の従者であった。つまりこの殺人は頼親の実行したものであった。世間では「頼親は殺人の上手なり。こうしたことはたびたびある。頼親は先に殺された大和国の為頼という者の仲間（で今回のことはその報復だったのだろう）」という。

つまり藤原保昌の郎等清原致信が源頼親によって殺されたという事件である。殺された清原致信という人物は清少納言の兄なのであるが、それはさておき、殺人を犯した頼親は大和国為頼の仲間だという。頼親とは清和源氏、頼光、頼信と並ぶ満仲の子で大和源氏の祖となる人物である。つまりこれは大和に関わる事件のようである。清原致信の主人とされる保昌はこの事件を遡る四年前、長和二年（一〇一三）に大和守となっている。一方で源頼親はさらに遡る寛弘三年（一〇〇六）には大和守となっている。このようなことからおそらくこの事件は大和守として赴任以後大和に勢力扶植を図った頼信と新たに守となって赴任し受領支配を展開しようとした保昌が対立し、その過程で保昌郎等の清原致信が頼親の仲間の為頼を殺したことに端を発する事件と考えられよう。

「殺人の上手」と呼ばれた清和源氏の頼親は武士といってよいだろうが、藤原保昌の受領郎等として殺人に手を染めた清少納言の兄清原致信を武士と呼ぶのかどうか。あるいは任国支配に際し、おそらく暴力的な支配、収奪を展開した藤原保昌を武士と呼ぶべきか、悩ましいところである。ちなみに保昌の妻は和泉式部である。

この保昌について『今昔物語集』は「兵の家にて非ずと云へども、心猛くして弓箭の道に達れり」

（巻一九―七）、「家を継たる兵にも非ず（中略）しかるに、つゆ家の兵にも劣らずして」（巻二十五―七）と評している。保昌の場合、父致忠の代から急激に武士化したため「兵の家」とは見なされなかったのかもしれない。しかし、「兵の家」ではないものの限りなく兵、武士に近い存在であったことは注目すべきであろう。

●「兵の家にあらざる」もう一つの武士像

このような「兵の家」でないにもかかわらず武士的な人物は『今昔物語集』にはしばしば見られるのである。たとえば源章家は「兵の家には非ねども（中略）昼夜朝暮に生命を殺すを以て役とせり」（巻二九―二七）とされている。

院政期には「兵の家」「家を継たる兵」と呼ばれ、家業として武芸を請け負う軍事貴族、武士身分が形成されていくが、その周辺にはこのような武的存在が多数存在したのである。まして家業としての武士の成立過程にある摂関期にはこのような「兵の家」ともなりうるし、あるいは受領など中級貴族や場合によっては盗賊ともなりうる武的な存在がより多く存在したのである。

院政期、藤原忠実の言説を記録した『中外抄』（上巻五十一）には源頼信が自身の三人の子どもについて「子三人あり。太郎頼義をば武者に仕ひ御せ。頼清をば蔵人に成し給へ。三郎字をとはの入道は不用の者にて候ふ」由を宇治殿藤原頼通に伝えたという話がある。つまり源頼信が藤原頼通に自分の子どもたちについて「太郎頼義は武者として、次男の頼清は蔵人すなわち官人・一般貴族として使ってほしい、三男は不用の者だ」と売り込んでいるのである。この説話がどこまで真実を伝えるものかは不明だが、のちの武家の棟梁となる源氏一門においても必ずしも全員が武士になるわけではなく、頼清のように官人・中級貴族として出仕（しゅっし）する可能性もあったのである。摂関期の武士身分はまだ流動的だったのである。

本稿で見てきた藤原保昌の一族などその典型といえるし、源頼光は「兵の家」にありながら受領として中級貴族的な在り方を示した人物といえよう。元木泰雄氏は院政期の軍事貴族「京武者」と対比してこのような摂関期の軍事貴族を「兵家貴族」と概念化したが（『武士の成立』吉川弘文館、一九九四年）、その存在形態は多様なものであった。

「兵の家」を継ぐ武士ではないが、武士的なあり様を示す存在は摂関期だけではなく、院政期においても見られる。摂関期はもとより武士を考える際にこのような武士的な存在にも目を向けていく必要があるのではないだろうか。

（戸川　点）

【参考文献】

伊藤瑠美「中世武士のとらえ方はどう変わったか」（秋山哲雄・田中大喜・野口華世編『増補改訂新版日本中世史入門』勉誠出版、二〇二一年）
五味文彦『武士論』（講談社、二〇二一年）
髙橋昌明『武士の日本史』（岩波書店、二〇一八年）
元木泰雄『武士の成立』（吉川弘文館、一九九四年）
森公章『武者から武士へ』（吉川弘文館、二〇二二年）

第四章　摂関時代の文化・外交

1　摂関時代の文化の特徴を考える

●国風文化形成の要因

摂関時代の文化は「国風文化」といわれ、かな文学の発達、浄土教の進展、和風美術の展開、貴族生活の和風化、などをその特徴として説明される。後で述べるように、これらの特徴については研究の進展のなかでその内容は相当変わってきているが、とくに近年大きく変化したのは国風文化を産み出した要因についてである。

例えば現行の高等学校「日本史」の教科書では、「それまでに摂取した大陸文化を踏まえて、日本の生活や価値観に適合した文化が展開した」などと記述されている。この文章からもわかるように、旧来の「唐風文化から国風文化への移行・転換」というような、「唐風」から「国風」へという二者択一的な理解が克服され、それまでに摂取した唐風文化を前提にそれと融合した和風の文化が形成された、と理解されるようになった。

本章ではこのような国風文化形成の理解の変化を踏まえ、かな文学の発達と浄土教の進展に焦点をあてて、国風文化の特徴について近年の研究成果をもとにわかりやすく説明することを目指したい。

●「唐風から国風へ」の克服

国風文化の理解が変化した要因として、近年の対外関係に関する研究の進展がある。第一は遣唐使派遣中止に関する理解の変化である。周知のように遣唐使派遣の中止は寛平六年（八九四）の菅原道真の建言に拠るもので、これによって唐風文化の流入が滞り国風文化隆盛の契機になったと説明されてきた。残念ながら現行の日本史教科書でもこのような記述が残されているが、このような理解は間違いである。なぜなら遣唐使の派遣は承和元年（八三四）が最後であり（渡唐は八三八年）、それ以後は派遣されなかったからである。したがって、もし遣唐使の派遣中止が文化の国風化をもたらしたとするなら、それは道真の建言の半世紀以上前の承和の遣唐使以後のこととしなければならない。

第二は、承和年間以後の対外関係に関する研究の進展である。新羅との関係の悪化などもあり、この時期、朝廷はアジア諸国との正式な国交を結んでいなかったが、それに代わって「海商と入唐僧の時代」とでもいうべき新たな時代が到来したと評価されている。

九世紀後半から十世紀前半にかけて、唐に代わった呉越国や宋、新羅に代わった高麗からの海商が頻繁に来航するようになり、一方、彼らの船を利用して進んだ文化・仏教を求めて中国へ渡航する僧侶（以後「入唐僧」・「入宋僧」などと表記）が急増した。海商らによってもたらされた文物は「唐物」といわれ、貴族社会のなかで威信財として珍重されたこと、また入唐僧が搬入した教学や経典などが浄土教の展開に大きく寄与したことが解明された。

これらの研究から、遣唐使派遣が途絶えて唐風文化の流入が滞った結果国風文化が発展したという理解がいかに一面的な理解であるかが明らかになった。九世紀前半までに摂取した唐風文化を前提に、新たに宋や高麗からもたらされた文物などを加味して日本の風土や社会の価値観に合うような和風の文化が形成されたのでる。

では、それらがどのような特徴をもった文化内容であったかを、上記の視点に基づいてみてみることにしたいと思う。

●『古今和歌集』の特徴

まず国風文化を代表する和歌についてである。かな文字が九世紀中頃には結構広く使用されるようになったことは残存する史料から確認できる。かなを用いた和歌も十世紀初頭に勅撰によって編まれた『古今和歌集』で一応の完成をみた、と評価される。そこには約一一〇〇首の和歌が「巻第一　春歌」など四季の和歌から始まり、「巻第七　賀歌」、「巻第八　離別歌」、「巻第十一　恋歌」などが二十巻に分類されて収録されている。奈良時代に編纂された『万葉集』が「雑歌」「相聞」「挽歌」の三項目で編纂されていたことと比較すると、『古今和歌集』が当時の貴族社会の価値観や「美意識」に合わせた日本的な編目で構成されていたことは明らかであろう。『古今和歌集』が国風文化を代表すると評価される所以である。

しかし、上記のような評価も一面的と言わざるを得ない。というのは、まず紀貫之を筆頭とする編者四人の詠歌数が異常に多いことである。貫之の約一〇〇首を初め編者四人（貫之の他に凡河内躬恒・紀友則・壬生忠岑）の詠歌数は約二四〇首にもなり、詠み人がわかっている歌数の三分の一を占めている。このような事態になった要因として、国文研究者は「和歌がそれほど普及しておらず、和歌の詠み手が不足していたためではないか」と評価している。にもかかわらず醍醐天皇が『古今和歌集』の編纂を命じたのは、朝廷の行事のなかにそれまでの漢詩文（賦詩）だけでなく和歌も採用しようとする政治的な意図があったのではないかと言われている。

第二は、『古今和歌集』が編纂された同時期、漢詩と和歌の融合を目指した歌集が編集されたことである。それは大江千里の『句題和歌集』と菅原道真の『新撰万葉集』である。前者は寛平六年（八九四）に宇多天皇の命で『白氏文集』などの漢詩の句を題として千里自身が和歌を詠んだものである。一方『新撰万葉集』は八九三年頃、道真が当時宇多天皇が催した歌合の和歌二〇〇余首を上下二巻に編集し、その和歌に対する七言絶句の漢詩に翻案したものを添えたものである。これらは漢詩文と和歌との架橋を目指した作業といえよう。このような漢詩文と和歌との架橋は『古今和歌集』に「真名序」（漢文の序）と「仮名序」（かな文の序）があったことにも読み取ることができる。

三つ目は先に指摘したテーマ別の編集についてである。これも先述したように『万葉集』にはない『古今和歌集』ならではの特徴で、当時の日本的な「美意識」を表現したものであると評価されている。このようなテーマ別の編集を「集成」とか「類聚」というが、実はこのような編集もすでに漢詩文の世界で行われていた作業であった。その代表は菅原道真が編集した『類聚国史』である。これは「六国史」（『日本書紀』以後の六つの正史）の記事をテーマごとに分類し集成し直したものである。その編目の一部をあげると「神祇」「帝王」「後宮」「人」「歳時」「瑞祥」「災異」などである。これも当時の日本の貴族や官僚の価値観――関心あるテーマに基づいた「類聚」として評価できよう。また、十世紀初頭に源順が編纂した『倭名類聚抄』も書名のとおり、漢語の名詞を意味により分類し、それの和名を万葉仮名で示した百科全書であった。

このように、国風文化を代表する『古今和歌集』も漢詩文の和風化の影響を色濃く受け入れて成立したのであった。

●かな文学の特徴

次にかな文学についてである。まず『古今和歌集』の編者でもあった紀貫之の『土佐日記』について考えてみよう。「をとこ（男）もすなる日記といふものを、おむな（女）もしてみむとてするなり」という冒頭の文章が有名なように、『土佐日記』は女性とかな文字・かな文学との結びつきの強さを示す象徴的な作品である。土佐国府から京都の自宅までの船旅の日記という形式をとりながらも、その内容は乗船した女性や童らを中心とした「和歌入門書」としての特徴をもっていた。

しかし、この日記の特徴の一つに和歌と漢詩との架橋があったことはあまり知られていない。貫之のこの目論見は日記の何カ所かで確認できるが、有名な箇所を紹介しよう。

それは帰路の船中で、中国へ渡った阿倍仲麻呂の和歌を紹介したところである。仲麻呂が帰国に際して（実際は帰国できなかったが）、あの有名な

あをうなばら（青海原）ふりさけみればかすが（春日）なるみかさのやま（三笠山）にいで（出）
しつき（月）かも

という和歌を詠んだものの（原句の初句は「あまのはら」〈天の原〉である）、和歌なので中国人には理解できないだろうと思っていたところ、通訳が漢語に直してくれたため「いと思ひの外なむ賞で」

てくれた、という寓話を紹介した後、貫之は次のように自分の考えを述べている。

　唐とこの国とは、言異なるものなれど、月の影は同じことなるべければ、人の心も同じことにやあらむ

中国と日本とでは言葉が違うが、別れを惜しむ気持ちには変わりがないから、詠んだ歌が漢詩であっても和歌であっても詠む人の心は同じである、というのである。ここには『土佐日記』が女性に託したかな文学で、和歌を中心とした日記であるにもかかわらず、漢詩と和歌の優劣を競うような意識はない。ここにも当時の貴族の漢詩と和歌に関する認識が反映されていると評価することができよう。

また、『枕草子』の作者清少納言も『源氏物語』の作者紫式部も漢詩文の素養に秀でていたことは有名である。それは紫式部のあだ名が漢文で書かれた「六国史」をよく読み理解できたことから「日本紀の御局」といわれたことを紹介するだけで十分であろう。

●漢詩文素養の習得

最後に、かな文学の作者たちが漢文・漢詩文の優れた素養を身につけた要因について簡単に説明しておこう。それは、これまでの漢詩文の知識の摂取を前提に、この時期に漢文を用いた日本の知識に関する初級教科書が多数編纂されたことである。

その早い例は、菅原是善が道康親王（文徳天皇）のために漢字の発音を解説・決定するために著した『東宮切韻』（八四七～五〇年頃）であるが、それに続いて先に述べた源順の『倭名類聚抄』も勤子内親王の求めに応じて編纂された和名に関する百科辞書であったし、十世紀後半には源順の弟子

の源為憲が『口遊』『世俗諺文』『三宝絵詞』を著している。『口遊』は藤原為光の子松雄のために公家としての基礎的な知識を教えるための手引き書であり、『世俗諺文』は藤原頼通のために街や巷に流布していた諺文（ことわざなど）の典拠を、経籍や釈典仏書を引いて明らかにしたものである。『三宝絵詞』は冷泉天皇の皇女尊子内親王のために著した仏教史と仏教説話集である（絵は欠如）。先述した菅原道真の『類聚国史』も貴族の子弟が六国史の先例を探すテキストとして使用したに違いない。

このように、九世紀後半から十世紀にかけて、天皇や貴族の子女の基礎教養のための初級教科書が多数漢文で著されたことが、彼らが漢詩文の素養を習得する大きな要因となったといえよう。

●五台山仏教の受容

次は浄土教の発展についてである。浄土教は、現世の社会不安から逃れて来世において極楽浄土に往生し、悟りを得て苦しみから逃れることができる、という教えで、極楽浄土に導いてくれる阿弥陀仏に対する信仰として広まった、と説明されるが、この教えが中国の仏教の影響を強く受けて成立したことを記している教科書は少ない。最近の研究では、入唐僧・入宋僧の活躍で中国から浄土教がもたらされ、それによって浄土教が国内に流布していった様相が豊かにされている。

その先陣を切ったのが延暦寺の円仁であった。円仁は中国仏教のメッカ五台山（山西省）に学び五台山の念仏行を延暦寺にもたらして、十世紀には天台浄土教を生み出したといわれるし、彼の後、中国に渡った恵萼も五台山仏教を日本に請来し、浄土教の流布に貢献した。

唐滅亡後も僧侶の渡航は継続したが、十世紀に入ると呉越国との関係が深くなり江南仏教が日本にもたらされた。九五三年から五七年に中国に渡った日延は中国の唐時代初めに撰述された浄土往生伝の「往生西方浄土瑞応刪伝」などを請来し、十世紀末の日本天台宗隆盛の基礎を作った。一方、十世紀末に宋に渡った東大寺僧奝然は、宋の太宗から「釈迦瑞像」や「開宝殿（版本一切経）」・「新翻訳経」など北宋仏教を象徴する文物を下賜され、北宋仏教を日本にもたらした。

このようにして、五台山仏教のさらなる受容を通じて日本天台浄土教の急速な発展が形作られた。もちろん、五台山仏教をそのまま受け入れたのではなく、当時の宋仏教の主流を占めた禅宗は拒絶するなど自覚的な選択によって日本仏教の独立性も実現したといわれる。この後も寂照さらには成尋らも入宋し日本仏教に影響を及ぼすが、時代的にややずれるのでこれ以上は述べない。

日本の浄土教の進展が入唐僧・入宋僧などが中国から積極的にもたらした仏典や書籍などを選択的に受容したことと、その受容を踏まえつつも日本の僧侶や文人貴族らがそれらを日本的に改編することによって実現されていったことは明らかであろう。

●国内知識人の活動と勧学会

このような入唐僧・入宋僧の活躍によって日本仏教が変化する過程を経験した国内の僧侶や文人貴族の中にも浄土信仰の整備を目指す者が現れた。その代表が源信で、彼は中国などからもたらされた大量の仏典などから「往生」に関する記述を選び出し、「往生」の重要性とその作法をまとめた『往生要集』を著した。この書物は宋にもたらされ、中国の僧侶たちから賞賛されたことはよく知られている。また、慶滋保胤が著した『日本往生極楽記』は先に指摘した日延が請来した『往生西方浄土瑞応删伝』の影響のもと叙述されたことも指摘しておかなければならない。これらの著作が日本における浄土教の進展に大きく寄与したことはいうまでもない。

これら僧侶や文人貴族の活躍の背景として注目したいのが、同時期の彼ら知識人の集団的な活動である。その代表が勧学会である。これは十世紀中頃から文章生（大学寮紀伝道の学生）と延暦寺の僧侶によって始められた勉強会で、比叡山西麓の寺院などに三月十五日と九月十五日に集まって「法華経」をテーマに講義・念仏・作詩を行った。

康保元年（九六四）に比叡山西麓の月林寺（現在廃寺）で開かれたのが最初といわれ、主な参加者は慶滋保胤・藤原在国・高階積善ら文章生と延暦寺の僧侶（人名は不明）であった。中断を含みながら保安三年（一一二二）まで三期にわたって継続した。

初期の勧学会については、源為憲の『三宝絵詞』下巻「比叡山坂本勧学会」に記されている。それによると、その始まりは次のようであった、

大学北の堂の学生の中に志を同じくし、交ひを結べる人相語らひて云はく、「（略）われらたとひ窓の中に雪をば聚むとも、かつは門の外に煙を遁れむ。願はくは僧と契を結びて寺に詣で会を行はむ。（略）経を講じ、仏を念ずることをその勤とせむ。この世、後の世に永き友として法の道、文の道を互ひに相勧め習はむ」と云ひて始め行へる（略）。

「志を同じくし、交ひを結べる人」、「僧と契りを結びて」などという文章は一種の結社を想像させる。『三宝絵詞』によれば、前日の夕方会場に集まり、初日の午前は「法華経」の講読、夕方は弥陀仏の

念誦、夜は仏教や法を讃える漢詩の作成。その後文章生らは中国の詩人白居易の漢詩を、僧侶は「法華経」を朗読して夜を明かし、翌日朝に解散というスケジュールであった。

聖俗の知識人が一堂に会し「法華経」を講義し念仏を唱えるという新しい動向は、先述のように僧侶の源信や文人貴族の慶滋保胤らによって往生を説く仏教書が著される素地になったことは間違いあるまい。そしてこのような動向が同じ文人貴族の源為憲に仏教及び仏教史の入門書である『三宝絵詞』を書かせるに至ったのである。

日本における浄土教の受容と発展は以上のようなものであった。それまでに中国から摂取した知識と十世紀前後から受容した五台山仏教と宋仏教を加味した上、それらを聖俗の知識人が日本的に解釈することを通じて日本社会に定着し発展していったのである。

●本朝意識の形成

国風文化が中国文化の摂取のうえに成り立っていたことを強調しすぎたかもしれないので、国風文化がもつ日本的な内容について最後に記しておくことにしよう。それは「本朝意識」の形成と「日本的知識」の集成についてである。

これまで、摂関時代に正式な国交はなかったものの、海商や入唐僧・入宋僧の活動によって大陸の文物や知識が日本にもたらされたことを指摘してきたが、その一方でそれまで大陸から受容してきた知識を相対化し、それをもとに日本を見直そうという意識・風潮が現れた。それは先述した『古今和歌集』や『類聚国史』の日本的な価値観に基づいた編目編成とそれに基づいた「類聚」という作業にすでに現れているが、それだけでなくこの時期に「本朝」や「日本」などを書名に冠した書籍が編纂されたことにも注目したい。

これもすでに述べたように、源順の『倭名類聚抄』や慶滋保胤の『日本往生極楽記』がその代表だが、それ以外に藤原佐世の『日本国見在書目録』の作成（八九一年頃）、深根輔仁の『本草和名』の編纂（九〇一〜二二年）などが九世紀末から十世紀初頭に行われた。前者は書名のとおり九世紀末の時点で日本に現在する漢籍の分類目録である。掲載されている書籍は一五七九部、一万六八九〇巻に及んでいる。後者は唐の『新修本草』を中心にその他の漢籍医学書や薬学書に記載されている薬物に「和名」を当て、日本産出の有無や産地を記している。これらの著作には、中国の知識を前提にしつつも、それを日本という立場・視点から捉え直そうという意識が明瞭に読み取ることができる。

その後、この傾向は漢詩文集に継続し、『日観集』（大江維時編）、『扶桑集』（紀斉名編）、『本朝麗藻』（高階積善編）などが編まれた（「扶桑」は日本の別称）。そして藤原明衡編の『本朝文粋』（十一世紀前半）で頂点を迎える。これは中国南北朝時代の『文選』に倣った漢詩文集で、嵯峨天皇から後一条天皇までの約二〇〇年間の模範となる漢詩文四二七編を「賦」「官符」「意見封事」「奏上」など三十八に分けて編集したものである。

以上のように中国に範をとりながらも、日本という視点から書物を編纂したり漢詩文集を作る意識を「本朝意識」と呼んでいるが、このような意識が明確になるのも九世紀後半から十世紀前半にかけてであった。このことは国風文化のなかにこの本朝意識が色濃く反映されていたことを示している。

というより、教科書などではほとんど説明されないが、いわゆる国風文化の時期に上記のような中国に範をとった辞書や漢詩文集が作られたことこそ注目しなければならない。中国の文化・知識の受容を前提にしながらも、日本に焦点をあてて日本という国・社会を捉え直そうという働きもまた国風文化の形成を支えていたのである。

かな文学の『伊勢物語』が「あづま」（東国）を意識し、『土佐日記』が土佐から京までの海路を叙述し、『枕草子』が貴族社会の人生の機微や京周辺の風景を描写し、『更級日記』が下総から京までの東海道の風景を描いているのも、この本朝意識のなんらかの反映とも考えられる。

●日本的知識の形成

これについては、これまでに記述してきたので改めて紹介するまでもないが、『倭名類聚抄』のような辞書や『三宝絵詞』などの初級教科書の編纂、さらに『本朝文粋』の日本の模範的漢詩文の集成などはまさに日本的知識の集成を推進し実現する作業であった。また、十一世紀前半に下級貴族の一家に託して、京およびその周辺に住む人々の多様な職業とその職能を書き分けた「往来物」（初級教科書）の『新猿楽記』（藤原明衡著）が著されたことも記しておきたい。その意味では国風文化はまさに日本的知識の集成の上に成り立った文化であったともいえる。

もう一点付け加えるならば儀式書の編纂もあげることができる。源高明の『西宮記』（九六九年頃）、藤原師輔の『九条年中行事』（十世紀中頃）、藤原実頼の『小野宮年中行事』（十一世紀前半）、藤原公任の『北山抄』（十一世紀前半）などが次々と著された。このこと自体、これまでの年中行事を当時の宮中や貴族社会で行われていた儀式を基準に整理し直して、今後の儀式を挙行する際の役に立てようとする行為で、日本的な年中行事を集成しようという作業であると評価できよう。

このような日本的な儀式の成立を目指した嚆矢(こうし)は藤原基経(もとつね)が仁和(にんな)元年（八八五）に清涼殿(せいりょうでん)の東廂(ひがしびさし)に設置した「年中行事障子(ねんちゅうぎょうじのしょうじ)」である。この障子の成立と性格に関しては諸説あるが、一年中の公事（公的な行事）と「服仮(ぶつか)」（喪に服すべき期日）や穢(けが)れが全二八四条にわたって書き連ねられている。そしてこの障子が重要なのは、先に紹介した平安時代中期の儀式書の共通の基盤になっていることである。日本的な儀式書の成立も国風文化の重要な要素であったのである。

●「穢れ」観念の定着

この「年中行事障子」でさらに注目したいのは「服仮」とともに「雑穢(ぞうえ)」が記載されていることである。人の死や出産、女性の生理など血に関わることを忌む「穢れ」の観念は平安京遷都時から確認され、承和九年（八四二）に鴨川・桂川の河原に捨てられていた髑髏(どくろ)を悲田院病者に処理させた頃から肥大化が確認できるが、穢れに関する服喪(ふくも)規定が書かれたのはこの障子が初めてであった。そこには次のように記されている。

　雑穢の事
　一　人の死を忌むは三十日。産は七日。（略）
　一　六畜の死を忌むは五日。産は三日。（以下略）

人の死に会った人は三十日間、同じく出産に会った人は七日間喪に服さなければならない、というのである。同じく「六畜（りくちく）」＝動物の死と産の場合は五日と三日であった。九世紀後半に死と出産にともなう「血」を忌む観念が貴族社会に広がっていたことを示している。

実は、この規定が十世紀前半に編纂された律令の施行細則をまとめた『延喜式（えんぎしき）』の「穢忌（えき（えげ））」に関する条文に踏襲されていることこそ重要である。

『延喜式』「神祇三、臨時祭」の「穢忌」条には次のように記されている。

> およそ穢悪（あ）しき事に触れ、まさに忌むべきは、人の死は三十日を限る。（略）産は七日。六畜の死は五日、産は三日。（以下略）

「年中行事障子」とまったく同じ規定である。さらに『延喜式』の同箇所には女性の「懐妊（かいにん）・月事（げつじ）（生理）」についても規定されていた。

> 凡（およ）そ宮女懐妊せば、散斎（さんさい）の日の前に退出せよ。月事有らば、祭日の前に宿廬（しゅくろ）に退下し、殿に上ること得ざれ。

宮中に仕える女官が妊娠した時は「散斎」＝神事の前に行う潔斎の前に宮中から退出しなければならず、生理になったときは宮中に設けられた宿所に退き、儀式が行われる殿舎に上ってはいけない、というのである。

このような規定が国家が編纂した『延喜式』に載せられたことは、死・産・生理などにともなう「血」を忌避する観念が貴族社会に肥大化し、それを国家が公的に規定し管理しなければならなくなっていた状況を示していよう。

しかし、国家がいくら規定・管理しようとも、逆にいえば管理すればするほど貴族社会では強く意識化され、その観念は一層肥大化することになった。それは、摂関時代の貴族の日記に宮中に犬の死骸があったため政務が中止になったとか、儀式の責任者が「穢れ」に触れたため出仕できず儀式が中止になった、という記事が散見することによく示されている。

このように、人や動物の死や出産を忌んだり、女性の生理を忌む観念もまた国風文化の時代に確立したのである。この観念が現在まで日本社会の中に生き、葬儀の際の「清めの塩」や現在も残る被差別部落の問題などとして私たちの生活に深い影響を与えていることは、国風文化を考える時直視する必要があろう。

華やかな宮廷生活や日本的な文化の発展だけが国風文化ではなかった。その背景には現在の私たちの生活まで刻印する観念の形成もまた含まれていたのである。

●改めて国風文化の特徴を考える

以上、国風文化が、それまでに受容した唐風文化を踏まえつつ、新たにもたらされた呉越や宋の仏教や文化を加味した上、それらを当時の貴族や知識人の生活感覚や価値観・「美意識」などをもとに、日本的な内容をもつ文化として作られてきたことを概観した。

そこで強調したのは、まず、これまでのように「唐風文化から国風文化へ」という二者択一的に理解することを排除しなければならないことである。二つ目は、国風文化形成の要因として、唐・新羅の滅亡後、海商や入唐僧・入宋僧らの活躍で呉越・宋・高麗からの新たな文物や仏教がもたらされたことを評価すべきことである。三点目は、国風文化の「和風」的な内容も当時の貴族層や知識人の基礎教養であった漢文・漢詩文の素養のうえに成り立っていたことである。第四は、その一方で、当時の東アジアの政情や文化の変化を受けて、知識人内部でも日本および日本社会を見直す動きが現れ、それが「本朝意識」という考え方を作り出し、日本的知識の集成を準備したことである。かな文字を用いた和歌やかな文学の発展、さらに浄土教が急速に広まったのもこの意識の反映と考えられる。そして一方で、このような意識が「穢れ」観念を生み出す素地になったことも忘れてはならない。

近年、国風文化を見直す研究が進んでいるが、その特徴は国風文化のなかの個別の文化の内容に関する研究であり、摂関時代の意識や思想さらにそれを支えた僧侶や知識人の動向などを総体として捉える方向には向かっていないように思われる。もちろん、個別の文化の特色を明らかにすることの重要性は十分理解できるが、やはり「摂関時代の文化」として国風文化を捉える以上、その時代の文化の総体的な特徴を解明する視点を堅持することが必要でないだろうか。

（木村茂光）

【参考文献】

榎本渉『僧侶と海商たちの東シナ海』（講談社学術文庫、二〇二〇年）
河添房江他編『「唐物」とは何か』（勉誠出版、二〇二二年）
木村茂光『「国風文化」の時代』（青木書店、一九九七年）
鈴木靖民他編『日本古代交流史入門』（勉誠出版、二〇一七年）
吉川真司編『国風文化』（岩波書店、二〇二一年）

2　摂関時代の教育はどうなっていたのか

光源氏は成人を迎えた息子・夕霧（ゆうぎり）を大学に就学させる決断をする。これに反対する夕霧の祖母に、源氏は自身の過去を振り返りつつ次のように語った。

自分自身は、宮中に生まれ育ちまして、世間の事情も知りませんで、昼夜父帝の前に居て、少しばかり、ちょっとした書物を学びました。…まして、この私から子孫へと伝えていきますと、その学問水準の差はとても不安でありまして、このように思い決めたのです。…やはり、才（ざえ）をもととしてこそ、大和魂（やまとだましい）が世間で重んじられることも確実でありましょう。（『源氏物語』少女）

もちろん、『源氏物語』はフィクションであるが、摂関時代の教育のイメージを伝えている。摂関時代の貴族社会では、親族や学識者による家庭内での教育が一般的であったが、その一方で律令制以来の大学のシステムも存続していた。源氏は、息子の大学就学を説得するためとはいえ、大学での学習によって習得される「才」（学問）が「大和魂」（実務的な才覚）の前提となるとの考えを示した。そこで、少し迂遠ではあるが、摂関時代の教育の前提となる大学を中心とする古代国家の教育システムを確認するところから始めよう。

●古代国家と教育

『源氏物語（げんじものがたり）』のなかで、

中国をモデルに国家の仕組みが整えられた古代にあっては、漢字・漢文のリテラシーに始まり、中国古典・法律・数学・医学・術数など大陸文化を教育するシステムの確立は不可欠であった。律令制度のもとでは、都に大学、地方の国ごとに国学が置かれ官吏養成を行ったほか、医学は典薬寮、暦などの術数は陰陽寮で技術者の育成がはかられた。

大学寮は、前身機関である学職の存在を七世紀後半に確認でき、教官には朝鮮半島からの渡来人が多くその任についていた。八世紀の律令国家のもとでも「東西史部」と称された渡来人の子孫たちに大学への優先入学が認められるなど（学令2大学生条）、律令制以前から文書作成の任にあたってきた渡来人にたよる面が強かった。その一方で、早くも八世紀前葉には、遣唐留学生として著名な阿倍仲麻呂・吉備真備のように、渡来系ではない学生で優れた学識を発揮するものも現れた（丸山裕美子「律令国家の教育と帰化人」高橋秀樹編『婚姻と教育』竹林社、二〇一四年）。

大学を中心とした教育のシステムは、学令という律令の編目に体系的に規定された。本科学生以外に、書道・算術を行う学生も置かれたが、以下では本科を中心に、学令の規定を概観しよう。教科書としては、『孝経』・『論語』・『周易』・『尚書』・『周礼』・『儀礼』・『礼記』・『毛詩』・『春秋左氏伝』などの儒教のテキストが採用された（学令5経周易尚書条）。その後、平安時代前期まで、遣唐使を通じて断続的に新たなテキストが舶来して追加され、摂関時代に至った。学習の際は、音博士の指導でテキストを音読・暗唱し、その後に博士・助教などから文意に関する講義を受けた（8先読経文条）。講義の際には、南北朝時代までの中国で作成された注釈書を使用することとされた（6教授正業条）。以上のような規定は、漢字音を教授する音博士の存在を除き、もととなった唐の法文をほぼそのまま引き写したものが多い。

　こうしたテキストの学習だけではなく、孔子を祀る釈奠という年二回の儀式の実施（3釈奠条）、長幼の序の遵守や入学時の束脩という儀式の実施（4在学為序条）、学生の儀式参観（22公私条）といった中国的な儀礼の実施や体験が規定されていた。他方、小テストに不合格だった場合には「決罰」と称して笞で打たれるなど、身分の貴賤に関わらない対応も規定された（8先読経文条）。中国的な礼を重んじる学内秩序がどの程度実行されたかは定かではないが、釈奠は摂関時代にも大学で行われる国家的な儀式として存続し、貴族もその一部に参加した。古代における教育が、儒教に基礎をおくものであった以上、その実践としての中国的な儀礼と一体のものであったことには留意したい。

　大学での学習を終えると、学内での修了試験を経て、官吏登用試験に推薦された。この点は、唐と同様である。ただし、貴族子弟の場合には修了試験を受けずに退学し、父祖の蔭位によって役人となることが認められており（21被解退条）、日本では貴族子弟は教養を身につけるのみで卒業を期待されていなかったとも言われている（古瀬奈津子「官人出身法からみた日唐官僚制の特質」池田温編『日中律令制の諸相』東方書店、二〇〇二年）。男性皇族に配される文学を除いて公的に家庭教師が配されなかったため、大学での学びは貴族層にとって初歩的な学習を終えたあとの学習の機会として機能した。実際に、平安時代前期まで、大学への貴族子弟の就学を促す命令が何度も出されており、摂関時代には見られなくなるものの、上級貴族や天皇の子の就学も見られた。

　大学修了後の任官試験には、大学の学科に対応する明経試以外に、文学的作文力を問う秀才試・

進士試、法律の専門性を問う明法試があった。後者に対応するためには大学の正課以外の学習が必要となるが、日本では大学外の教育環境が不十分であった。そこで、文学を学ぶ紀伝、法律を専門に学ぶ明法の課程が天平二年（七三〇）までに設置され、専門の教官の増員も図られた。これらの課程は、九世紀半ばまでに明経道・紀伝道・明法道として確立し、摂関時代に至った。課程の新設と同時期に、学生のうちから優秀な者を選び、学資を援助する得業生の仕組みも導入された。平安時代に入ると、任官試験の受験者は得業生が中心となり、任官試験は得業生試へと変質していった。そのなかで、紀伝に対応する試験は秀才試に一本化され、進士試は廃絶した。また、学生・得業生を一定年数務めることで任官する仕組みも整備され、実務官人や学問の専門家を大学で育成する仕組みは摂関時代にいたるまで継続した。

平安時代前期の詩文を重視する文章経国の機運もあり、本科であった明経道にかわり、紀伝道が勢力を強めた。ただし、博士・助教・直講の三種の教官と四百名の学生枠を擁した明経道に比べると、紀伝道は教官の文章博士二名と文章生二十名からなる小規模なものであった。教官の人数が明経道よりも少なかったため、多くの書を習得するためには大学の正課外での学習が必要となり、菅原氏の私塾である菅家廊下に見られるように、学外で私的に教えをうけることがあった。そこで、菅原氏・大江氏・藤原氏（南家・北家・式家）など、紀伝道に関するノウハウを持つ特定の一族が博士の地位を世襲的に獲得することが十世紀には見られるようになった。また、文章生の定員も少なかったため、その前段階として擬文章生二十名が置かれた。基本的には、本科の学生から擬文章生へ、さらに文章生、文章得業生へという段階を踏みキャリアを積んだ。

●摂関時代の大学就学と官途―紀伝道の学び

摂関時代に入ると、紀伝道以外の明経道・明法道・算道などでも、十一世紀以降、特定の氏族が教官職を占める傾向が強まった。摂関時代は、それぞれの専門分野が特定の家によって継承される家学へと徐々に変質しはじめた時期であったと言われる。それぞれの道の学生のなかで、将来は教官になるような者が得業生から得業生試を経て任官したり、隔年（明経道は毎年）実施の諸道挙（しょどうきょ）と呼ばれる教官の推薦で学生が諸国の任用国司（にんようこくし）に任官するなど、大学修了後の官途も固定化された。

これら三道に対して、紀伝道はやや恵まれた状況にあった。紀伝道の場合には、得業生にいたる前段階として、擬文章生・文章生の二種があり、多くの場合は文章生として年数を経たことを理由に諸国の任用国司に任官した。その後は、中央の官職を務めた後に受領となるライフコースをたどる者も多く、諸国の受領を務めた中級貴族には文章生出身のものがまま見られる。これに加えて、十世紀以降、文章生あるいは文章得業生のままで蔵人に任ぜられるルートもあった。それぞれ、進士蔵人・秀才蔵人と称され、その後に中央の官職へと進むことが出来た（岸野幸子「文章科出身者の任官と昇進」『お茶の水史学』四十二）。つまり、紀伝道に学ぶことで一定程度の昇進を遂げることも可能であり、摂関時代にいたっても中・下級貴族の就学は継続した。『源氏物語』の夕霧ほどではないものの、二世源氏や二世王の就学も十世紀後半までは確認できる。

では、紀伝道の学びとはどのようなものだったのだろうか。冒頭で触れた『源氏物語』・少女巻の夕霧のその後を辿りながら、紹介しよう。源氏の方針で大学就学を命ぜられた夕霧は、入学に先立って字をつける儀式を行う。字は大学内でのやりとりに用いられる名前だが、平惟仲が「平昇」、源扶義が「源叔」、藤原広業が「藤淋」のように（『公卿補任』）、姓の一字と良い意味の漢字の二字でつけられる場合が多かった。

これに続き、入学の儀式が行われる。入学は学令に規定された束脩を継承するもので、入学する学生が教えをうける博士らを接待する儀式であった。大臣の子である夕霧の場合は、大学寮内に寄宿せず自邸内に学習所を設け、源氏が抜擢した大内記（紀伝道出身者が多く就任する詔勅を起草する官）から教えを受けて学習に励んだ。通常は、紀伝道の文章院に寄宿したほか、藤原氏の勧学院のような大学別曹と呼ばれる氏ごとの子弟のための教育支援施設があり、これに寄宿する場合もあった。

入学の時点では、ひとまずは大学本科の学生（明経道）の身分となり、紀伝道に進むためには擬文章生となるための試験（寮試）を受けなくてはならない。寮試では三史（『史記』・『漢書』・『後漢書』）の一書から五箇所を読み解くことが課されており、三題以上で合格となった（延喜大学式37擬文章生条）。平安時代後期には、出題されるテキストは『史記』に固定され、本紀から二題、世家から二題、列伝から一題と出題される巻次まで指定されるようになった（『源氏物語奥入』）。夕霧は、大学の講義で七百七十日をかけて教授する『史記』を四・五か月で読み終える真面目さを発揮したという。

寮試の前には、源氏も臨席して試験の練習を行わせた。教師である大内記に寮試で問われそうな箇所を重点的に質問させて知識の定着をはかった。結果、夕霧は寮試を易々と突破する。寮試の内容は、ただ漢籍を読むだけかと思われがちだが、唐代までの注釈書をもとに精確に読む必要があった。例えば、漢籍を訓読するときに、文意を通じやすくするために文や字句を入れ替えて読むことがあり、これを乱脱という。十一世紀後半を代表する文人・大江匡房が俊才・藤原実兼に対して史書を読む秘説としてあげたのは『史記』・『後漢書』の乱脱の箇所であった（『江談抄』五―七十三）。こうした博士の読み方は、平安時代初期以来の学問的な蓄積に依拠したもので、現在残る写本にも「師説」として本文に書き込まれている。内容的には、本文の校異、漢字音、訓読、解釈の多岐に渡る（小林芳規「訓点資料における師説について」『平安鎌倉時代に於ける漢籍訓読の国語史的研究』東大出版会、一九六七年）。学識豊かな大内記は、こうした点を踏まえ出題されそうな箇所を丁寧に解説したのだろう。

寮試を経て擬文章生になったあと、文章生へと昇任する省試（式部省が実施）を受験するまでには数年かかるのが普通だった。赤染衛門の夫として知られる大江匡衡の場合は十六歳から二十四歳まで擬文章生として過ごした（『江吏部集』中）。擬文章生になっただけでも、貴族が参列する釈奠での詩宴に招集される釈奠文人となる場合が多く、貴族社会で名を知られる契機となった。省試の課題は、指定の題・条件で詩を作ることで、実施は毎年春秋二回とされた（延喜大学式36文章生試条）。ただし、文章生の欠員状況などにより定期的な実施とはならず、その一方で、天皇の行幸の場の詩宴を特別の省試と見なして文章生に登用する例が十世紀後半以降見られた。

夕霧の場合は、朱雀帝が夕霧に機会を与えるために、行幸に際して臨時の省試を行わせた。夕霧はこの機会をものにして文章生となった。一般的には、専門家を目指して文章得業生となる者を除き、文章生として年数を積むなかで任官した。太政大臣の息子であった夕霧の場合は、その年の秋に侍従に任官して、大学の世界をきわめて短期間で駆け抜けた。

夕霧の例は別として、多くの擬文章生は相応の努力を積んで試験に臨んだ。九世紀後半のことだが、菅原道真の省試受験の際は、毎日、父・是善が詩を作らせて特訓し、その数は数十にのぼったという（『菅家文草』巻一・四）。なおかつ、省試に及第できるかはその後の人生に直結する切実な問題であった。そのため、摂関時代には試験の判定をめぐる争論が頻発した。

例えば、長徳二年（九九六）の省試では、出題者の菅原輔正が九人を合格としたものの、大江匡衡が七人の詩には問題があるとして異を唱えた。合否をめぐる問題は公卿たちの判断を仰ぐ場に持ち越され、それぞれの意見書を検討した結果、輔正が根拠となる文章の反切（漢字音）を書き改めたことが明らかになり、匡衡の意見が採用され、合格者は藤原広業と佐伯喜成の二人とされた（『日本紀略』長徳二年十一月二十六日・十二月六日）。翌、長徳三年には匡衡の関係者である大江時棟の省試落第をめぐり、時棟を弁護する匡衡と判定結果の妥当性を主張する大内記紀斉名との大論争に発展した（『本朝文粋』巻七省試詩論）。

文章生となった後に専門家を目指す者は、学問料と呼ばれる奨学金を得てさらに勉学を積んだ。その後、博士の推挙により文章得業生となって、秀才試の受験を目指した。ただし、受験には得業生として七年以上のキャリアを積む必要があったため、特別に許しを得て文章生のままで受験するなど期間を短縮する場合もあった。前出の藤原広業などは、文章生から進士蔵人となり、文章得業生に進み、文章生となってから約二年で秀才試を突破する俊才でもあった。

秀才試では、対策と呼ばれる論文二本の作成が課された。ここでは、対句などの技巧をこらした流麗な四六駢儷文を用いて、様々な古典の内容に目配りしながら根拠をもった論理的な文章を作成することが求められた。試験の出題と判定は、式部省の高官のうち学識者が務めることが多く、要求水準の高い難関試験であった。その課題は、奈良時代ならば、賞罰のあり方（天平三年〈七三一〉）、新羅への外交をどうすべきか（天平宝字元年〈七五七〉）、といった現実の政治とも関連するテーマも見られた（『経国集』巻二十）。しかし、摂関時代には、「松竹」とはどのようなものか（長徳四年〈九九八〉）、「耆儒」（老いた学者）のあり方を示せ（長保三年〈一〇〇一〉）など（『本朝文粋』巻三）、文学概念や統治理念などの抽象的な問いに終始し、紀伝道の専門家としての高度な作文能力を証明するに過ぎなかった。

以上をまとめると、専門家の道をたどらなかったにしても、大学寮の紀伝道は中・下級貴族の教育機関として一定の役割を果たした。文章生となるまでに、寮試で史書への習熟が、省試で詩作の能力が問われた。詩作の場合は、漢詩作成のルールに加えて様々な故事や『文選』・『白氏文集』など文学書に親しむことが不可欠となる。この過程で、中国文学を読み解く下地を身につけ、詩宴できちんとした漢詩を読んだり、行政文書・書状などを教養ある文章でしたためる学力が身につく。文章生を務めあげたことを「成業」といい、貴族社会のなかでは文章に通じた人物としてある程度は評価された。

●貴族子弟の学び

摂関時代の大学寮での中・下級貴族を主たる対象とした学びが紀伝道の古典学習であったとして、それは摂関家のような上級貴族にも同じように当てはまるものなのだろうか。やや時代が降るものの、大江匡房の次のような言談が伝わっている。関白・藤原師実が勉学に励まない自分の後継者を嘆いたところ、匡房は以下のように返答した。

> 摂政・関白は必ずしも漢才がなくとも、大和魂さえしっかりとしていらっしゃれば、天下の政治を行いえましょう。紙を四・五巻つなげて「只今馳せ参らしめ給うべし」「今日、天晴る」などと書かせなさるのが良い。十・二十巻さえ書かせなされば、立派に学んだ者となられましょう。
>
> （『中外抄』下・三十）

匡房は、摂関には紀伝道の学者のような「漢才」（学識）ではなく、実用的な知識さえあれば良いとし、その具体例として公家日記の常套句を例示している。本章冒頭の『源氏物語』での光源氏の発言と対照的な考えとして興味深いが、実際にはどうだったのだろうか。

摂関時代の貴族社会でも漢籍が重んぜられ、教養として習得すべき対象と見なされていた。上級貴族や天皇・皇族の子弟の場合は、基礎的な文字の読み書きを習得した後、漢籍を学び始める儀式として、読書始（書始）が行われることがあった。十一世紀には、七歳前後で行う例が多く、『源氏物語』の光源氏もその例にもれない。文人の大江匡衡は十歳ではじめて書を読んだというので（『江吏部集』中）、このぐらいが漢籍に接する適齢期なのだろう。読書始で天皇・皇太子はそれ以前からの伝統により『御注孝経』を読み、摂関家の子弟は、藤原頼通は『古文孝経』、その子息・師実以降は『史記集解』を読むようになった（『江家次第』巻二十）。

読書始の場には、専門の学者が教師役として参加した。本文の意味を解説する者を博士、本文を読み上げる者を尚復と呼んだ。学習者にはテキストだけではなく、紙に凹みをつけてメモするための角筆、訓点を記した点図なども準備された。しかしながら、学習の場に多くの貴族層が立ち会う都合もあってか、実際に学ぶのは『孝経』ならば冒頭の「御注孝経序」の五字のみで学習実態は伴わなかった。また、貴族たちも書籍を広げて参加したものの、長和三年（一〇一四）の敦成親王（後一条天皇）の読書始では書籍が足りず、『御注孝経』ではない書籍を携えた貴族もいたという（『小右記』長和三年十一月二十八日条）。テキストの続きの講読には貴族たちは立ち会わないので、最後まで読書が行われたのかも心許ない。十世紀までは、天皇と貴族が学者を招いて漢籍や『日本書紀』などを読み進める読書儀も見られた。そうした読書儀から派生して読書始も行われるようになったのだが、徐々に、学習者の学問的な資質をアピールすることに重点が置かれた。

また、『孝経』などの初歩的な漢籍を読んだ後に儒教テキストを読み進めるかと言えば、多くの場合はそうではなかったように思われる。九世紀末に宇多天皇が息子の醍醐天皇のためにまとめた訓戒である『寛平御遺誡』のなかには、

> 天皇は、幅広い分野の書物すべてに深い理解を持っていたなかったとしても何の遺恨があろうか。ただ『群書治要』のみを早く学習すべきだ。大したことのない文章のために、時間を無駄にして

（『明文抄』）

はならない。

という記述があったという。『群書治要』は、唐の太宗の命で治世の参考とすべき文章を諸書から抜き書きした書物で、即位間もない醍醐天皇（十六歳）は昌泰元年（八九八）に群臣を前に読書始でこの書を読んでいる（『日本紀略』昌泰元年二月二十八日条）。藤原道長も一条天皇に本書を献じている（『御堂関白記』寛弘元年〈一〇〇四〉八月二十日条）。多くの漢籍を順番に学ぶのでは無く、優先度の高いものから身につける。そのような姿勢を確認できるだろう。

　上級貴族の例を紹介しよう。藤原道長の祖父・藤原師輔の家訓である『九条右丞相遺誡』では、朝に読書して夕に習字することを成人後の貴族の嗜みとしている。道長と同時期の藤原行成は、元服したばかりの息子・良経に対して、『和名類聚抄』・『口遊』と自らが臨書した兼明親王の書を与えている（『権記』寛弘八年〈一〇一一〉十一月二十日条）。この二例からは、貴族の嗜みとして書が読書とならんで重んぜられていることが確認できよう。

　読書については、藤原良経の場合には、いわゆる幼学書を与えられている。『和名類聚抄』は、醍醐天皇の皇女である勤子内親王の求めで源順が編纂した事典で、それまで中国で作成された事典の分類・説明を踏まえながらも、項目に対して日本語名（＝和名）を掲載した点に特色があった。序文でも、「俗世間（の発想）に近く、必要な時に便利で、忘れて思い出せないときに、コレだというのが指し示されるようにしようとした」という編纂の方針が述べられている（『和名類聚抄』序文）。『口遊』は、藤原為光の長男の松雄君（藤原誠信、当時七歳）のために源為憲が編纂した書で、分類ごとに口に出して暗唱すべき内容をまとめている。実際に、中国古典の知識だけではなく、宮城の門の名称、かけ算の九九など貴族の実生活に密着したものを採用している。源順・源為憲とも文章生出身の貴族であり、その学識を踏まえた書となっている。

この他にも、摂関時代には幼学書がまとめられた。そのなかで、源為憲が藤原頼通（十六歳）のためにまとめた『世俗諺文』を紹介しよう。本書は、詩文作成での利用を念頭に、当時よく用いられたフレーズを収集し、出典を示して解説したものである。例えば、「152七歩才」は、平安時代の漢詩文にも散見されるが、本書では『世説新語』を出典として引用し、意味を説明する。本書の唯一の写本である旧観智院蔵本（鎌倉初期）では、「七歩（上）才（平）」のように熟語や漢詩作成に必要とされる漢字音のアクセント（平仄）も書されており（濱田寛『世俗諺文全注釈』新典社、二〇一五年）、中国古典に典拠を持つ詩文を作成するアンチョコとして本書が用いられたさまがうかがわれる。さらに、この世の全ては王のものであるという意味の「13溥天の下、王土に非ずといふこと莫し」のように詩文での利用はまれだが、太政官符などに見え、行政文書で用いられる表現も収載されていた。

どの幼学書も、特定の個人を対象に作成されたが、当時の貴族社会の要求に応じたものだったため広まっていたことが看取される。摂関時代以前から、『千字文』・『蒙求』・『李嶠百二十詠』など中国で作成された幼学書が用いられていた。上級貴族は、漢詩を読んだり、行政文書の内容を確認したりと漢籍に対する教養が必要とされた。しかしながら、そうした具体的な場面で必要な知識の習得が重要なのであり、紀伝道の専門家のような系統的な教育はそれほど期待されていなかった。そこで、より簡便に必要な知識を習得できる参考書として、幼学書が登場・普及していった。平安時代後期には、『明衡往来』など書状の文例集も登場し、バリエーションが増えた。

●女性と教育

最後に、貴族女性の教育・学習について触れておこう。女性と言えば、仮名文字・和歌という伝統的なイメージがある。実際に、村上天皇の女御であった藤原芳子について、その父・藤原師尹が書・琴・『古今集』を身に着けさせ、芳子は『古今集』の歌・作者に関する天皇の問いに全て答えられたという逸話がある（『枕草子』第二十一段・清涼殿の丑寅の隅の）。その一方で、『源氏物語』が『長恨歌』の影響を受けていることに代表されるように、仮名文学の書き手である女性たちも中国文学に対する造詣があった。

紫式部は、『源氏物語』が貴族社会で話題となり、作者である彼女の学識が広まったときを振り返るなかで、自身の幼時の学習経験を回想している。父・藤原為時が弟に漢籍を教授するのを横で聞いており、弟が読むのに手間取ったり忘れてしまうような部分を、すらすらと読みこなしたために、自分が男性ではないことを父が嘆いたほどだったという（『紫式部日記』・第五十一段）。紫式部の父・藤原為時は文章生出身であり、彼女は他の女性以上に漢籍にふれる機会が多かったのだろう。

このように文章生を経て官途につく貴族の家で、漢籍を習得した女性の例は他にも知られる。清少納言が仕えた中宮定子の母・高階貴子は、円融天皇に仕える内侍として活躍し、天皇主催の詩宴に漢詩を献じて評価をうける「まことしき文者」と評され、その子女にも漢籍の教養を身につけさせていた（『大鏡』道隆伝）。さらに、文学作品のなかには、内侍のような宮中の要職に就けるために、意図的に漢籍を学ばせた場面も見受けられる。

平安初期の文人・小野篁を主人公とする『篁物語』は、平安時代中期以降の成立と見られるが、篁が異母妹に漢籍を教授する場面を含んでいる。その際の記述には、

すだれ越しに几帳をたてて読ませた。篁は、とても趣深い様子を見て、少しなじんでいくままに、（女性の）顔を見ておしゃべりなどもした。文のて（点図）というものをとらせたところ、見てみると、角筆で（歌を）一首書いていた。（『篁物語』）

とある。個人教授のなかで二人の慕情が生じていくという展開の一部ではあるが、点図・角筆という男子の正式な漢籍学習の道具を用いた、本格的な学習の場面であった。親は、女官ながら政務に関与する場面も多い内侍にしようと思い、娘に漢籍を学ばせたのだという。

ただし、内侍のように政務にかかわる場面が多い場合を除き、女性の漢籍学習は純文学的な面が強かった。例えば、『枕草子』のなかで、二月初旬の年中行事を評した章段には、

二月、太政官庁で定考ということをするというが、どんな行事なのだろうか。孔子などの像を掲げ申し上げて行うことであろう。聡明といって、天皇・中宮にも変な形のものを土器に盛って献上する。…（『枕草子』一二七段・二月、官の司に）

とある。ここで説明されているのは、大学で孔子などをまつる釈奠のことで、釈奠の際には供物の一部（「聡明」）が宮中にも献じられることとなっており、清少納言自身の宮中での体験をもとに具体的

な記述がなされる。一方で、孔子をまつる儀式である釈奠を、六位以下の官吏昇任の儀式である定考と混同している。学問に通じているとは言っても、大学に学んだ文人とは隔たりがあった。

（櫻聡太郎）

【参考文献】

河野貴美子他編『日本「文」学史　第一冊』（勉誠出版、二〇一五年）
野田有紀子「平安貴族社会における女性の漢才評価と書状」（『お茶の水史学』六十三、二〇二〇年）
桃裕之『桃裕行著作集　第一巻　上代学制の研究』（思文閣出版、一九九四年）
フランシーヌ・エライユ、三保元訳『貴族たち、官僚たち—日本古代史断章』（平凡社、一九九七年）
和島芳男『中世の儒学』（吉川弘文館、一九六五年）

3　摂関時代の外交・国際交流はどうなっていたのか

邪馬台国以来の古代日本（倭国）の対外関係を見通すと、中国大陸との関係は切っても切れないものである。特に、唐は、遣唐使の派遣、鑑真の来日や留学生・留学僧の派遣などによって、日本の政治・経済や文化など様々な面で影響を与えた国家である。その唐が、日本の平安時代において、ついに滅亡してしまう。

●唐滅亡と激動の東部ユーラシア

九〇七年、すでに崩壊寸前であった唐が名実ともに滅亡した（森部豊『唐―東ユーラシアの大帝国―』中公新書、二〇二三年）。朱全忠が唐最後の皇帝哀帝から禅譲の形をとって皇帝となり、大梁（後梁）を建国し、唐は消滅することとなった。中国大陸では、汴州（開封）・洛陽を中心とする華北には「後梁・後唐・後晋・後漢・後周」の五王朝が相次いで興亡し、各地には節度使が自立した「呉・南唐・呉越・閩・荊南・楚・南漢・北漢・前蜀・後蜀」といった十国が割拠した「五代十国」と呼ばれる分裂の時代となった。

九三六年、後唐の臣下の石敬瑭が、モンゴル高原東部で活動した遊牧民族の契丹と手を結んで後晋を建国した。後晋は、建国支援の見返りとして契丹に「燕雲十六州」を割譲したが、契丹との関係はほどなくして破綻し、九四七年に契丹の侵攻を受けて滅亡した。契丹は同年に国号を遼として一時華北を支配したが、漢民族の抵抗を受けて北方に引き上げた。その隙に、後晋の節度使であった劉知遠が同年に後漢を建国した。しかし、わずか四年後の九五一年に、同じく節度使の郭威によって帝位を奪われ、後周が建国された。

九六〇年、後周の近衛軍の司令官であった趙匡胤が帝位につき宋を建国し、その後、順次各国を併合して、九七九年に中国再統一が完了した。この流れに連動するような形で、周辺地域でも勢力図を塗りかえる動きが見られる。

①朝鮮半島

新羅では、九世紀以来、内乱や災害・飢饉が相次ぎ、社会情勢が不安定であった。九世紀末には、地方勢力の反乱を引き起こした。そのなかで特に有力な甄萱の後百済、弓裔の後高句麗（のちに王建の高麗）が新羅と鼎立する、いわゆる「後三国時代」を迎えた。

八九二年、旧百済地域で反乱を起こした甄萱は、九〇〇年に後百済王を自称した。契丹や十国の一つである呉越国との交通を展開するなど、活発な外交活動を行った。後百済は、九二七年に新羅の都金城（慶州）を襲撃し、新羅景哀王を殺したことで、新羅を形骸化させることにつなげた。

一方、九〇一年に旧高句麗地域で弓裔は、後高句麗（のちに摩震・泰封に国号を改称）を建国した。甄萱の後百済と同様に、契丹との関係の安定化をはかっており、「後三国時代」は半島内にとどまらないものであったことがわかる。九一八年、弓裔の配下の部将であった王建が、弓裔を追放して高麗を建国した。そして、高麗と後百済との抗争が展開する中で、高麗が九三五年に新羅を併合した。同年に後百済では王位継承問題が勃発し、甄萱が実子の甄神剣に追放されてしまい、高麗へ亡命した。翌九三六年に甄萱が王建に甄神剣討伐を要請し、高麗が後百済を滅ぼして、朝鮮半島の統一を実現した。

②東北アジア

九二六年、契丹が渤海を滅ぼした。契丹は、十世紀初めに耶律阿保機が部族をまとめあげ、九一六年に皇帝を称し、契丹を国号とした（その後「遼」と改称したり契丹に戻したりを繰り返す）。契丹は、渤海の故郷を「東丹国」として統治を試みたが、一〇三〇年の大延琳の乱後に、東丹国は解体してしまう（高井康典行『渤海と藩鎮―遼代地方統治の研究―』汲古書院、二〇一六年）。同地域では、「女真」と呼ばれる人びとが分散して存在した。一〇一九年（寛仁三）に日本を襲う「刀伊」は、日本海沿岸にいた女真（東女真）である（後述）。

③中国の南と西

中国の南の雲南では、九〇一年に滅亡した南詔の故地に、九三七年に大理が建国された。この地に、初めて自立した権力が打ち立てられたこととなった。より南方のベトナム北部では、唐が設置していた安南都護府が消滅し、十国の一つの南漢との対立のうちにベトナム人政権が成長し、九六八年に大瞿越国（丁朝）が成立した。

一方、中国の西では、唐との外交・緊張関係を築いていた吐蕃とウイグルの二大国家が唐滅亡以前から衰亡の動きを見せる。チベット高原では、七世紀に吐蕃が成立し、八四〇年代に分権的様相を深めて衰退した。モンゴル高原から中国西部のオアシス地帯では、八世紀に突厥に代わって建国したウイグルが、八四〇年にキルギスに滅ぼされた。

　以上のように、唐の滅亡に前後して、東部ユーラシアの各地域では国家衰亡をともなう大転換期を迎えた。しかし、八世紀末から都を平安京へと遷した日本は、九三〇・四〇年代に大規模な内乱（承平・天慶の乱）が勃発したが、東部ユーラシアの各地域に見える滅亡のような動きは見受けられない。

●唐滅亡と日本

　唐の滅亡にともなう影響を日本が直接受けたとみられる様子はなく、それを特筆する史料も残されておらず、日本の皇族・貴族たちに強い印象を与えたわけではなさそうである。しかし、日本が外交関係を持つ国々の激動の情報はたしかに日本にも入ってきていた。

　唐末期の情勢は、九世紀半ば頃から日本列島に来航した唐の海上商人（海商）や在唐留学僧の中瓘が伝えるものが残っている。中瓘は、寛平六年（八九四）の遣唐使派遣計画の際に、唐海商の王訥らに託して唐の情勢に関わる情報を送り、その情報を得た菅原道真が、遣唐使派遣計画の再検討の審議を提案することにつながる（『菅家文草』巻九・十）。その後、中瓘は、延喜九年（九〇九）にも何かしらの情報を伝えて、日本の朝廷から砂金一〇〇両が送付されており、唐の滅亡にともなう朝廷側からのアクションがあった可能性があろう。

　唐滅亡後の様子は、十国の一つである呉越国を通じて伝えられていた。日本と呉越国との関係は、承平五年（九三五）から天徳三年（九五九）にかけて、八回ほど日本側の史料に記録がある（山崎覚士『中国五代国家論』思文閣出版、二〇一〇年）。例えば、天暦七年（九五三）に、海商の蔣承勲が呉越王の書状を持って日本に来航している。このように、呉越国から日本側へのコンタクトの方法は、国家としての外交使節の派遣ではなく、海商に委託する形で外交関係を構築しようとしたことが特徴である。しかし、日本側は中国皇帝の臣下である呉越王という見方のため、「人臣為るは外交なし」（『礼記』郊特牲）という日本側の外交論理の前提に基づき、外交として活発化することはなかった。ただし、海商が携えた呉越王の書状を返却するのではなく、時の左右大臣が受け取って返書を作成するという形をとっているため、外交を完全に拒絶しているわけではないことには注意が必要である。

ちなみに、呉越国は九七八年に宋に降伏して吸収されてしまう。その後、宋は翌九七九年に中国を統一する。その直後（九八〇・九八二年）に「唐人」が日本に来航した記録があり、呉越国の消滅と宋の中国統一の状況は日本側に伝わっていた可能性はある。しかし、日本と中国王朝との正式な国家間外交（皇帝や王との間の外交関係）は、宋（北宋・南宋）・元代にはなく、明代となった室町時代になって改めて結ばれることとなった。ただし、宋代の対日外交について、宋皇帝と日本の天皇との外交関係（王者外交）ではなく、宋の明州と日本の大宰府が主となって外交文書（牒状）をやりとりする関係（地方官府外交）が主に展開していたことが明らかになっている。そして、その外交文書を運んだのが宋海商たちであった（山崎覚士『瀕海之都―宋代海港都市研究―』汲古書院、二〇一九年）。

渤海滅亡（九二六年）の詳しい情報は、延長七年（九二九）の東丹国からの外交使節が日本に来航したことによって知ることとなる。東丹国は、渤海使として来日経験のある裴璆を大使として派遣した。ここまでの日本と渤海との友好的な関係を利用しながら、契丹（遼）が東丹国を通じた外交を展開しようとしていたのであろうが、その後の記録は見られない。

　朝鮮半島の情勢は、延喜二十二年（九二二）・延長七年（九二九）に来日した後百済王甄萱の使者や対馬の漂流民の送還を通じて把握していた。また、高麗が朝鮮半島を統一した当初に、日本との外交関係を探る動きが見える。統一の翌年の承平七年（九三七）、大宰府を通じて日本宛の外交文書が送付される。その後も数度の遣使がなされているが、日本側は応じようとしなかった。日本と高麗は、一三九二年に高麗が滅亡するまで正式な国交がないままであったが、先述の日宋の地方官府外交のような関係性は見出すことができる（近藤剛『日本高麗関係史』八木書店、二〇一九年）。

　なお、日本と高麗との関係では、寛仁三年（一〇一九）に起こった「刀伊の入寇（刀伊襲来）」においても注目される。十世紀後半以降、朝鮮半島東岸海域において交易活動を展開していた女真人たちが、しばしば高麗とも接触しており、交易がうまく進まない場合に海賊行為が発生していた。そして、その延長線上で、「刀伊の入寇」が発生した。契丹の支配下にあった沿海州地方に居住した「刀伊」（「東女真」）と呼ばれる女真人の一部が、朝鮮半島東岸部から対馬・壱岐・九州北部へ上陸し、住民などを襲った「平安時代が経験した最も大きな対外的危機」（関幸彦『刀伊の入寇―平安時代、最大の対外危機―』中公新書、二〇二一年）である。日本側は、大宰権帥藤原隆家が大宰府の官人たちを率いて撃退した。唐の滅亡後の混乱や渤海を滅ぼした契丹の動向が影響して、東北アジアでは東丹国の例のように安定した統一国家が成立しなかった。かつて渤海の支配下にあった女真は、渤海の外交使節に同行するなど渤海の保護下で交易を展開していた。しかし、渤海滅亡後は契丹の支配強化による圧迫が強まり、沿岸地域を南下しての交易活動を展開することとなったわけである。「刀伊の入寇」は、唐滅亡後の契丹、高麗、女真および日本をめぐる複雑な対外関係や対外認識に基づいて起こったのである。

以上のように、唐滅亡後の日本は、かつての唐・新羅・渤海との関係のような形はとらず、宋・高麗などの周辺諸国とは拒絶まではいかないものの緩やかな外交関係を保つこととなった。その中で、アジア海域で活動を展開する海商たちの活動は、呉越国や宋の外交活動の例のように、交易活動だけに留まらず、外交文書の往来をも担う存在であった。

●日宋貿易の展開

宋による中国統一後、国内に平和と安定がもたらされ、国内の商業流通が活発化し、それにともなう形で対外交易も進展していった。宋は、対外交易の窓口となる広州（南シナ海向け、後に泉州も追加）や明州・杭州（東シナ海向け）などに市舶司という海上交易を管轄する役所を新たに設置し、外国および宋の海商の管理を行った。十世紀後半以降、明州は、先述のような外交の窓口であるとともに、東シナ海の海上交易における集散地としても機能した。そして、明州市舶司から出航する宋海商を日本（大宰府）・高麗（礼成江）が公的に受け入れて管理することで対外交易は展開した。

宋海商による対日本交易（いわゆる日宋貿易）は、九世紀から十一世紀半ばまで、大宰府が管理していた外来者用の迎賓・宿泊施設であった大宰府鴻臚館の管理の下で行われた。海商が日本に来航すると、大宰府から朝廷に報告が届き、公卿は陣定で対応を審議した後、天皇に奏上して判断を仰ぐ。その結果、海商の来航が許可されれば、彼らは鴻臚館に滞在（安置）することになる。さらに、朝廷から海商の船載品をチェックするための使者（「唐物使」）として蔵人などが派遣されることが原則であったが、使者を派遣せず大宰府官人に委任することもあった。使者や大宰府官人は、船載品について、朝廷側が差し押さえて京に送る貨物の選別（「検領」）と海商と価格を協議しその場で弁済（「和市」）を行う。差し押さえた貨物（「唐物」）は京に運ばれ、蔵人所の役人が返金の使者を派遣して代価を支払わせるか大宰府の財貨で決済する。そして、以上の経緯が天皇に奏上されるとともに、「唐物」が天皇のもとに贈られてそれを見る儀礼（「唐物御覧」）が記録されていることもある。このような過程については、村上朝（九四六～六七年）に編纂された『新儀式』第五・大唐商客事に書かれた規定や当該期の実例から判断できる（山内晋次『奈良平安期の日本とアジア』吉川弘文館、二〇〇三年）。

十一世紀半ばになると、日宋貿易の場が大宰府鴻臚館から博多（博多遺跡群）に移っていくことが、中国からもたらされた貿易陶磁器の出土状況から明確にわかる。また、文献史料では、『散木奇歌集』巻六に、永長二年（一〇九七）閏正月、大宰権帥　源　経信が現地で亡くなったときに、弔問に訪れた博多在住の「唐人」が見える（「はかたにはべりける唐人ども」）。このように、博多に来航した宋海商は、大宰府の有力者たちに接近して、安定的な交易活動を推進していたのであった（菅波正人「考古学からみた古代から中世の唐物交易の変遷」河添房江・皆川雅樹編『「唐物」とは何か―船載品をめぐる文化形成と交流―』勉誠出版、二〇二二年)。

ここまで見てきた、唐から宋への時代と日本の摂関政治が展開する時代はほぼ重なる。この時代における外交・国際交流の担い手は、東シナ海を往来する海商たちであったことがわかる。

●「唐物」としての香薬

唐や宋の海商たちが、日本に来航しもたらしたモノは、日本国内において「唐物」として珍重されていた。「唐物」の具体的な種類について、藤原明衡の『新猿楽記』(十一世紀後半成立)八郎真人の段には、俘囚の地(奥州)から喜界島(奄美)にわたって交易活動をしていた八郎真人という商人の話が載せられている。八郎真人が扱った品物は、外来品としての「唐物」と国内品としての「本朝物」に分けて列挙されている。「唐物」の中には、香料・薬物類(香薬)、染料・顔料類、皮革類、貿易陶磁器、絹織物類、竹類などがあげられている。『新猿楽記』が成立したほぼ同時期の延久四年(一〇七二)に入宋した僧の成尋は、宋の神宗皇帝から書状を通じて、日本において必要な中国にあるモノを尋ねられた際、「香薬・茶垸・錦・蘇芳等」であると回答している(『参天台五台山記』延久四年十月十五日条)。「香薬」(香料と薬物)、「茶垸」(貿易陶磁器)、「錦」(絹織物)、「蘇芳」(染料の一種)は、いずれも日本列島内では産出も生産もできないモノであり、『新猿楽記』八郎真人の段の「唐物」とも重なる。なお、兼好法師の『徒然草』(十四世紀初め頃成立)第一二〇段には、「唐物は、薬の他は、皆無くとも事欠くまじ」とあり、兼好は薬を除く「唐物」は不要であることを強調し、当時の「唐物」を珍重し貴ぶ風潮を批判した。「唐物」の中で薬(薬石・香薬)は、列島内で産出されないモノがほとんどなので仕方ないが、それ以外のものは国産品で事欠かかないので不用であるというのが鎌倉時代末期における兼好の意識であったと言える。

「唐物」としての香薬は、例えば麝香の場合、香料としてニオイを作り出す薫物の材料として使用されたり、薬物として調合されたりするなど香料と薬物を厳密には区別できず、香料の多くが薬物としての用途も持っている場合が多い。その香薬が日本列島にもたらした経路およびその担い手について、六〜十一世紀を範囲として確認すると、香料の日本列島への流入経路およびその担い手として、漂着、新羅使、来日僧、入唐・入宋僧、遣唐使、入唐使、宋海商、高麗などがあげられる（対外関係史総合年表編集委員会編『対外関係史総合年表』吉川弘文館、一九九九年）。ここでは、宋海商の例について確認する。ただし、香薬すべてを対象とするには限界があるので、ここでは麝香のように「〇〇香」と史料上に表現されるものに限定して確認する。

長和二年（一〇一三）、前年九月に来着が大宰府より報告された宋海商の周文裔（『御堂関白記』長和元年九月二日条）がもたらした「唐物」が三条天皇に進上され、その「唐物」を見た（「唐物御覧」）後、皇太后宮（藤原彰子）・中宮（藤原妍子）・皇后宮（藤原娍子）・東宮（敦成親王）・左大臣（藤原道長）に対してそれぞれ「唐物」が分配されている（『御堂関白記』長和二年二月四日条）。道長は、錦・綾や丁子・麝香・甘松といった香料類、紺青といった顔料類を給わったと記録している。

なお、「唐物御覧」とは、新羅使・渤海使などが来朝した際に天皇親臨のもとにその国書・信物（調物）などを受納する儀式の流れをくみ、天皇の徳化が化外にまで及んでいることを視覚的に確認する儀式のことである。また「唐物」の皇族・臣下への頒賜は、八・九世紀に唐・渤海の信物が特定の山陵、神社、皇族、臣下などに奉献・班賜された慣行と同様ととらえることができ、天皇とその王権の中枢部を支える者との間の結合を確認する行為であった。ただ、上記の三条天皇による「唐物」の分配は、皇太后・中宮・皇后・東宮らの皇族と道長など限られた範囲（「ミウチ」）に限られており、八・九世紀の状況と比べると様相が異なる（山内晋次『NHKさかのぼり日本史　外交篇［9］平安・奈良　外交から貿易への大転換―なぜ、大唐帝国との国交は途絶えたのか―』NHK出版、二〇一三年）。

同じく宋海商の周文裔が長元元（一〇二八）年九月に来着した際、年紀制（海商は一定間隔で来航すべきことをルール化）違反のため廻却（食料を支給して民間との交易後にすぐに帰国させる）とされた。しかし、周文裔は廻却の撤回を求めて右大臣藤原実資に、実資が領有していた筑前高田牧の牧司宗像妙忠に書状を託して支援を請うとともに進上の品を贈る。その進上の品の中に、麝香・丁子・沈香・薫陸香などの香薬類が含まれていた（『小右記』長元二年三月二日条）。その後、実資は周文裔からの贈り物を返却しているので、周文裔の廻却の撤回は認められなかったようである。なお、妙忠は、治安三（一〇二三）年、実資に年貢とともに、沈香・衣香・丁子・唐綾などを贈っている（『小右記』同年七月十六日条）。高田牧において妙忠は、多くの「唐物」を入手し実資に進上していることが治安三（一〇二三）年から長元二（一〇二九）年まで記録されている。それ以降の牧司によって「唐物」が進上されていないことから、荘園を拠点とした海商との密貿易ではなく、妙忠が周文裔のような宋海商との個人的な関係から入手したものと考えられる（山内晋次『奈良平安期の日本とアジア』吉川弘文館、二〇〇三年）。

また、大宰府官人を通じて、天皇や藤原道長などに香薬が献上される例が見られる。例えば、長和四年（一〇一五）、「刀伊の入寇」の際に活躍する大宰権帥藤原隆家が、摂政左大臣藤原道長に香薬が入っている二隻の手筥を贈っている。隆家は、前年にも絹や唐皮の皮籠一荷に入れた丁子・麝香・甘松・衣香・甲香・沈香・鬱金・薫陸などを、道長を通じて三条天皇に献上し、道長には絹・檳榔・色革を献上している（『小右記』長和四年九月二十四日条）。隆家が献上した香薬などの外来品をどのように入手したかは不明であるが、役職を利用して宋海商との交易ができる環境にあったと見ることができよう。

以上のように、宋海商が来着した際に多くの「唐物」をもたらしており、その中に多くの香薬が含まれていたことは間違いない。さらに、天皇のもとに贈られた「唐物」を御覧になったり、当時の権力者である道長や実資への贈り物として利用されたりと、政治的な関係の中で有効に機能していたことがうかがえよう。

●藤原道長の国際意識

摂関時代の外交と国際交流を考える上で、宋海商の存在は外せない存在である。また、契丹の存在や「刀伊の入寇」は、当該期の日本の対外関係やその背後にある東部ユーラシア情勢を考える上で重要な出来事であろう。このような日本の外交・国際交流の真っ只中にいたのが、藤原道長であった。

道長と交流があった人物として、寂照という入宋僧がいる。寂照は、長保五年（一〇〇三）に宋に渡り、長元七年（一〇三四）に日本へは帰国せず、宋で没した人物である。寂照は、道長の支援を得て入宋し、寛弘二年（一〇〇五）、寛弘五年（一〇〇八）、長和元年（一〇一二）、長和二年（一〇一三）、長和四（一〇一五）年、万寿(まんじゅ)四年（一〇二七）、長元五年（一〇三二）（道長に代わって子頼通が送る）などに書状のやりとりが確認できる。これに伴い、明州と日本を行き来する宋海商の商船は頻繁に来航し、道長は彼らがもたらす「唐物」の入手にも関わっていたことは先述の通りである。

ここで注目したいのが、長和元年に大宰大弐(だざいだいに)の平親信(たいらのちかのぶ)が、宋海商の周文裔が来着した際の解文(げぶみ)と寂照の消息書(しょうそくしょ)と天竺(てんじく)観音一幅・大僚(だいりょう)作文一巻を道長に送っていることである（『御堂関白記』同年九月二十一日条）。「大僚(遼)作文一巻」は、内容は不明であるが、当時の北宋を軍事的に脅かす遼（契丹）に関わる文献と見られる。宋が中国全土をほぼ統一した九七九年以降も、遼と宋や高麗との戦闘が行われていた。このような東部ユーラシア情勢は、日本とも無関係ではなかった。例えば、長保四年（一〇〇二）、高麗の苛酷さに堪えかねた高麗人たちが日本への移住を申請し、朝廷で議論している（『百練抄(ひゃくれんしょう)』同年六月二十七日条）。また、寂照が入宋した翌一〇〇四年に宋と遼との間で「澶淵(せんえん)の盟(めい)」と呼ばれる和約が結ばれたり、遼が高麗への侵攻を一〇一〇年から九年間にわたり幾度となく続けたりしている。これらの過程を受けて、「刀伊の入寇」が発生したことが想定できる。寂照から道長に送られた「大僚作文一巻」も、まさにこのような遼と宋・高麗との緊張関係の中で必要とされたものであったのであろう（上川通夫『日本中世仏教と東アジア世界』塙書房、二〇一二年）。

遣唐使が派遣されなくなって以降、日本は「鎖国的」状況ではあったという戦前・戦後の森克己氏以来の通説（『新編森克己著作集1新訂日宋貿易の研究』勉誠出版、二〇〇八年）は、近年の研究の進展によって見直され、当時は決して「閉ざされた」ものではなかったことが具体的に明らかにされている。一方で、「開かれた」日本というイメージについて、「歴史の大局から見れば、それに偏ると日本が本質的に持つ鎖国体質に目をつむってしまう」（東野治之『遣唐使』岩波新書、二〇〇七年）という批判もある。平安時代の外交・国際交流については、「国風文化」の問題も含めて、今後もなお検証が必要である。

（皆川雅樹）

【参考文献】

榎本渉『僧侶と海商たちの東シナ海』（講談社学術文庫、二〇二〇年）
鈴木靖民・金子修一・田中史生・李成市編『日本古代交流史入門』（勉誠出版、二〇一七年）
鈴木靖民監修・高久健二・田中史生・浜田久美子編『古代日本対外交流史事典』（八木書店、二〇二一年）
皆川雅樹『日本古代王権と唐物交易』（吉川弘文館、二〇一四年）
皆川雅樹「香薬の来た道・社会」（鈴木靖民監修・田中史生編『古代日本と興亡の東アジア（古代文学と隣接諸学1）』竹林舎、二〇一八年）
村井章介・荒野泰典編『新体系日本史5対外交流史』（山川出版社、二〇二一年）
渡邊誠『王朝貴族と外交―国際社会のなかの平安日本―』（吉川弘文館、二〇二三年）

第五章　摂関時代の宗教

1　摂関時代の神祇信仰はどのようなものだったのか

●藤原師輔の教え

十世紀の公卿藤原師輔（ふじわらのもろすけ）は藤原忠平（ただひら）の息子であり、九条流の祖として兼家（かねいえ）や道長（みちなが）・頼通（よりみち）などその家系が栄えた人物であるが、その師輔が子孫のために書き残した『九条殿遺誡（くじょうどのゆいかい）』には、朝起きてからすべきことについて次のように記されている（原漢文）。

まず起きたら自分の属星（ぞくしょう）（生まれ年によって決まる星）の名を七回唱えなさい。ついで鏡で自分の顔を見なさい（健康状態を確認する）。ついで暦を見て日の吉凶を確認しなさい。ついで楊枝で歯磨きし、西を向いて手を洗いなさい。ついで仏の名を唱え、「尋常尊重するところの神社」（普段より大切にしている神社）を念じなさい。ついで昨日のことを日記に記しなさい。（以下、略）

身だしなみを整えた後、仏とともに大切にしている神社を念じることを命じている。この「尋常尊重するところの神社」とは、どのような神社を指しているのであろうか。

私たちは「神社」と聞くと、古来からの信仰と考えがちであるが、実際には神社の形成には古代律令制度の整備が大きな影響を与えているし、さらに摂関時代の神祇信仰はその律令制期の信仰からも変化があった。師輔がたとえば藤原氏の氏神である春日（かすが）神社（春日祭神）といったような具体的な神社名ではなく、「尋常尊重するところの神社」と記したのは、それなりに理由があってのことであろう。

本章では、摂関時代の神祇信仰について考えてみることにしたい。

●十六社奉幣から二十二社奉幣へ

八～九世紀の神社行政は、全国の神社を官社に指定して二月の祈年祭に班幣（各神社の神職を集め、神への捧げものである幣帛を配ること）を行い、さらにそのうちの畿内を中心とする一部の官社には六月・十二月の月次祭や十一月の新嘗祭にも班幣するということが中心であった。

しかしそれとは別に、平安前期には、主として天皇の外戚神を対象に内廷官司である内蔵寮が深く関与して祭祀を行う公祭が広がっていった。九世紀までに公祭とされた祭祀は、園韓神祭（宮中）、平野祭・賀茂祭・松尾祭・梅宮祭・大原野祭・山科祭（以上山城国）、春日祭・大神祭・当麻祭・率川祭（以上大和国）、杜本祭・平岡祭・当宗祭（以上河内国）であり、このうちの十一が外戚神に関わる祭祀である。この公祭は十世紀以降も拡大していった。

また祈雨や年穀の豊作などを祈るために使者を派遣して幣帛を奉る臨時奉幣も盛んになっていく。醍醐天皇の昌泰元年（八九八）には十六社を奉幣対象とする十六社奉幣が生まれる。この十六社とは、皇祖神を祀る伊勢神宮と石清水八幡宮・賀茂社・松尾社・平野社・稲荷社・大原野社（以上山城国）、春日社・大神社・石上社・大和社・広瀬社・竜田社（以上大和国）、住吉社（摂津国）の十四社に、祈雨神である大和国丹生社・山城国貴布禰社を加えたものである。十四社は国家神や平安京守護神・藤原北家の守護神、大和の古社などに分類できる。

十六社はその後、一条天皇の時代、正暦二年（九九一）に山城国の吉田社・北野社、摂津国の広田社が加わり、さらに正暦五年（九九四）に山城国梅宮社、長徳二年（九九六）に山城国祇園社が加わって、二十一社となる。これらの神社のうち吉田社はもともと春日四神を勧請した藤原山蔭流に信仰された氏神であり、山蔭の孫である時姫が一条天皇の外祖母（藤原兼家の室で、一条天皇生母藤原詮子の母）であったことにより、加列したものと見られる。また梅宮社は橘氏の氏神であり、早くから公祭とされていたが、その後、天皇と橘氏の血縁が遠くなったため、公祭から除外されていた。それが時姫の母方が橘氏であったことにより、再び公祭に列し、また二十社めとして加えられることになった。北野社は摂関家に重視され、祇園社も平安京の疫病退散神としての性格に加え、特に藤原道長の信仰も篤かったことが理由として考えられるであろう。

【二十二社一覧】

	社名	所在国	加列時期	十六社
上七社	伊勢	伊勢	醍醐朝	○
	石清水	山城	醍醐朝	○
	賀茂	山城	醍醐朝	○
	松尾	山城	醍醐朝	○
	平野	山城	醍醐朝	○
	稲荷	山城	醍醐朝	○
	春日	大和	醍醐朝	○
中七社	大原野	山城	醍醐朝	○
	大神	大和	醍醐朝	○
	石上	大和	醍醐朝	○
	大和	大和	醍醐朝	○
	広瀬	大和	醍醐朝	○
	竜田	大和	醍醐朝	○
	住吉	摂津	醍醐朝	○
下八社	日吉	近江	永保元（1081）	
	梅宮	山城	正暦5（994）	
	吉田	山城	正暦2（991）	
	広田	摂津	正暦2（991）	
	祇園	山城	長徳2（996）	
	北野	山城	正暦2（991）	
	丹生	大和	醍醐朝	○
	貴布禰	山城	醍醐朝	○

　こうして二十一社奉幣が成立したが、その後、長暦三年（一〇三九）に延暦寺の鎮守神である近江国の日吉社が二十二社めとして奉幣に加えられ、最終的には永保元年（一〇八一）にそれが永制と

して確定した。日吉社が加えられた背景には、延暦寺と園城寺の対立があり、延暦寺への融和策という意味合いがあったと見られる。

なお、これらの神社に対する奉幣のうち、五穀の豊作を祈る祈年穀奉幣(きねんこくほうべい)は十一世紀には二月と七月の年二回奉幣が恒例化した。

●恒例化する「臨時祭」

九世紀末の宇多(うだ)天皇の時代に生まれた祭祀形態として「臨時祭」がある。臨時祭とはもともと恒例ではない臨時の祭祀のことを言い、『延喜式(えんぎしき)』でも巻一・二が恒例祭祀を掲載した「四時祭式」であるのに対し、巻三が「臨時祭式」にあてられ、祈雨神祭や名神祭などの規定を収録している。ところが摂関期には、この「臨時祭」とは別に、「臨時祭」と呼ばれる恒例祭祀が生まれるようになった。その最初の事例が賀茂臨時祭である。『日本紀略(にほんきりゃく)』寛平(かんぴょう)元年(八八九)十一月二十一日条に「臨時に賀茂二社を祭る。右近衛権中将藤原朝臣時平を以て使となす。」(原漢文)と見えるのがその始まりであるが、これは鴨脚(いちょう)秀文文書などに引かれた宇多天皇御記逸文によると、宇多天皇が即位する以前、賀茂神が自分も他の多くの神々と同じように、一年に二度祭られたいとの託宣があったため、即位してから二年後にあたるこの年に実施したのだという(即位年は諒闇(りょうあん)〈天皇がその父母などの喪に服すること。原則、一年間〉にあたり、翌年は突然穢が出来したため中止となった)。臨時祭の実施にあたっては、宇多天皇は幣帛について内蔵寮に仰せて調進させるべきか、あるいは自身が幣帛を奉拝すべきかなど、事前に太政大臣藤原基経(もとつね)に相談している。これに対し基経は、例幣ではないので天皇の判断によるのが良いと回答している。

祭の日には、殿上において天皇の御禊と御幣奉拝の儀が行われ、勅使は御幣を奉じて下社ついで上社に奉幣、東遊(あずまあそび)や走馬(はしりうま)の奉納を行った。このときに奏した東遊の歌は「ちはやぶる賀茂の社の姫小松、よろづ世経とも色は変わらじ」という藤原敏行(としゆき)の歌で、『古今和歌集(こきんわかしゅう)』にも一番最後に収められている。宇多天皇の父光孝(こうこう)天皇は山陵の名から小松天皇とも呼ばれたので、「姫小松」には光孝天皇子孫の意が込められており、光孝天皇の子孫が万代に栄えることを祈念したものと見られる。賀茂臨時祭は宇多朝には毎年実施することを原則としていたようであり、次の醍醐朝においても即位二年後の昌泰二年(八九九)より毎年実施するようになって恒例化したが、「臨時祭」の名はそのまま受け継がれた。

次に恒例化した臨時祭は、石清水臨時祭である。これは朱雀(すざく)天皇が、承平(じょうへい)・天慶(てんぎょう)の乱平定の報賽として天慶五年(九四二)四月に、宇佐神宮への奉幣とともに賀茂臨時祭の祭式にならって石清水八幡宮に臨時祭使を遣わしたのが始まりである(『西宮記(さいきゅうき)』裏書所引吏部王記逸文)。このときの東遊の歌は紀貫之が作った「松も生いまたも苔む

【臨時祭の創始・恒例化と神社行幸の始まり】

	臨時祭					神社行幸	
	時期	創始	天皇	恒例化	天皇	創始	天皇
賀茂	11月	寛平元(889)	宇多	昌泰2(899)	醍醐	天慶5(942)	朱雀
石清水	3月	天慶5(942)	朱雀	天禄2(971)	円融	天元2(979)	円融
平野	4月11日	寛和元(985)	花山	永延元(987)	一条	天元4(981)	円融
祇園	6月	天延3(975)	円融	天治元(1124)	崇徳	延久4(1072)	後三条
日吉	11月	安元2(1176)	高倉	建暦3(1213)	順徳	延久3(1071)	後三条
北野	8月			正応2(1289)	伏見	寛弘元(1004)	一条
春日	2月	正応3(1290)	伏見			永延3(989)	一条
大原野						正暦4(993)	一条
松尾						寛弘元(1004)	一条
稲荷						延久4(1072)	後三条

す石清水、行く末遠くつかえまつらん」という歌である（続古今和歌集など。史料により異同がある）。朱雀天皇はこの石清水臨時祭の恒例化を考えていたようであるが穢によって果たせず、次の村上天皇の代には石清水臨時祭は行われなかった。村上天皇の次の天皇である冷泉天皇にいたって、安和元年（九六八）九月に大嘗祭大祓とともに実施された。平安時代の史料ではこれをもって石清水臨時祭の始まりとされることがあり、朱雀朝の継承というよりは冷泉天皇の御願により新たに開始したと解釈される（三橋正『平安時代の信仰と宗教儀礼』、続群書類従完成会、二〇〇〇年）。冷泉天皇は翌年には退位し、同母弟の円融天皇は天禄二年（九七一）三月に石清水臨時祭を行ったが、『日本紀略』は「始めて石清水臨時祭有り」「蓋し御宿願の賽なり」（原漢文）と記しており、これもまた円融天皇個人の信仰から始められたと考えられる。この後、円融天皇は毎年石清水臨時祭を行い、恒例化していった（なお、告井幸男「石清水臨時祭の恒例化について」『古代文化』〈六五―二、二〇一三年〉は、朱雀天皇と冷泉天皇・円融天皇の石清水臨時祭の目的がそれぞれ異なることを指摘する）。

三番目となるのは平野臨時祭である。これは花山天皇の寛和元年（九八五）四月の平野祭に勅使を遣わして宣命と舞人・走馬・東遊を奉ったことに始まる。平野祭にはもともと皇太子祭祀の性格があり、勅使差遣がなかった。こうして新たに加わった殿上人差遣、舞人・走馬・東遊とそれまでの平野祭との関係が問題となるが、これについては一体のものすなわち平野祭が特別な祭祀であると見なす考え方と平野祭に臨時の御願が加わったものと見なす考え方とがあった。寛仁元年（一〇一七）十一月に内裏の穢が生じた際、藤原道長は後者の考え方をとり、平野祭自体はそのまま実施し、臨時御願は穢の期間が過ぎてから発遣すれば良いと考えたという（『小右記』）。『北山抄』や『新撰年中行事』では賀茂臨時祭・石清水臨時祭は立項されるものの、平野臨時祭に関する項目は独立して設けられていない。しかしやがて別の祭祀と見なす考え方が強まっていき、院政期の儀式書である『江家次第』では「同（平野）臨時祭儀」が立項されるようになった。

　祇園臨時祭は石清水臨時祭と同じ年である天慶五年（九四二）の六月二十一日にやはり承平・天慶の乱平定の報賽として東遊と走馬が奉られているが、その後、円融天皇が前年に行った疱瘡治癒祈願の報賽として天延三年（九七五）六月十五日に走馬・勅楽・東遊・御幣を祇園社感神院に奉り、あわせて中宮（藤原媓子）奉幣や関白太政大臣藤原兼通の祇園詣もなされた。その後の祇園臨時祭の展開は定かでないが、後一条天皇の代にいたるまで、藤原道長を始めとした貴族による六月十五日の奉幣が確認できるので、天皇による奉幣もなされていた可能性がある。嘉承二年（一一〇七）には白河法皇による走馬奉納がなされた。明確に定められたのは天治元年（一一二四）のことで、この年崇徳天皇（実際は白河法皇）の思し召しにより永式とされることとなった。この後、臨時祭は院政期以降、日吉社や北野社・春日社でも行われるようになった。

　恒例祭祀ではありながら、臨時祭は天皇のそのときの御願を祈念するところに本義があった。いわば天皇の個人的祭祀と言ってもよい。それ以前の律令祭祀あるいは氏神祭祀などとの大きな相違点である。

●神社行幸の成立と展開

律令制期には、天皇が直接神社に出向くことはなかった（歴代編年集成などに桓武天皇の住吉社行幸が見えるが、史実とは考え難い）。それが摂関期になると、神社の近くまで天皇が赴いてから勅使が差遣される「神社行幸」という形態が生まれる。

その初例は石清水臨時祭創始の二日後にあたる天慶五年四月二十九日に行われた賀茂行幸である（この三年前、『日本紀略』天慶二年四月二十五日条に賀茂行幸が記されているが、誤りとする説が有力である。岡田莊司氏は「或いは世上騒然とした中で、簡素に密々行われたものであろうか」として史実であった可能性を指摘する。岡田莊司『平安時代の国家と祭祀』、続群書類従完成会、一九九四年）。これもまた承平・天慶の乱平定祈願の報賽であった。既に臨時祭を毎年実施していた賀茂社に対しては、神社行幸という形を採用することによって、新たに創始した石清水臨時祭との差別化が図られたのであろう。行幸に先立つ四月十日に陰陽寮によって行幸日が決定し、前日の二十八日には警固を六衛府に命じる召仰（めしおおせ）の儀が行われ、宣命文などの準備が進められた。当日には神財および御幣・走馬が奉られ、窮乏者に対する賑給（しんごう）も実施されている。

この次の賀茂行幸は円融天皇の代、天元三年（てんげん）（九八〇）に実施されたが、円融朝には石清水行幸、平野行幸も行われ、さらに一条天皇の代には三社に加えて春日・大原野・松尾・北野に対しても実施された。こうして神社行幸は拡大していったが、摂関期では賀茂と石清水以外は一代に一度の実施がほとんどである。賀茂と石清水は即位儀礼の一環として大嘗祭の翌年に行うことが慣例となった。

円融天皇の石清水行幸は天元二年（九七九）三月二十七日の石清水臨時祭当日にあわせて実施された。円融天皇は、皇位について四年目となる天延元年（九七三）頃には石清水行幸を考えていたらしいが、穢や怪異などが理由となってなかなか実施にいたらず、六年を経てようやく実行することができた（円融天皇即位を画策した藤原兼家と、その兄兼通との対立が背景にあるとする見方がある。大村拓生「行幸・御幸の展開」『中世京都首都論』吉川弘文館、二〇〇六年、初出一九九四年）。

永延三年（九八九）三月の一条天皇春日行幸については、摂政藤原兼家の意向が大きかった。円融法皇は望んでいなかったようであるが、天皇の母であり兼家の娘でもある皇太后藤原詮子に北野天神の託宣が下るなど、兼家が積極的に推進したことがうかがえる。

ここで神社行幸の具体例を見てみたい。寛仁元年（一〇一七）十一月二十五日の後一条天皇賀茂行幸は藤原実資（さねすけ）が上卿（しょうけい）を務めたことにより、その日記『小右記』に詳しく記されているので、これを紹介する。

この行幸はもともと八月に実施する予定で、正月より準備が進められていたが、八月に入って十一月に延引することになった。十月二十日には陰陽寮によって日時勘申がなされ、日取りが確定する。十一月に入ると、九日には無事を祈って伊勢・石清水・賀茂・松尾・平野・稲荷・春日に奉幣、十日には同じく無事を祈って石清水等十社と七大寺・延暦寺において御読経が実施された。十三日には行幸路の巡検がなされ、不浄人の出入りを禁じる簡が立てられる。十四日にはその結果が実資に報告され、賀茂両社に設けられる御在所や神宝・舞人装束等について検討が加えられた。十九日に実資は藤原道長に報告し、厳寒の時期により神遊・音楽人に酒肴と湯漬けを給うことや、神宝製作に用いる朱砂の不足や神宝御覧の日取りなどを検討している。二十三日には試楽や行幸召仰、行幸大祓などが行われた。

二十五日行幸当日は宣命草が奏され、巳の二点に天皇が南殿に出御し、母后と同輿にてまず下社の一角に設けられた御在所に着いた。諸卿饗饌の後、御幣と神宝を御前に立て、侍臣が御贖物(みあがもの)を供して御禊、ついで御拝が行われた。実資は御幣・神宝に続いて舞人・陪従らを従え社頭に赴いた。御幣・神宝を中門前に立て、実資は両段再拝して宣命を読み、再び両段再拝する。御幣と神宝を社司が受け取り、御馬が引き回され、東遊、神楽、馳馬、音楽が行われる。社司に勧賞のことを仰せ、禄を給わった。以上が終了すると、実資は御所に向かい、天皇に御願を祈念したことを奏す。夕暮れ後、今度は上社に行幸し、馬場舎を御在所とした。下社と同様、諸卿に酒饌がふるまわれ、御幣・神宝が御前に立てられて下社と同様に御禊、御拝が行われた。その後、下社と同様の儀式が行われ、深夜に御所に還幸した。

このように、神社行幸は、社頭まで天皇が赴きながらも直接神拝することはなく、天皇の命を受けて上卿が神拝し、それを天皇に報告するという点に特徴があった(岡田荘司『平安時代の国家と祭祀』、続群書類従完成会、一九九四年)。

●天皇の信仰と貴族の信仰

奉幣・臨時祭や神社行幸は、実施する天皇・貴族のみならず、それを観覧する多くの人々にも強い印象を与えたが、それとは異なる、一般の人々の目には触れない宮廷内の神祇信仰もこの時期に変化が進んだ。内侍所（ないしどころ）に対する信仰である。

三種の神器の一つとして八咫鏡（やたのかがみ）があり、天照大神の御魂代（みたましろ）として伊勢神宮に祀られ、その形代が宮中の内侍所にて女官によって祀られたことはよく知られている。しかし内侍所の神鏡を特別に神聖視し、宮中祭祀の対象として重んじられていくのは、十世紀以降のことであった。天徳（てんとく）四年（九六〇）や寛弘二年（一〇〇五）の内裏火災で焼け残った内侍所の神鏡は、長暦四年（一〇四〇）の内裏火災では破片となったが、女官の夢見に基づいて神鏡の「粒」が発見されるという霊験により、鏡としての姿を失うことと引き替えに、神器として絶対的な神聖性を獲得した（斎木涼子「摂関・院政期の宗教儀礼と天皇」『岩波講座日本歴史』五、岩波書店、二〇一五年）。一条天皇のときに藤原兼家により代始に内侍所に神饌などを奉る御供（ごく）が開始され、後一条天皇の長元四年（一〇三一）からは毎月奉ることになった（杉田建斗「平安時代中後期の神鏡を巡る祭祀・信仰」『古代文化』七三―一、二〇二一年）。長元四年は伊勢の斎王が天照大神の荒魂とされる荒祭神（あらまつりのかみ）の託宣を下して、斎宮寮の長官夫妻を告発するとともに天皇の敬神の心が薄いことを批判した事件が起きた年であった。内侍所に神楽を奉納する内侍所御神楽（みかぐら）も一条朝に始まり、後朱雀朝に毎年十二月開催の恒例行事となっていく。

このように摂関期の祭祀を見ていくと、一見、神祇信仰が高揚していったかのような印象を受けるのであるが、果たしてそれは事実と言えるであろうか。

藤原道長・藤原実資・藤原行成（ゆきなり）という十世紀から十一世紀にかけて生きた三人の貴族の神祇信仰に

ついて比較検討した並木和子氏は、氏人や官人というい わば公的立場にあるときに行うべき祭祀と、自分自身や家族などに関わる私的立場として行う祭祀とで区別があり、前者に属する神は私的祈願の対象とはなりにくく、後者に対する信仰は個人によってその度合いが異なったこと、また信仰生活に占める比重は内容的にも量的にも仏事が神事に比してはるかに大きいものであったことを指摘している（「摂関貴族の神祇祭祀と神祇信仰に関する一考察」十世紀研究会編『中世成立期の歴史像』東京堂出版、一九九三年）。公的立場に立つことのほとんどない女性の場合は、現世利益的私的祈願が主となり、それを氏神に対して行うことはなかった。『源氏物語』行幸巻には、光源氏が養女玉鬘の将来について「人の娘として家にいる間は氏神への務めを果たす必要がないが、もし尚侍として出仕するようになれば、そうもいかない（ので氏を明らかにする必要がある）」と思案をめぐらせたという話が見えている（並木和子「平安女性と神祇信仰」『国学院大学日本文化研究所紀要』五九、一九八七年）。

摂関期には神事優先が唱えられる一方で、量的には仏事が神事に優越していった。貴族間では春日祭など有力者が関係する一部の祭祀を除けば、氏の祭祀の比重は軽いものとなっていく。官人の神事懈怠もしばしば見られ、必ずしも神事だからといって重んじられていたわけではなかった。これに対し、天皇と神事との結びつきは強化されていく。天皇が政治上の実権をふるう機会が少なくなったことも関連し、天照大神の子孫であることが強調されていくことになったのである（小倉慈司「摂関期における貴族の神事観」大津透編『摂関期の国家と社会』山川出版社、二〇一六年）。

ここで、師輔がなぜ「尋常尊重するところの神社」と記したのかという最初の問題に戻ることにしたい。摂関期の上級貴族、特に藤原氏にとって、氏神祭祀は公的な祭祀であったが、それとは別に私的祈願を行う「尋常尊重するところの神社」を持っていたのである。そしてそれは天皇も同じであった。皇祖神の祭祀や官社に対する祭祀とは別に、個別の願いを祈願する神社が必要とされたのである。

摂関期には、個別の願いを名社に祈願し、それを大々的に祭ることが行われるようになった。律令制期とは異なるこのような摂関期における神祇思想の展開が、やがて中世神道思想を生み出すことにもつながっていった。

（小倉慈司）

【参考文献】

上島享『日本中世社会の形成と王権』（名古屋大学出版会、二〇一〇年）
岡田莊司『平安時代の国家と祭祀』（続群書類従完成会、一九九四年）
岡田莊司・小林宣彦編『日本神道史』増補新版（吉川弘文館、二〇二一年）
小倉慈司・山口輝臣『天皇の歴史九天皇と宗教』（講談社学術文庫、二〇一八年）
三橋正『平安時代の信仰と宗教儀礼』（続群書類従完成会、二〇〇〇年）

2　国家的仏事・寺院はどのように運営されてきたのか

●古代から中世への移行期としての摂関時代

平安時代中期、十世紀～十一世紀半ばまでの摂関時代は、古代律令国家から中世国家への移行期にあたっている。移行期とは、前の時代（古代律令制国家）の様々な仕組みや文化を残しながら、次の時代（中世国家）の新しい仕組みや文化が芽生え、発展し、両者が交差している、古代でも中世でもない独自な時期を言う。

かつて、古代律令国家の系譜をひく古代的政権としての貴族政権（摂関政治・院政）に対して、在地領主としての武士がその政権を奪取し、中世封建制社会（武家政権）を生み出していったとする理解（石母田正）が通説で、天皇・貴族・寺社などは古代的勢力で、新しい勢力である武士・幕府によって克服されるべき存在とされた。

仏教のとらえ方についてもこの考えが反映され、貴族政権を支えた南都(なんと)仏教を中心とする顕密(けんみつ)仏教を旧仏教、武家政権のもとで新たな浄土系、禅宗系のいわゆる「新仏教」が登場したとする長らく支持された通説が形成された。

これに対して、一九六〇年代半ば以降、貴族政権を構成する「荘園(しょうえん)領主」（天皇・貴族・寺社）の中世的・封建的性格が主張され（戸田芳実・河音能平・大山喬平・黒田俊雄）、古代貴族政権と中世武家政権の対抗という通説の図式は見直された。黒田俊雄は、荘園制を基盤に、公家（貴族）・武家・寺社の各権門が相互補完的に国王（天皇）のもとに国家を構成していると論じ、経済的基盤を荘園制社会とし、その上に権門体制国家が成立したと論じた。

黒田は権門体制国家を思想的に支えた仏教は「新仏教」などではなく、一貫して中世の支配的仏教はかつて「旧仏教」と位置付けられた顕密仏教であるとして、これを顕密体制と位置付けたのである。摂関期の仏教は、古代仏教から中世仏教（顕密体制）への移行期の様相を呈しているということができる。

さて、摂関期は、八世紀に発展した顕教（文字で明らかに説き示された「顕れた教え」）を主体とする南都仏教（南都六宗）を土台としつつ、九世紀に最澄・空海により新しい天台宗・真言宗が開かれ、南都仏教と天台・真言二宗による国家仏教の体制（顕密八宗体制）が出来上がったことを前提に国家的法会をはじめ様々な仏事が展開した時代である。また、仏教が貴族社会に溶け込み、寺院を構成する僧侶（出家者）のなかに皇族や摂関家を中心とする貴族出身者が多く含まれるなど、寺院の世俗化が進んだ時代でもあった。以下、古代仏教の概観から始めて、摂関期の様相にまで及びたいと思う。

●寺院と仏教儀礼のはじまり〈六〜七世紀〉

日本へ公式に仏教が伝えられたのは六世紀（五五二年説と五三八年説がある）のこととされ、飛鳥地方に最初の寺院・飛鳥寺が蘇我氏の手で創建され、最初の仏教文化が花開いた。

七世紀前半までの仏教は、その導入に積極的であった蘇我氏やその関係氏族、渡来人たちに受け入れられ、そこに基盤を置く外来の先進文化であった。それが、いわゆる「大化の改新」（六四五年）によって蘇我氏が滅亡すると、孝徳・斉明・天智、さらには天武・持統の各天皇のもとで、仏教の力で国家（国王としての大王・天皇）を守るという「金光明経」「仁王般若波羅蜜経」などの護国経典による大規模な国家仏事が始まり、持統九年（六九五）正月には「金光明経斎会」と「諸寺正月悔過」が宮中と諸国で初めて行われたが、これは後に最も重要な国家儀礼としての護国法会となる御斎会の端緒と考えることもできる。

また、豪族による飛鳥寺、川原寺（弘福寺）などの私寺の造営に続き、政府直轄の官立寺院（大寺）の建設も進められた。官立寺院は飛鳥の地に舒明天皇が百済大寺（吉備池廃寺）を造営したのを手始めに、最初の中国風の都城である藤原京には左京に大官大寺（のちの大安寺）、右京に薬師寺が建立された。平城京に移ってからも、大安寺・薬師寺、さらに東大寺・西大寺などが配置された。こうした仏教への傾倒は地方豪族にも広がり、七世紀後半から八世紀初期にかけて、日本各地にいわゆる初期寺院が建立された。当時地方でも寺院建立がいかに盛んであったかは、現在も継続して寺院跡の発見が続き、その数が七〇〇か所を超えていることからも理解できる。

●天皇と国家を守る仏教＝国家仏教の成立〈七世紀～八世紀〉

七世紀末、天武朝に律令国家としての骨格が固まるとともに、経典・儀礼・教学からなる中国仏教の体系的な導入が進められた。基本法として「僧尼令」を制定、僧尼を再生産するための仕組みとして得度や受戒の制度も整えられていった。得度とは、一般俗人が家を出て三宝に帰依することを誓って出家し、剃髪し僧尼になることで、受戒とは出家して沙弥となったものが修行の後数百の禁忌持つことを誓うことである。

受戒の制度は、天平勝宝六年（七五四）に唐僧鑑真（六八八～七六三）が来日して戒律を伝え、東大寺戒壇を設置したことで整った。こうして、仏教行政を支える僧侶（官僚）が再生産される仕組みができた。

僧尼は出家が認められると一般公民とは異なった身分とされ、戸籍から除かれて僧尼籍に登録された。法律上も律令の中の僧尼令が適応された。得度できる人数は毎年決められており、それを年分度者といった（これ以外に臨時に得度を許すこともあった）。

八世紀の中ごろ、聖武天皇・光明皇后のもと、仏教を軸とした国づくりが本格的に進められた。光明皇后の意をうけ聖武は全国の国ごとに国分寺・国分尼寺の建立を命じ、また盧舎那大仏を造立する事業も進められ、天平勝宝四年（七五二）開眼供養が行われ、大仏を安置する寺を建設、東大寺が誕生するとともに尼寺法華寺がつくられた。都には総国分寺・東大寺、国分尼寺・法華寺が、国ごとに国分寺、国分尼寺という体制が誕生した。

仏事の行われる場所としては、中央（都）に大寺、地方に国分寺・国分尼寺が配置されたが、その頂点に宮中（大極殿ほか）で行われる仏教儀礼＝護国法会が位置付けられた。

僧綱（僧正・僧都・律師で構成）と呼ぶ僧尼をまとめる僧官が天武朝に置かれ、僧綱になるための仕組みも整えられた。僧尼の取り締まりはもともと出家した年次の前後により上下の関係が決まるのが仏教創始のインド以来の習わしだったが、中国を経て僧侶を統制する国家仏教の仕組みとなった。

●最澄・空海と顕密八宗体制〈九世紀〉

平安時代はじめに、僧最澄は中国天台で確立された法華経を根本経典とする天台宗（最澄は天台法華宗と呼んだ）を、空海は中国唐代の密教（金剛頂経と大日経の教えを一体とする独自な密教）を将来して真言宗を開いたが、両者とも国家の仏教のあり方に大きく関与し、重要な役割を果たしたばかりではなく、天台宗は延暦寺を拠点に、天台教学（法華経）・戒律・禅の行法・密教の四つの教えのもと、浄土思想が生まれるなど、多様な仏教思想を育むセンター的な役割を果たした。また真言宗の密教は金剛峯寺・東寺を拠点に、その後仏教全体の密教化をもたらすなど、平安時代から鎌倉時代の仏教のありかたに大きな影響を残した。

国家仏教の体制の問題から見ると、延暦二十五年（八〇六）、最澄が年分度者の人数を法相宗・三論宗（倶舎宗・成実宗は独立した宗ではなく、それぞれ法相宗と三論宗に付属した）にそれぞれ三人、華厳宗・律宗・天台宗に二人ずつ割り振り、計十二人に増員する提案を行い（後に真言宗が加わる）、これが実現したことが大きい。僧侶の育成システムに宗派をもととする考え方が採用されたのである（後に寺院単位で度者が決められるようになった）。

これ以前の奈良時代の仏教は、法相宗はじめ六つの宗からなりたっていて、諸宗兼学を旨としていたが、その「宗」は僧侶が学ぶ教学の体系＝学派を意味した。それがこの最澄の提案が採用され、「宗」を単位に年分度者を割り振る僧侶の登用制度が始まると、奈良時代末には法相宗・三論宗の教学研究が進んで宗として確立したことや、最澄・空海の新しい教学（密教）の刺激も加わって、「南都六宗」（顕教）が成立し、天台・真言（密教）を加えた顕密八宗が国家仏教を担う存在として成立した。宗派の成熟と八宗が共存協力して国家仏教を担う意識の形成がこの体制を支えた。

法相宗との論争など南都の仏教勢力と対抗関係にあった最澄は、弘仁九年（八一八）、彼が受けた東大寺での受戒を棄捨し、治部省・玄蕃寮・僧綱の統括から離れて大乗戒による独自の戒壇の設置の勅許を願った。しかし南都の僧綱の反対にあい、存命中には実現せず、弘仁十三年（八二二）、最澄死後七日にしてようやく実現した。天台宗の年分度者は延暦寺で独自に僧侶を養成できるようになった。ここに天台宗の寺院勢力としての独立がはじまった。

天台宗が果たしたもう一つの役割は、平安時代後期に発達する浄土思想を育んだことである。その直接的な淵源は、最澄の弟子、円仁による中国五台山の密教や念仏の日本への将来である。最澄は日本に天台宗を確立したが、もっぱら法華経を読誦する法華三昧によっていて、四種三昧（常坐三昧・常行三昧・半行半坐三昧・非行非坐三昧の四種）という精神を集中させる行法を定着するには至らなかった。そうしたなか、円仁は九年に及ぶ入唐巡礼の折、唐開成五年（八四〇）、五台山の竹林寺を訪れ、その念仏道場で行われていた念仏（五台念仏）を持ち帰り、比叡山に常行三昧堂を建てて普及を図った。最澄の法華三昧と円仁の常行三昧の二つが並んで行われることになった。法華経を中心とする天台宗のもとで浄土信仰（念仏）が育まれ、これが平安貴族の中に広まり、空也、源信の浄土教へとつながっていくのである。

●顕教の護国法会としての御斎会・仁王会・季御読経〈九世紀〉

平安時代に行われる国家仏事（護国法会）の中には、奈良時代に始まったものがある。御斎会、仁王会、季御読経などである。

そのもっとも重要なものに御斎会がある。仏教政権である称徳・道鏡政権のもと、持統朝に端緒をもつ金光明経斎会や八世紀中ごろに始まった正月悔過（正月に、吉祥天を本尊として最勝王経を読み、罪過を懺悔するとともにその年の五穀豊穣を祈願する法会）を再構成し、宮中（大極殿・八省院）を頂点に諸国の国分寺・国分尼寺に至る最も正統な国家儀礼として、神護景雲元年（七六七）正月、御斎会が創始された。正月八日から十四日にかけ僧侶を招いて「最勝王経」を講説し、除災招福、豊穣と平安を祈った。平安時代に整備され（後述）、至徳四年（一三八七）に断絶するまで王権を支える代表的仏教儀礼として続いた。

「仁王般若経」を講ずる臨時の法会は、七世紀の斉明朝にまでさかのぼるが、平安時代になると恒例の行事となる。一代一度仁王会（践祚仁王会）・春秋の季仁王会・臨時仁王会の三種類に分けられる。季仁王会・臨時仁王会は大極殿・紫宸殿・宮中諸殿・寮省を会場に百座を設けて行われ、天皇の即位に際しての一代一度仁王会はさらに京周辺寺院と国分寺にも高座を設けており、中央から地方に及ぶ体制がとられた。

季御読経は、季節ごとに宮中に僧を招いて「大般若経」を講ずる法会で、清和朝に四季の御読経が始まり、陽成朝に二季に変わった。百僧を紫宸殿、清涼殿に招いて三日間実施、堂の装束は御斎会に準じていた。

摂関期までに恒例となる三つの護国法会がそろうのは、九世紀であった。

●密教の護国法会―後七日御修法・大元帥法の創始〈九世紀〉

密教はすでに最澄・空海以前、奈良時代には信仰や経典がもたらされ、悔過などの密教的な儀礼も行われていたが、平安時代に空海が胎蔵界・金剛界の両部の体系的密教修法を中国から将来し（東密）、これに天台密教が対抗するなど（台密）、政治的世界で密教の果たす役割が大きくなり、従来の顕教に密教を加えた顕密八宗体制と呼ばれる体制がつくられていった。すなわち顕教による護国法会に密教による法会が加わっていくのである。

空海によって体系的密教が導入されると、朝廷は恒例・臨時の国家法会として密教の修法を取り入れていった、そのもっとも重要な法会が、承和元年（八三四）十二月の空海の奏上により創始された密教による護国法会としての後七日御修法である。空海は奏上の中で、「最勝王経」を講じる御斎会について、「その経文を読み、むなしくその義を談ず」と指摘するとともに、病の理論や薬の性質を説くことを顕教による御斎会に、薬による実際的治療を密教による修法に例えて、御斎会と同時に密教修法を行う必要性を説き、これが朝廷の認めるところとなった。年頭の護国法会として、御斎会と対になる法会として位置づけられ、長禄四年（一四六〇）まで続いた。

さらに、仁寿元年（八五一）、真言僧が執り行う大（太）元帥法が正月の修法として追加された。大和国秋篠寺から香水と土砂等を宮中に調達して、正月八日から十四日まで治部省で行われた。国家を外敵から防衛し、異国調伏のための護国修法で、天皇のみが主催できるとされた。以後明治に至るまで天皇主催の恒例仏事となった。

●護国法会の整備と僧侶の秩序整備〈九世紀〉

少々前置きが長くなってしまったが、古代仏教の国家仏教としての側面に焦点を当てて概観してきた。そのなかで、宮中で正月八日から十四日まで実施される護国法会である顕教による御斎会（大極殿のち太政官庁）、密教による後七日御修法（宮中真言院）や大元帥法（常寧殿のち治部省）などが、平安時代前期、九世紀までに成立してきたことをみた。

正月以外にも、顕教では仁王会、季御読経、密教では熾盛光法（天台宗）、請雨経法・孔雀経法（真言宗）、などが護国法会として平安時代初めには行われるようになった。顕教と密教の両方による護国体制（顕密体制・顕密八宗体制）が出来上がったのである。

こうした九世紀を中心に整備された国家の関与する仏教行事の体系は、『延喜式』の規定を見ることで俯瞰することができる。『延喜式』は『弘仁式』『貞観式』に続く式の集成法典で、全五十巻からなり、延長五年（九二七）に完成、補訂作業を経て康保四年（九六七）に施行された。成立は十世紀だが、内容はおおよそ九世紀中期頃の様子を示すものと理解されている。

仏教儀礼については、巻二十一の玄蕃寮（仏教儀礼、寺院、僧尼などの仏教行政、及び外国使節への対応業務を担当）に規定されており、第一条の「大極殿金光明最勝王経講説」（御斎会）、第二条の真言法（後七日御修法）、第三条の大元帥法から始めて、凡そ十六件ほどの国家の関与する仏事が規定されている。その配列順から考えて、宮中など中央の恒例の法会、国分寺など地方の恒例の法会、一代一度や臨時の法会、日常の法会と、重要度の順に並べられていることがわかる。最も重要な法会として、中央（宮中）の御斎会・後七日御修法・大元帥法が、地方では国分寺国分尼寺・国庁の正月の修正会・吉祥悔過（きっしょうけか）・安居（あんご）などが規定されている。これまで触れてきた護国法会が、『延喜式』の規定に反映していることがわかる。

一方、こうした体制下にある寺院については、奈良時代～平安時代初めは、東大寺など律令国家が設置した大きな寺院＝大寺（延暦十年に十大寺、延喜式で十五大寺）、諸国に置かれた国分寺・国分尼寺、私寺ではあるが国家に公認された定額寺（じょうがくじ）、そして私寺によって構成されていた。九世紀以降になると天皇等の願いで建てられた「御願寺（ごがんじ）」が登場する。大寺、国分寺・国分尼寺、定額寺、御願寺はいずれも財源の中心は律令国家からの給付によっていた。

では、宮中で行われた国家護持のための護国法会などと寺院、僧侶はどのような関係にあったか。桓武朝以来、九世紀を通じて政府は経典の講読・論義・竪義（りゅうぎ）（講読は経典を読むこと、論議は経典の解釈を議論すること、竪義は経典に関して受験者に試験すること）を行う法会の整備を進め、斉衡（さいこう）二年（八五五）八月には試業（しぎょう）・複業（ふくぎょう）・維摩会竪義（ゆいまえりゅうぎ）・夏講（げこう）・供講（くこう）（僧の学識をあらわす五つの階位）の五階を果たしたものを諸国講師に、試業・複業・維摩会竪義の三階を果たしたものを諸国読師とすることとした。そして九世紀後半には五階を終え、維摩会・宮中御斎会・薬師寺最勝会の三会（奈良で行われたので南京三会と呼ばれた）の講師を務めた者を僧綱に任じることとなり、五階三会講師という諸国講読師・僧綱のヒエラルヒーが成立した。国家的法会で国家に奉仕することにより、僧侶は出世するというシステムが確立し、その中心に御斎会が位置付けられた。

これまで述べてきた御斎会に招かれる僧（請僧）のうち、講師は承和六年（八三九）維摩会講師を経験したものから選ばれるようになった。国家による法会の整備と僧侶のヒエラルヒー（階業）の整備が九世紀を通じて進められた。

●寺院行政と寺院組織の変化〈九世紀〜十世紀〉

護国法会は、九世紀、顕密八宗体制によって支えられることになった。一方で、顕密八宗を構成する南都六宗及び天台宗・真言宗の個々の寺院の体制もそれに適合したものになっていった。

個々の寺院の財産を維持・運用・管理していたのは寺院を束ねる三綱で、上座・寺主・都維那からなり、源流は中国・朝鮮にあり、始まりは奈良時代以前にさかのぼる。これに平安時代になると三綱を束ねる別当が置かれるようになる。僧侶が務めるもののほか、俗人が務めるものがあり、それを俗別当と言った。「別当」の本義は、本来の官職につきながら「別に当たる」ことで、僧が任命される別当を含め、この制度が始まった平安初期は天皇の主導する政治が行われた時期で、天皇が直接寺院を統括・統合する制度として出発した。

しかし、仁明上皇の死後、仏教勢力を統制しようとする政策がとられなくなると、九世紀後半から天皇の直接支配から離れ、太政官制に取り入れられた「上卿—弁」制が別当・俗別当制にも取り入れられることになった。天皇の直接的支配から離れ、太政官からの影響を受けつつ、独自な勢力として、やがては権門寺院として活動していく契機となった。九世紀末・十世紀初めにその画期を求めることができる。こうした動きは、「上卿―弁―史」からなる行事所の体制が十世紀後半以降整ってきたことを背景としている。

ここに、寺院行政や仏事の執行は、律令制のもとで、治部省―玄蕃寮―僧綱―寺院・僧尼という系統で行われてきたが、そこに太政官制の上卿制（行事所）が加わったことになる。それは、僧綱の位置づけが仏教行政から相対的に離れ、寺院社会における名誉職的な位置づけに変化したことも示している。

●摂関期の仏教と儀礼の変化〈十～十一世紀〉

律令国家の成立に伴って、仏教が天皇と国家を守るものとして位置づけられ、そのための儀式（法会）も九世紀を中心に整備され、年中行事として定着していったことはすでに見た。それを支えたのが顕密八宗による五階・三会という諸宗諸寺の学僧による法会の運用であった。

しかし、十世紀後半以降、この体制がくずれ始めた。たとえば、この体制で最も重要な法会である興福寺維摩会では、興福寺僧が講師に就くことが多くなり、十一世紀半ばには興福寺僧と東大寺僧に限定されるようになった。九世紀以来の諸宗共存という国家の政策が弱まり、諸宗、寺院は独自な動きを示すようになった。中世の権門体制への動きが始まったということが言える。そうした動きの一つに、諸寺による寺内法会の整備、寺院による僧侶の育成をあげることができる。

次に、個々の国家法会の運営についても、十世紀以降大きく変化する。それがどのように変化したのかについて御斎会を例に見てみよう。

御斎会は、神護景雲元年（七六七）正月に創始され、『延喜式』で最も重要な儀式とされていたことは述べた。その『延喜式』玄蕃寮によると、御斎会に招く僧侶ら（請僧・聴衆）の名簿は玄蕃寮が治部省を経由して太政官に申請する。式部省はあらかじめ省の担当者を決めるとともに、関係する役所から送られてきた担当者の名簿を太政官（弁官）に送り、当日も式部省と関係する役所が御斎会の実施を助ける。仕事をなまけた者の名簿は式部省が毎日内侍に付して天皇に報告するとされていた。太政官はこれらの上に立って御斎会を執行した。ところが、十世紀以降になると、公卿の代表が御斎会を差配する上卿（行事執行の責任者）として、関係する役所の準備状況を太政官の外記に、僧侶らの出席状況を太政官の弁官に確認している。参加する僧侶の決定以外は、治部省・玄蕃寮、式部省という役所が御斎会の執行に関わらなくなっている。これは、律令制の本来の官僚機構の役割が後景に退き、太政官の仕組みは維持しながら、実際は公卿の中から上卿が選ばれ、その差配によって様々な行事や事業が行われる体制に変化したことが御斎会などの仏教儀礼にも反映している。

御斎会を支える財源も変化している。御斎会などの国家的法会はもともと国家機関（諸司）と国家財政によって行われていた。律令制のあり方を考えるうえで、『延喜式』にみえる御斎会の規定が参考になる。御斎会についてのまとまった規定は先にみた玄蕃寮式以外に、大蔵省式や図書寮式などにみえる。大蔵省では、会場の設備や装束、三宝や講師・読師・呪願師・法用・僧綱・衆僧らの布施（綿・絁・細布・絹・調布・商布・木綿など）の準備が規定されている。図書寮は書籍・書類・文具などの保管、管理を担当する役所だが、御斎会については、「盧舎那仏并脇侍菩薩壇像一龕」「金字最勝王経一部」からはじめて、数多くの仏具類や装束類などを準備することとなっている。基本は調庸類など諸国から税として納められたものを基本に、中央政府内の関係部署に保管されているものを用いて執行している。

しかし、十世紀になると、調庸雑物制（律令制の租調庸、労役等の税の総称）の衰退・変質を背景に、地方から中央政府に納められる税の納入が滞り、それを克服するために調庸雑物等の納めるべき貢納物（納官物）の十分の一（のち十分の二）を正蔵率分（正蔵とは大蔵省の税を納める倉庫のこと。すなわち政府保管の税物を意味する。率分とは本来納めるべき納官物の年輸額の一割ないし二割のこと。）として重要な行事費用に充てる仕組みがつくられ、率分以外の年料分については、御斎会・春秋季御読経・春秋仁王会・京中賑給・施米などの重要な法会・行事に用いる米・油・調布・絹などの料物を特定の国に恒久的に宛てる仕組み（永宣旨料物制）も導入された。特定の重要な行事の経費を特定の国や受領に課す仕組みが生まれたのである。この仕組みは十一世紀以降、荘園公領制の成立とともに、内裏や伊勢神宮などの重要な建物の建造の費用を全国に課す一国平均役を頂点に、各種の料物（必要経費）を調達する諸国召物制や諸国所課・荘園所課制などに展開していった。

●貴族の子弟の入寺と仏教の世俗化〈十世紀～十一世紀〉

中世の仏教が古代の仏教と比べて異なる点の一つに、仏教と政治の世界がより密接につながっていたことがある。例えば、天皇がその願いをかなえるために御願寺をつくりそこに封戸や荘園などの財源を施入したり、天皇が退位して上皇となり、さらに出家して法皇となって自ら法会を行ったり、また天皇家（王家）や貴族の子弟が僧侶として有力寺院（権門寺院）に入り、一般の僧侶の昇進をしのいで優遇され、仏教界の頂点になるものも多く出るなど、古代の仏教世界とは異なって、仏教界に世俗の影響が強くなり、仏教・寺院が政治権力と強く結びつくようになった。

こうした変化が起こり始めるのが十世紀後半の摂関期で、貴族の出身者で出家し異例の出世を遂げたさきがけが尋禅（九四三〜九九〇）であった。摂関家藤原師輔の十男として生まれた尋禅は、天徳二年（九五八）十六歳で延暦寺に入寺、師良源と藤原氏の後ろ盾で前例を破る異例の出世を果たし、寛和元年（九八五）に四十三歳で天台座主となった。経済的基盤は十九歳の折に父の遺言によって譲られた十一か所にわたる荘園群にあり、比叡山中横川に住房妙香院を建立、そこを活動拠点とした。死を前に、朝廷に妙香院を一条天皇の御願寺とし、院司と供僧を置き、年分度者二人を置くことを願い出て、これが認められた。院政期になると、若年で出家した皇子が出家身分のままで親王宣下をうける「法親王」の制度が始まり、仁和寺・延暦寺・園城寺などに置かれた。こうした寺院は門跡寺院と呼ばれ、皇族・貴族の子弟が入寺し、法脈を伝えていく仕組みとなった。

古代仏教では原則であった寺家の伽藍にある僧房での共同生活ではなく、院家で独立した生活を営むことになる。このことは、世俗の出自が寺内での昇進に直結し、年次や能力による僧団秩序は弱まり、寺内の階層分化が進み、院政期までに寺院を支える学侶身分と堂衆身分が生まれた。中世の権門寺院を構成する僧侶集団の誕生である。

●摂関期の仏教と法会〈十世紀～十一世紀〉

七世紀後半、律令国家の形成と並行するかのように、国王（大王・天皇）と国家を仏教の力で守るために護国経典による国家的仏事（護国法会）が開始された。八世紀半ば、仏教を中心とした国家政策の中で最も重要な国家的仏事である御斎会が開始された。平安時代初期の仏教統制政策を経て、御斎会・仁王会・季御読経の顕教の国家的法会、後七日御修法・大元帥法の密教の法会が顕密八宗により運営される仕組みが九世紀後半までに整備され、あわせて僧綱や寺院の仕組みも整えられた。

しかし、十世紀、摂関期になると法会を支える諸宗共存の体制が弱まり、国家の寺院への保護策も弱まった。そうしたなかで、興福寺・東大寺の南都の大寺、天台宗の延暦寺・園城寺、真言宗の東寺などのほか天皇が建立した御願寺（仁和寺・醍醐寺など）などの諸寺が有力化、権門化していき、各寺では寺内で営まれる法会が整備され、それによる僧侶の独自の養成が進められ、国家的法会に参加する僧侶が確保されるようになった。それは権門寺院への足掛かりでもあった。

こうした独自の動きを進めつつ、国家との結びつきを維持しようとする動きを象徴するのが、十一世紀になるころから寺側から主張された「王法仏法相依論」である。仏教が天皇の支配を支え、天皇が仏法を守る、この主張は権門体制・顕密体制の成立を物語っている。

また、摂関期における天台系浄土思想の支配層への浸透は大きく、仏教儀礼に対する認識にも変化が起こった。その様子は、文人貴族として知られる源為憲が円融天皇の妃、尊子内親王のために、永観二年（九八四）にまとめた三巻からなる仏教入門書『三宝絵』に見ることができる。

三宝とは仏・法・僧の三つの宝であるが、それぞれが上・中・下の三巻に対応する構成で、現在「絵」は失われているが、上巻（仏宝）に「昔」の釈迦の一生に関する一三説話が、中巻（法宝）に「昔と今の中間＝中来」の飛鳥奈良時代の仏教の発展を示す十八説話が、下巻（僧巻）に「今」＝摂関期の仏教の様相を示すために年中行事として定着した三十一の仏教法会を取り上げている。その選択基準は「和漢の法会」「公私の仏事」だと為憲自身が記している。和としては、修正月・修二月などが、漢としては盂蘭盆・温室、布薩・懺法・不断念仏などが、公としては御斎会などがあげられている。ただし、天台宗系の仏事が中心となっているために、真言密教系の仏事（後七日御修法）が記載されていないこと、季御読経や仁王会なども記載されていないなど、この時期の仏教法会全体が記載されているわけではないことに注意しなければならない。摂関期には仏教行事が年中行事として貴族社会の中で意識されていること、特に漢と公を基礎としながらも、現実には和と私の占める比重が大きくなっていた時代でもあった。

●道長の仏教信仰〈十世紀～十一世紀〉

摂関期の仏教と法会を考えるうえで、まず思い浮かべるのは貴族層における浄土教信仰の隆盛があげられるが、先に述べたように、この浄土信仰は天台宗の円仁によってもたらされた常行念仏の盛行の中で育まれた。一方、当時貴族社会の中で最も重視された経典は、天台宗の根本経典でもある法華経で、法会として法華八講・法華三十講といった法華経の講説が行われた。法華経は、聖徳太子の時代に日本にもたらされた古い伝統があるが、その教えは全ての人間が平等に救済されるというものであり、天台宗の強い影響のもとで、摂関期には広く受け入れられていった。

藤原道長（九六六～一〇二七）の仏教信仰をみると、長保四年（一〇〇二）以降法華三十講は毎年五月に自邸で行われる恒例行事となっている。法華経八巻二十八品に二経を加えて講じ、一か月に及ぶ大がかりの法会であった。南都・天台の僧侶が問答を行う論議会という形式を取り入れ、学僧による竪義（試験）が行われる時もあり、自邸で行う私的法会を、学僧養成の場として、南北二京の僧綱、諸宗・諸寺の僧侶、学生の参加を得て実施した点に注目したい。ここには大臣はじめ多くの公卿も参列し、その面前で道長が法会の執行により仏教に加護される姿を目撃することになった点は、これが道長個人の法華経信仰にとどまらない、計算された「政治的世界」の出来事であったということができる。

寛弘二年（一〇〇五）、彼は山城国宇治郡木幡の地に浄妙寺を建立した。ここは基経以来の藤原氏の墓所の地であり、先祖の霊の菩提を弔い、藤原氏一門を極楽に導くために、法華三昧堂を建てた。ここにも彼の法華経信仰があらわれている。

さらに、寛弘四年（一〇〇七）には三か月にわたる潔斎を経て、道俗数人とともに大和国金峯山に登り、山上に自ら書写した「法華経　一部八巻」、「無量寿経」「観普賢経」各一巻、「阿弥陀経」一巻、「弥勒上生下生成経」各一巻、「般若心経」一巻、あわせて一五巻を金銅経筒に入れて埋め、その上に金銅の常燈楼を建てた。この経筒は江戸時代、元禄四年（一六九一）山上の本堂改修の折、経塚が発見され、現物の存在を知られることになった（「金銅藤原道長経筒」として国宝に指定）。多様な経典が共存しているが、その中心は法華経である。現代でも修行者以外は登ることの困難な山上に埋経するところに道長の法華経を中心とする厚い信仰心をみることができる。

もちろん、道長の信仰が法華経のみであったわけではない。

金峯山納経の前年、彼は藤原忠平建立の摂関家の氏寺法性寺に五大堂を建立（再建）して供養を行っている。本堂には毘盧舎那仏を安置し、礼堂、五大堂、南堂、尊勝堂などがあった。五大堂は不動・降三世・軍荼利・大威徳・金剛夜叉の五大明王を安置する堂で、これを本尊として行われる五壇法は、天台密教で行われるようになった修法で、摂関期以降、調伏、安産祈願などの私的修法として盛んに行われた。道長も現世利益を求める五壇法にも熱心であったのである。

道長五十四歳、寛仁三年（一〇一九）三月二十一日、前年から健康にすぐれず、年が明けて胸病重く、三月十八日から二十日にかけて激しい発作がおき死期を思ったのか、この日土御門邸において院源を戒師として出家、法名を行観（のち行覚と改名）とした。病が持ち直すと、七月、阿弥陀堂の造立を思い立って土御門邸の東隣に造作を始め、翌年二月、丈六阿弥陀仏九体と観音勢至菩薩が完成し安置された。無量寿院と名付けたこの堂に建て増しがなされて成立したのが、道長の仏教信仰の到達点と言える法成寺である。

治安元年（一〇二一）、講堂・金堂の造営が始まり、翌年落慶、寺号を無量寿院から法成寺へと改めた。その年七月に行われた金堂の落慶法要は、クライマックスであった。後一条天皇はじめ、太皇太后・皇太后・中宮・東宮はじめ公卿たちも参列、都の庶民も盛儀を見ようと押し掛けた。金堂供養以後の完成した伽藍では、中央に池と中島を配し、西の阿弥陀堂と東の薬師堂が相対し、北に金堂・五大堂・十斎堂・講堂・釈迦堂などが立ち並んだ。これらの堂にはそれぞれの本尊がまつられ、それらの趣意をあわせると、仏法護持、鎮護国家、国土・万民の安穏であり、もはや道長の個人的な浄土信仰にとどまらない、国家レベルでの祈りが期待されたものであった。個人の救済と国家的祈願とが併存する空間であった。道長は自らのもとに諸宗・諸寺をまとめ上げ、「国王」としての立場を伽藍とそこで行われる法会で示そうとしたのではないか。こうした「道長の王権」（上島亨）とも言いうる構造は、次の院政の政治構造・宗教構造を準備したと言うことができる。

無量寿院に始まる造営は、法成寺に引き継がれ、七〜八年の間休みなく続けられたが、万寿四年（一〇二七）のころほぼ完成の域に達したと思われる。あたかもその年の十月から道長はふたたび病み、十二月四日、阿弥陀堂で弥陀の手から引かれた糸を握り、臨終念仏を唱えつつ静かに息を引き取った。行年六十二。遺骸は火葬に付されて浄妙寺に葬られたが、初七日の誦経は法成寺にて営まれ、翌正月の四十九日には天皇・東宮・小一条院・女院・中宮・関白以下ことごとく参列して法要が営まれた。

（福島正樹）

【参考文献】

井原今朝男『中世の国家と天皇・儀礼』（校倉書房、二〇一二年）
上島亨『日本中世社会の形成と王権』（名古屋大学出版会、二〇一〇年）
大久保良峻編著『日本仏教の展開　文献より読む史実と思想』（春秋社、二〇一八年）

大津透『日本の歴史6　道長と宮廷社会』（講談社学術文庫、二〇〇九年）
加藤友康編『日本の時代史6　摂関政治と王朝文化』（吉川弘文館、二〇〇二年）
末木文美士編集『新アジア仏教史11　日本1　日本仏教の基礎』（佼成出版社、二〇一〇年）
仏教史学会編『仏教史ハンドブック』（法蔵館、二〇一七年）
吉田一彦『日本古代社会と仏教』（吉川弘文館、一九九五年）
吉田一彦「古代国家の仏教儀礼と地域社会」（『藝能史研究』一九二号、二〇一一年）
『岩波講座　日本歴史　第5巻　古代5』（岩波書店、二〇一五年）

3 摂関時代、仏教は地方でどのような存在だったか―陸奥南域の仏教―

●陸奥国巨大地震の発生

貞観十一年（八六九）五月二十六日、陸奥国を巨大地震と津波が襲った。陸奥国衙のある多賀城一帯の仙台湾は甚大な被害を受けた。『日本三代実録』はそのようすを次のように伝えている（保立道久『歴史の中の大地動乱―奈良・平安の地震と天皇―』岩波書店、二〇一二年）。

陸奥国の大地が大きく震動した。流光が昼のように空をおおい照らした。その直後、人々は叫び呼び、伏して起き上がることもできない。家屋が倒れ、その下で圧死したり、地面が裂けてその中に埋まって死んでしまう。馬牛は、驚き走って互いに踏みつけ合っている。城郭や倉庫、櫓・門・垣壁などが崩れ落ち、ひっくり返ることが数知れない。海口は吠え立ててその声は雷電のようであった。そして激しい波と高潮がやって来てさかのぼり、またみなぎり進んでたちまち多賀城の直下まで到来した。海を離れること数十百里の距離まで冠水したようすは、広々としてその果てを区別することができない。原野や道路はすべて青海原のようになってしまった。船に乗る余裕もなく、山に登る時間もなく、その中で、溺死するものが千余人にも及んだ。資産や田畠の作物は一つとして残ることなく全滅してしまった。

陸奥南域では、北域で元慶の乱（八七八）から天暦元年（九四七）まで騒乱が続くのとは対照的に、貞観地震からの復興に関連する仏教政策がみられる。とくに福島県中通りや浜通り地方では九世紀後半から十世紀前半にかけて、仏教に期待された災厄からの復興の祈願を見ることができる。

●復興政策としての仏教

福島県浜通り北部の行方郡・標葉郡の境界付近に造立された薬師堂石仏・阿弥陀堂石仏・観音堂石仏群（南相馬市小高区）は、大悲山の石仏として親しまれている東北最大の磨崖仏群である。大悲山の石仏は九世紀まで溯る様式の磨崖仏群で、如来像と菩薩像などが残る石窟と、剥落がすすむ阿弥陀堂石仏と高さ約九メートルの十一面千手観音像がある。近年の発掘調査で、十世紀前半に遡ることが明らかとなり、石仏群は、貞観地震という神の怒りを鎮めるための造仏ではないかという（荒木隆「平安時代の山林寺院に表された神仏習合の姿」『福島県立博物館紀要』三二、二〇一八年）。

また、九世紀後半から十世紀前半にかけ陸奥国分寺に次ぐ規模の塔基壇を持つ横手廃寺（南相馬市鹿島区）が建立され、磐城郡衙関連寺院である夏井廃寺も外観が一変するような大規模改修が行われている。このような寺院群の改修は、貞観地震からの国衙主導の復興政策と考えるべきで、災厄からの復興の祈願を仏教に期待したからだろう。

●福島県中通り地方の復興

中通り地域でも、九世紀後半以降に建立される寺院が多い。徳衛廃寺（国見町）・霊山寺（伊達市）・高松廃寺（本宮市）・流廃寺（棚倉町）など、阿武隈高地の南北にわたって各郡を結ぶ交通路沿いに寺院が展開する。また、信夫郡衙と関係する腰浜廃寺や信夫郡菩提寺に比定される湯野西原廃寺なども、貞観巨大地震からの復興対策として国衙の技術的支援によって寺院の建立・改修が行われたと推定される。というのは、これらの寺院造営事業に使用された瓦から、国衙管轄下の技術者集団との関係が推定できるからである。

このように、陸奥南域では九世紀末以降に整備される寺院の多くは、国衙勢力を背景としていた。貞観地震からの復興という状況ではなくとも、静岡県湖西市の大知波峠廃寺は、遠江国司の強い関与のもとに建立され、十世紀中期から十一世紀前期に伽藍の堂宇が整備された。十一棟の礎石建物が三つのブロックを構成し、十世紀中期から後半に建立された中心的堂宇は、広い礼拝空間をもった中世的な仏堂である。しかし、十二世紀後半には衰退し、中央と結び付きの強い普門寺に宗教活動の拠点が移る（湖西市文化財調査報告第37集『大知波峠廃寺跡』静岡県湖西市教育委員会、一九九七年）。院政期に活発な活動を行う地方寺院は、十世紀以降の段階的な発展を踏まえたものと、中央との宗教的もしくは政治的な後ろ盾を持ったものがある（山岸常人「顕密仏教と浄土の世界」元木康雄編『日本の時代史7　院政の展開と内乱』吉川弘文館、二〇〇二年）。

十世紀から十一世紀にかけて会津地域でも仏像の造立は確認できる。徳一は、会津の慧日寺・勝常寺や筑波山の中禅寺（茨城県）を開創し、平安仏教の創始者である最澄・空海と論争や交流があった高僧である。生没年は未詳であるが、八世紀後半の生まれで九世紀半ばには没したようである。勝常寺（湯川村勝常）は平安初期の国宝木造薬師如来及び両脇侍像で知られ、会津中央薬師堂とも称される古刹である。慧日寺も大同二年（八〇七）徳一の創建とされる古刹で、九世紀における陸奥国最大の山岳寺院である。慧日寺や勝常寺が維持管理されてきたことは、「絹本着色慧日寺絵図」や伝存する平安初期の諸仏をみれば明かである。地方社会でも、寺院の成立と展開は、宗教勢力の動向ばかりでなく、政治・経済的な動きに連動している。寺院の中に祀られ、信仰の対象となった仏像がどういうものだったか、それは仏像が造られた時代に、仏像がどのような役割を果したか、それを礼拝する人々がどのような関わりを持ったのか、ということもあわせて考える必要がある。それから見ると、陸奥南域の会津では十世紀以降の段階的な発展を踏まえながらも、中央との宗教的もしくは政治的な後ろ盾を持った寺社勢力があらわれるように思われる。というのは、陸奥北域が安倍氏や清原氏の勢力と強い関係を有するのに対して、南域は陸奥国衙の政治的影響下にあって、新たな郡の分出や摂関家領荘園の成立など荘園公領制という新たな支配のしくみが形づくられていく時期と連動するからである。

●十世紀の会津の仏像彫刻

会津地方では、慧日寺や勝常寺周辺に出現した仏堂施設（村堂）をもつ九世紀中期から後半の拠点的遺跡や会津郡衙関連遺跡は、十世紀前半までにほぼ消滅する。しかし、十世紀前半と位置づけられる上宇内薬師堂薬師如来像（会津坂下町）や法用寺十一面観音像〈秘仏〉（会津美里町）が伝えられている。とくに上宇内薬師堂薬師如来像は、勝常寺薬師如来像よりは二、三世代後の仏師の手になるもので、十世紀前半から後期の造立とされる。もとは調合寺（会津坂下町）に祀られていたというが、調合寺は高寺伝説（欽明天皇元年〈五四〇〉梁国の僧青巌が、会津の西部の山に草庵を結び、のち大寺院として繁栄したという伝承）との関連も含めて不明な点も少なくない。また、薬師堂内には、四躯の十二神将像があるが、これは薬師如来像と同じ時期に造立された四天王像であったことも明らかにされている。

一方、法用寺は縁起によれば養老四年（七二〇）得道上人によって観音堂が建立されたことに始まるという。しかし、正和三年（一三一四）の厨子造立時の棟札に「弘仁二年より五百年に至る」との記文があり、弘仁二年（八一一）を観音堂建立とする何らかの典拠があったらしい。弘仁年間は徳一の活動時期にあたり、徳一の教化活動の一端として建立された可能性が高い。法用寺には現在秘仏とされている二躯の十一面観音像が安置されており、その一躯は様式から見て十世紀の造立と推定されている。法用寺も十世紀から十一世紀かけて新たな会津の仏教の動きを伝える仏像を祀ってきたのである。

これらの十世紀前半の諸像を持って会津の勝常寺系仏像は途絶え、十一世紀後半以降に都から直接的な定朝様式の流入へと展開する。陸奥南域の仏像彫刻では、平安初期の国宝、勝常寺木造薬師如来及び両脇侍像の流れをくむ諸像が途絶え、都の完成された定朝様式が直接もたらされるという展開が想定されるのであるが、なぜそのような展開になったのか。摂関期の会津地方でも、受領支配と荘園制の成立前夜における慧日寺や勝常寺と関連する会津地方の郡領氏族を含む富豪層の動向と密接に関係しているのではないだろうか。このような仏像が本来どのような勢力によって造仏され祀られてきたか、その政治社会的背景は詳しくは分からない。

●十世紀の仏教関連遺跡

十世紀における仏教関連施設の存在は確認されていないが、喜多方市鏡ノ町遺跡・東上川原遺跡・舘ノ内遺跡・中谷地遺跡、会津坂下町青木遺跡・大江古屋敷遺跡など関連を推定できる遺跡がある。発掘調査報告書等ではこれらの遺跡の多くは富豪層の居宅と評価されており、九世紀後半であるが内屋敷遺跡や鏡ノ町遺跡からは瓦塔も出土しているし、仏堂施設と思われる建物跡も検出されている。仏教関連施設を構える居宅は、在地の法会運営の主体にもなりうるだろう。とくに、内屋敷遺跡では仏堂・塔・礼堂の存在が確認されている（『塩川西部地区遺跡発掘調査報告書7　内屋敷遺跡』、塩川町教育委員会、二〇〇四年）。これは村落寺院に相当する遺構構成になる。東国の村落寺院では、仏の空間としての正堂と法会を行う礼堂、僧侶の住居としての僧坊を備える基本構成となるが、会津地方の居宅遺跡における仏堂的施設は、村落寺院の機能の一部を担う存在ではあるが寺院そのものではない。ただし、四面庇付建物を仏教施設の機能を担うものとしてみれば、南庇の空間が法会の場となり得るかもしれない（川尻秋生「古代東国の在地社会と仏教」『民衆史研究』九三、二〇一七年）。これらの遺跡と直接の関連を明らかにすることはできないが、上宇内薬師堂薬師如来像や法用寺十一面観音像を造仏し、法会を通じて祀ることができたのは、このような地域支配の拠点的遺跡を営んだ在地勢力と考えるべきだろう。そして、このような在地勢力と交流する都の人々が存在した。

『今昔物語集』に残る陸奥国の説話には、地蔵菩薩や薬師如来の霊験によって救われる人々が現れる。巻十七第二九「陸奥国女人、依地蔵助得活語」は、慧日寺の傍らに住む女人如蔵尼（平将行の三女）が出家前に亡くなったが、冥途で地蔵の慈悲と教化によって蘇生し、出家して一途に地蔵菩薩に帰依して往生をとげた説話である。この説話では民衆教化と社会事業に尽力して菩薩と称された徳一の創建とされる慧日寺が、地蔵菩薩の霊験譚の舞台として設定されている。説話自体は京都の貴族社会の周辺で成立したものであり、慧日寺が霊験寺院として都の人々の関心にふれるものとして語られている。慧日寺という地方寺院の個性が、徳一や如蔵尼という慧日寺信仰の基本要素をもって十二世紀には成立していることも重要であるが（高橋充「藤原家長の請雨経」柳原敏昭編『中世会津の風景』高志書院、二〇〇七年）、地方に住む女性の仏教信仰やさまざまな霊験譚や法華経・念仏など、当時の人々が何に救済を求めたかを知ることができ、都の人々との接点にもなった。

●空也の伝承

浄土教の流行に関して、会津に残る空也の伝説を紹介しよう。空也には源為憲がその事蹟を記した『空也誄』（『続群書類従』伝部巻二一四）や慶滋保胤の『日本往生極楽記』がある。それらによれば天慶元年（九三八）に京を拠点に活動する前、陸奥国へ布教の旅をしたという。会津若松市河東町の八葉寺は、縁起によれば、空也が陸奥・出羽両国に布教するために下野に至り、瑞祥によって康保元年（九六四）にこの地を訪れ、持参した阿弥陀仏と経典を納めた一宇を建立したのが始まりという。天禄三年（九七二）にこの地で入寂したといい、境内には空也像を安置する空也堂（開山堂）、空也塚、空也清水、寺名の由来となった八葉の蓮華を生じたという閼伽井（池）があった（『新編会津風土記』巻八十六）。

会津での空也の活動は、事実関係としては無理があるものの、後世の人々の葬送追善供養の思いを伝えている。会津地方には「冬木沢参り」という習俗があり、毎年八月一日から七日までの期間に、八葉寺に死者の供養のため参詣する風習が広く見られる。家族に亡くなった人があると、その初盆を迎える前に家族や親族が故人の歯・骨・爪・毛髪などを持参し、木製の小型納骨塔婆や納骨器に納め八葉寺に奉納する習俗が行われている。現在、文禄年間（一五九二～一五九六）以降のものが伝わっている。もちろん、このような習俗が平安時代にまで遡るものではないが、八葉寺が「会津高野」といわれるように、浄土教と念仏信仰の広まりとともにあったことは、京都の浄土教の流行とは別に、地方の信仰や民俗宗教のあり方としても興味深い。また、八葉寺には現在も空也念仏踊りが残されており、かつて断絶していたものが大正十年（一九二一）に復興された（福島県指定重要無形民俗文化財）。

●陸奥南域と関わりを持つ人々

ところで、『今昔物語集』の説話が霊場や霊験寺院の存在を背景に語られることを考えれば、京から離れた地方寺院に参集する人々の中にも、都鄙間交流の当事者が存在したはずである。貴族層の信仰は、現世での安穏を密教に、来世での安穏を浄土教に求めるものであったが、地方の人々にもさまざまな契機で波及していった。

摂関期から院政期にかけて、信仰世界は、京都では天皇・上皇・摂関家や受領の経済力を背景に、寺院・仏像の造営とそこでの法会として花開いた。このことは中・下級貴族層や地方へも波及した。軍事貴族だけでなく、歌人の中にも陸奥守となったり、あるいはその周辺にいて、間接的ながら陸奥南域との関わりをもつ人々があり、そのような人々の周辺にも信仰世界は存在した。

●紀友則むすめと菅原孝標女の母

友則がむすめの陸奥へまかりけるにつかわしける

君をのみ信夫の里へゆくものを会津の山のはるけきやなそ　（『後撰和歌集』藤原滋幹女）

この歌は、紀友則の娘が陸奥へ行くことになったので、藤原滋幹の娘が贈ったものである。紀友則の娘、藤原滋幹の娘ともに伝未詳で両者の関係も詳しくはわからない。ただ、紀友則は三十六歌仙の一人で、藤原滋幹は大納言藤原国経の子で、承平元年（九三一年）に没した歌人である。二人の女性は十世紀前半の女性で、このような人物の周辺に都の仏教文化が地方へ伝わる契機はなかっただろうか。『大和物語』（一五五・山の井の水）には、都の大納言の娘が陸奥国安積郡に連れ去られる説話もある。平将門の乱・藤原純友の乱で征東大将軍・征西大将軍に任じられた藤原忠文の子滋望は、天暦五年（九五一）に陸奥守を辞しているが、『大和物語』（六九・七〇）に説話があり、陸奥国との往来する人がいるとその人たちに託して女との手紙のやり取りがなされたことが描かれている。『大和物語』は歌物語で説話的要素も多いから、描かれた内容が史実そのものとはいえないが、時代認識の共有性があるように思う。

貴族社会では、老・病・死という人生の節目に入道出家することが慣習化していく。女性の場合も、男性と同じく老年出家・病気出家・臨終出家のほかに、夫・子ども・主君などの死や出家に連動する出家も多かった。女性と仏教の関わりもさまざまであるが、既婚女性の場合は往生極楽のために厳しい修行を行うことと、家事などの世俗生活との折り合いは難しかっただろう（勝浦玲子「王朝の仏教と文化」加藤友康編『日本の時代史6　摂関政治と王朝文化』吉川弘文館、二〇〇二年）。また、『日本往生極楽記』に見える伊勢国飯高郡の老婦は、一か月を半分して仏事を修し、残りの半月で世事を営むことで往生を遂げたという。『更級日記』の作者菅原孝標女の実母は、夫が存命であるにもかかわらず、出家して同じ家の敷地内で別居生活をしたために菅原孝標女が家事を担当したという。菅原孝標女の母は、『蜻蛉日記』の作者藤原道綱母（藤原倫寧女）の姉妹にあたる。出家は夫婦関係の解消であったはずであるが、同じ敷地に生活したことの背景には仏教的な縁で結ばれているという仏教的夫妻観の広まりとも関係するのではないだろうか。出家と地方生活の経験には直接的な因果関係は認められないが、さまざまな契機で地方で生活することになった都の人々を通じて、仏教文化も地方へも波及していった。

●平貞盛以降の陸奥守

出羽国では元慶の乱（八七八）から延喜三年（九〇三）の騒乱、出羽天慶の乱（九三九）と、九世紀後半から十世紀前半にかけて不安定な状況が続いていた。陸奥南域では大きな騒乱の記事は見えなくなるが、延喜十四年（九一四）の三善清行の意見封事十二箇条には「陸奥出羽両国、動もすれば蝦夷の乱あり」とあるように、安定した状況ではなかった。しかし、天暦元年（九四七）鎮守府将軍平貞盛の頃には北域でも騒乱は沈静化し、陸奥南域では貞観巨大地震からの復興政策として寺院の修理・改修や建立もほぼ終息する（荒木隆「平安時代の山林寺院に表された神仏習合の姿」『福島県立博物館紀要』32、二〇一八年）。そして平貞盛が陸奥守となる十世紀後半には一応の安定を迎え、東北史は新たな画期を迎えることが指摘されている（渕原智幸『平安期東北支配の研究』吉川弘文館、二〇一三年）。

十世紀後半の陸奥南域は、やがて摂関家領荘園が成立する前夜にあたり、摂関家や王家周辺の勢力との関係が形成された時期に相当する。

●城氏伝承の世界

会津には、のちに源平争乱に登場する越後城氏に関する伝承が多く残されている（拙稿「会津における城氏伝承の世界（一）（二）」『福島史学研究』九八・九九、二〇二〇・二一年）。会津の城氏伝承は、余五将軍平維茂を城氏の祖とする意識から語られている。城姓は維茂の孫貞成から名乗られるので、維茂四男繁職を会津の城氏伝承にあらわれる「城四郎重範」とすることは歴史的事実とは一致しない（城氏略系図）。城四郎重範というのは、近世会津藩

【城氏略系図】（『尊卑分脈』・『奥山庄史料集』等により作成）

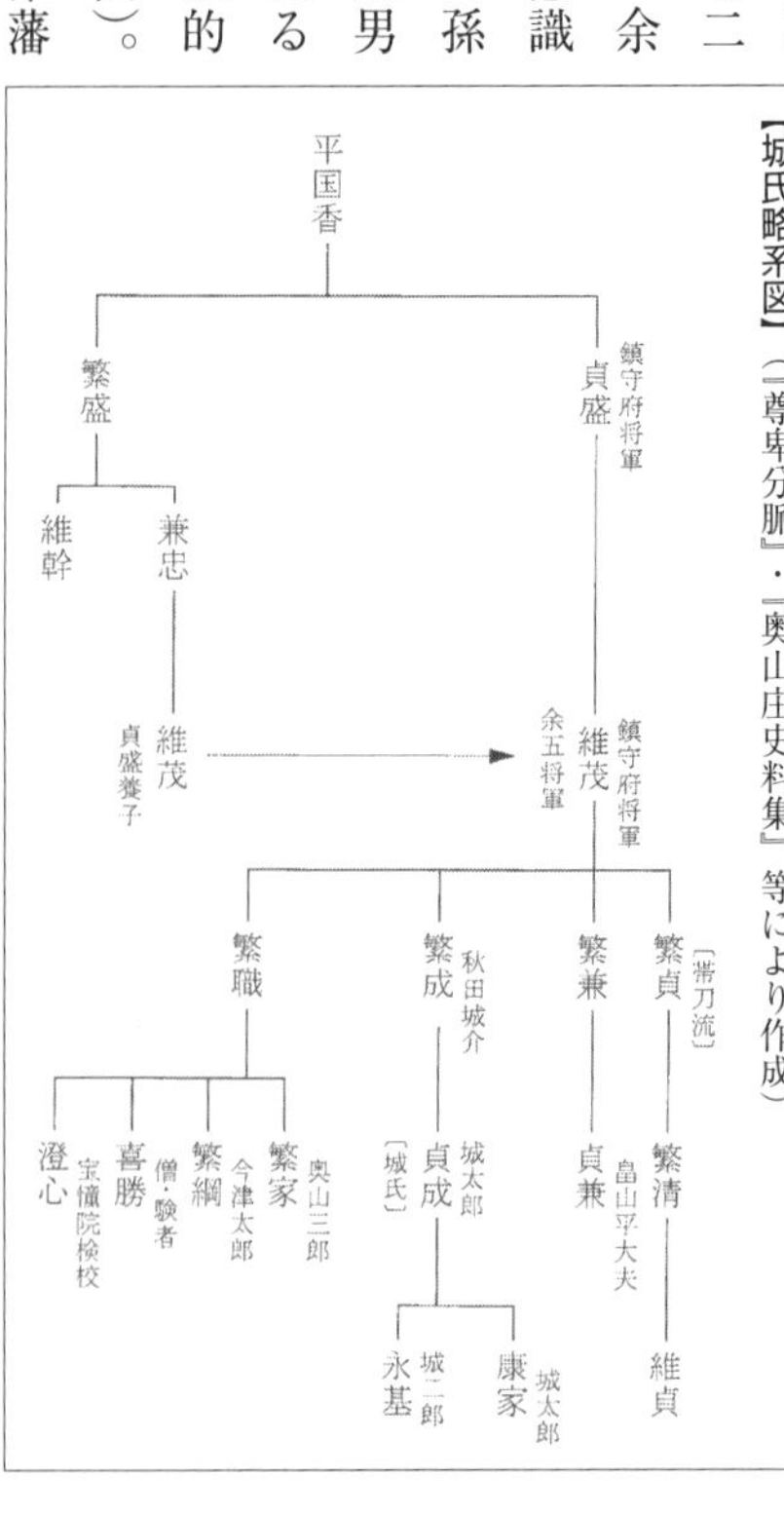

の地誌や旧記などに登場する、阿賀川と只見川の合流域に八つの城館を構えたという伝承上の人物で、会津の城氏伝承の基点となるが実在は疑わしい。しかし、維茂は『今昔物語集』巻二十五第四話「平維茂郎等被殺語」、同第五「平維茂罰藤原諸任語」などによって、十一世紀初頭には陸奥南域と上総国にそれぞれ根拠地を持ちながら往来するような勢力を形成している。さらに維茂長男繁貞の時代には越後と関係があったことは明かである（『春記』長暦二年十二月十日条）。陸奥南域と越後との接点となる会津に城氏伝承が多く残されており、とくに新潟県阿賀町の平等寺は、維茂が船で川を下っていると金色に光る小さな薬師如来像を見つけ、これを薬師堂に安置したことが始まりと伝えられている。陸奥守藤原実方に奉仕した武士たちにも地方寺院建立の説話が見られるのである。

●受領支配と仏教の浸透

地方社会と都との関係はさまざまな要因によって結ばれるだろうが、受領と関係者の任国下向は大きな契機となった。平貞盛以後の陸奥守を見ると藤原為長・藤原国用のような歌人、藤原済時の実子で貞盛の養子なった平維叙、その後任は藤原済時の養子となる藤原実方がいる。ここにでてくる藤原済時が、十世紀末の陸奥南域と都の関係形成のキーパーソンの一人であるように思われる。

藤原為長は、藤原北家良門流に属し、刑部大輔藤原雅正の子で、母親の姉妹が済時の母に当たる。内蔵頭を経て、天元三年（九八〇）ごろ陸奥守になっている。永観二年（九八四）天台座主良源に、比叡山西塔の宝幢院建立の資金援助をした逸話がある（『日本高僧伝要文抄』中、「慈恵大僧正伝」）。藤原国用は歌人として知られる人物で、武士として知られる藤原保昌は従兄弟である。『実方集』

『重之集』にそれぞれ重之との和歌の贈答がみられ、国用は永延二年（九八八）には陸奥守として見える。済時との関係は不明であるが、貞盛以後の陸奥守周辺の人物、特に藤原実方に随行して陸奥に下向する源重之とは関係の深い交流があった。

このように、平貞盛以降の陸奥守には藤原済時周辺の人物が多く、陸奥国摂関家領荘園成立の背景には済時周辺の人々が在地の有力者と摂関家を結びつける役割を果たした可能性が高い。藤原済時の娘娍子は、三条天皇の皇太子小一条院敦明親王の母で、小一条院は藤原道長の娘寛子を妃としている。済時の時代に形成された陸奥国の利権は、小一条院母方の済時とその後継者らを経て、やがて摂関家の管理下に置かれることになる。その利権の一つがのちに蜷河荘となるのだが、その利権が形成されたのは蜷河荘域の拠点的遺跡と評価される大江古屋敷遺跡（会津坂下町）がもっとも隆盛期を迎える時代と一致する。

●大江古屋敷遺跡（会津坂下町）

大江古屋敷遺跡は、旧宮川の支流が形成した河岸段丘上にある地域支配の拠点的遺跡である。九世紀後半には大型建物跡が構築され、十世紀後半になると四面庇に濡縁をもつ大型建物跡となる。ここからは越州窯青磁碗が出土しており、このような初期貿易陶磁器は東北地方では秋田城や胆沢城など城柵やその周辺、国府や国分寺、地域の開発拠点や寺院など、かなり限定的な遺跡からしか出土していない。陸奥国衙経由の流入が想定されているが、陸奥守となって下向する集団と在地との結び付きが、より広汎に展開しているのではないかと思う。陸奥国では十世紀後半以降、北域の金や馬、出羽の鷹・犬・鵜などの京上が多くなり、歌枕に「いはて」「ころもがは」などの北域の地名が出現するなど大きな変化が想定されている（渕原智幸前掲書）。このような北域の変化に対応して、南域では新たな郡の分出と摂関家領荘園の成立が連動する。

●蜷河荘と長江荘

陸奥南域の新たな郡の分出は、地域的特徴を持っており（大石直正「陸奥国の荘園と公領」『東北文化研究所紀要』22、一九九〇年）、古代的な郡から新たな郡が分出し、その新しい郡の一部が荘園として公領から分離・独立されてあらたな中世的な領域となる。陸奥南域を示せば、図のようになる。

蜷河荘は、建長五年（一二五三）の近衛家領目録に冷泉宮（儇子内親王）領として見えるもので、儇子内親王領はもとをたどれば小一条院領または藤原教通（信家父）領の系譜を引くと考えられる。

- 白河郡
  - 高野郡
    - 高野郷
    - 依上保
  - 石河郡
    - 石河荘
  - 白河荘
- 会津郡
  - 会津郡
    - 会津郡
    - 長江荘（門田荘）
  - 河沼郡
    - 河沼郡
    - 蜷河荘
  - 大沼郡
- 耶麻郡
  - 耶麻郡
- 安積郡
  - 安達荘（保）
  - 田村荘
  - 小野保
  - 安積郡
- 信夫郡
  - 伊達郡
    - 伊達郡
    - 小手保（荘）
  - 信夫荘
- 菊多郡
  - 菊多荘
- 磐城郡
  - 楢葉郡
  - 岩城郡
    - 岩城郡
    - 好島荘
  - 岩崎郡
- 標葉郡
  - 標葉郡（荘）
- 行方郡
  - 行方郡
  - 千倉荘
- 宇多郡
  - 宇多荘

【陸奥国南域の荘園と公領】
（大石直正「陸奥国の荘園と公領」による）

儇子内親王は小一条院敦明親王の娘で、藤原信家に嫁しているが実子はなく、源麗子を養女とする。麗子は源師房と道長の娘尊子の間に生まれ、藤原師実の妻

（京極北政所）で師通の母である。冷泉宮領は儇子内親王より麗子へ、麗子から孫にあたる藤原忠実（一〇七八〜一一六二）へ伝領された（川端新「摂関家領荘園群の形成と伝領」『荘園制成立史の研究』思文閣出版、二〇〇〇年）。安和の変で暗躍する源満仲は、藤原師尹の従者であったから、師尹の兄で冷泉天皇の外祖父藤原師輔という摂関家と結び付きを持つことになった。満仲の息子の頼光・頼信は冷泉院判官代となっている。摂関家と源満仲の関係は、十世紀の冷泉天皇の段階に溯る可能性も指摘されている（保立道久『古事談を読み解く』笠間書院、二〇〇八年）。とすれば、蜷河荘域の拠点的遺跡である大江古屋敷遺跡が十世紀後半に大型化することは、在地勢力の動向にも変化があったことを示唆している。蜷河荘の成立年代は未詳であるが、一般に寄進地系荘園の成立は、国衙の圧迫に対抗する在地勢力（開発領主や郡司・郷司など）が中央権門の庇護を求めて結びつくところに成立する。長徳四年（九九九）に陸奥守藤原実方が没すると、その後任に源満仲の弟満政が任じられる。藤原済時周辺の人々と陸奥国との関わりは実方の死去により消滅したとするよりも、蜷河荘域ではむしろ源満政の時代に新たな段階に入ると考えることができるのではないだろうか。つまり、〈摂関家—源満仲〉の周辺の人々が仲介者として蜷河荘の在地勢力と関係を持ったのではないだろうか。

会津の摂関家領荘園には南会津町・下郷町の阿賀川上流域に長江荘もある。暦応五年（一三四二）の御摂録渡荘目録（九条家文書）に弁別当勧修寺経世・同国俊の管理する勧学院領荘園として見えるが、立荘の経緯や時期、領域など不明な点が多い摂関家領荘園の一つである。ただ、蜷河荘とともに陸奥国境界に成立することに特徴があるといわれる。このような時期に藤原実方や源重之らが陸奥南域と関係を持った。

●藤原実方と源重之

源重之は、三十六歌仙の一人で平安中期を代表する歌人の一人である。父兼信（かねのぶ）の陸奥国土着によって妻と家と所領を陸奥国に持ち、陸奥国南域とは生涯を通じて関わりがあったらしい。とくに、歌人として名声を得たのちに不遇となり、十世紀後半には右大将藤原済時に名簿を奉呈して臣従した。済

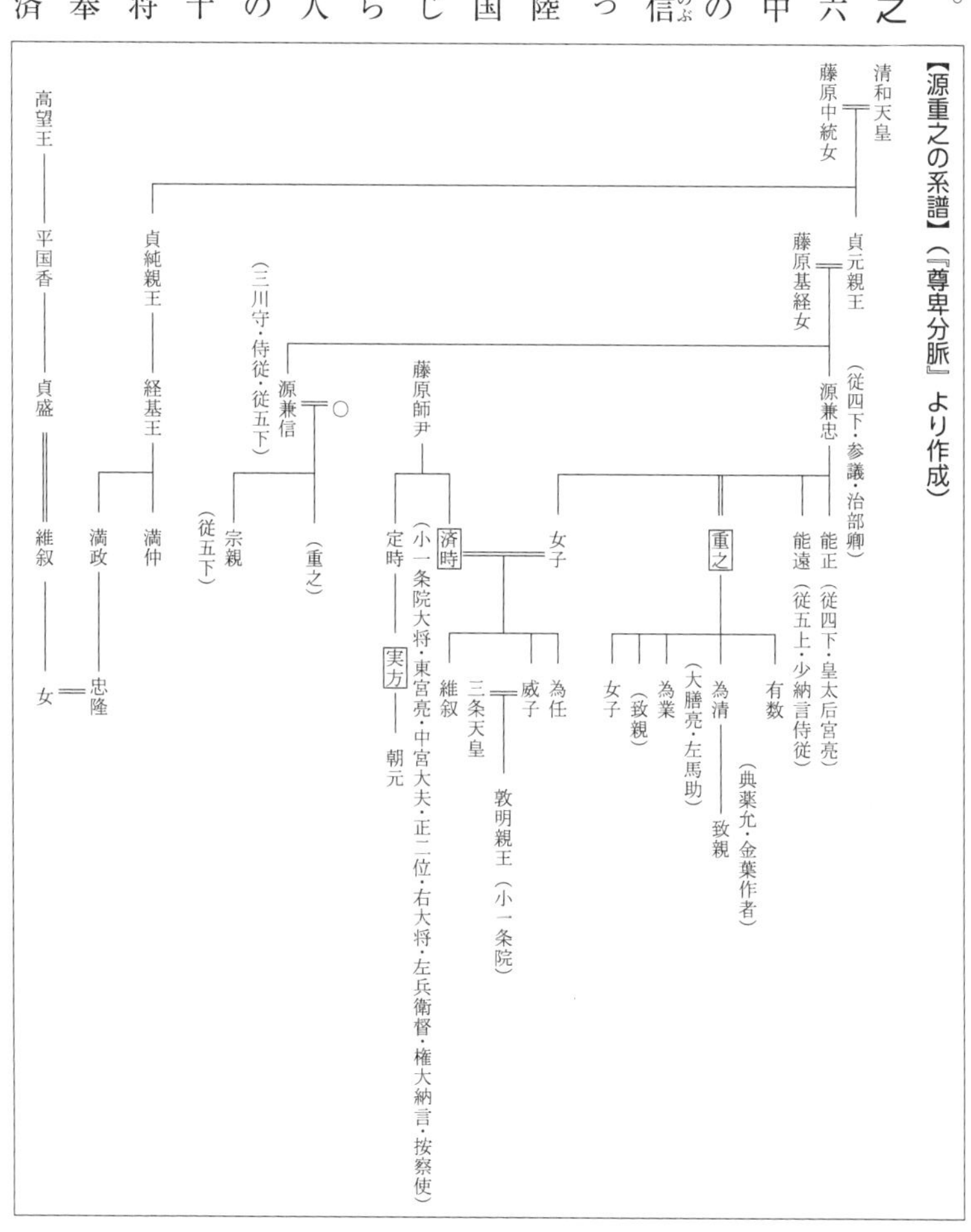

時の死と中関白家の没落後、済時の猶子実方の陸奥守赴任に随って陸奥国に下向し、そこで生涯を閉じた。『重之集』に陸奥国耶麻(やま)郡を訪れた際の詠歌があり、『大和物語』五十八段と『拾遺和歌集(しゅういわかしゅう)』所載の平兼盛の和歌（五五九）とその詞書などから重之の父兼信が安達郡に根拠地を持ち、重之の妹たちが居住していたことがわかる。この頃の受領は一族伴類を含むかなり多くの従者団（受領郎等）を形成していたことはよく知られており、兼信が陸奥国に下向し、そのまま土着する契機は存在したと考えられる。

重之は陸奥南域と生涯を通じて交流を持っていたが、重之が藤原済時に臣従したことや晩年に藤原実方に随行して陸奥国に下向したことも、受領層とその周辺に生きる人々のさまざまな生き方のあらわれであり、そこには信仰の問題も関係しただろう。

清少納言(せいしょうなごん)は『枕草子(まくらのそうし)』二十三段「すさまじきもの」のなかで、除目の日に官職につけなかった人の家を描いている。とくに受領任官が期待される者の家だろうか、一族郎等さまざまな人々が集まり、任官できなかったことが分かると一人またひとりと去って行くようすを興ざめだと描いている。そこでは僧侶の姿は見えないが、在地で収納や立券などさまざまな経済活動をする僧は枚挙に遑がない。

『重之集』に現れる人々のなかにも、寛朝(かんちょう)（広沢僧正・東寺長者）のような高僧もいるが、恵慶(えぎょう)のように播磨国分寺講師をつとめるような地方社会で活躍するものもいた。このような人々の存在を想定することが、陸奥南域に都の仏教文化が流入する背景を推測させるのではないだろうか。藤原済時は小一条院敦明親王家と近しい関係にあったから、こうした背景をもちつつ、済時没後は源満仲系の人々を通じて陸奥南域の在地勢力と結びついていったのだろう。京の貴族は邸宅に高僧を招き、師檀関係を結んでいたが、中下級の貴族層もさまざまな僧侶と関係を結んでいたから、それが地方にも及んだ可能性もあろう。院政期には陸奥南域に経塚が造営されてゆくが、都の仏教文化が浸透する動きは摂関期からすでに始まっていたのである。

●蜷河荘域の定朝様の流れ

蜷河荘域には都から流入した定朝様式が在地化した定徳寺(じょうとくじ)薬師如来像が造仏されている。定朝様式では寄木造(よせぎづくり)技法の確立と、内刳造(うちぐりづくり)技法が盛行する。しかし、会津地方では、平安時代以来の一木造に対する強い意識が残されており、定朝様式の特徴である寄木造がそのまま一木造に代わって展開するわけではない。つまり定朝様式のなかに、頭部から体躯のほとんどすべてを一材から彫り出すという一木造の技法が残されているのである。仏像彫刻史的にはそれを定朝様式の在地化と評価している。定徳寺薬師如来像は十一世紀後半から十二世紀にかけての造立で、はやくから定朝様式が在地化して展開する。仏師を支えた勢力がどのようなものか、造仏が波及する動きの解明も今後の課題となっている。

もっとも定徳寺薬師如来像は当初からこの地に伝わったのかは明らかでない。しかし、定徳寺は応永年中（一三九四〜一四二八）から存続していることは明かで、かつ勝常寺の末寺でもあることから、古くから伝来した可能性も高い。というのは、この薬師如来像の技法や造形を継承しているものに、喜多方市山都町に伝来する泉福寺大日如来像があるからである。大日如来像は密教の最高の存在で泉福寺は胎蔵界大日如来である。真言宗寺院の本尊は金剛界大日如来を本尊とすることが多いので、やや特異な存在ではある。当初は観音菩薩である可能性もあるというが（若林繁「定朝様の流れ」『会津若松市史17　会津の仏像』、二〇〇五年）、天台宗の影響によって特異な大日・不動・毘沙門の三尊組合せとなったかもしれないという。とすれば、会津の山間部にも天台宗の影響が定朝様式の在地化という流れとともに入り込んでいるといえるだろう。

十二世紀になると、明光寺（めいこうじ）十一面観音菩薩像（会津若松市門田町）・田子薬師堂（たごやくしどう）薬師如来坐像（会津美里町）・新宮熊野神社薬師如来坐像（喜多方市）など、より在地化した定朝様式の諸仏が造立される。十二世紀後半から末期の時期で、陸奥南域では奥州藤原氏の滅亡によって新たな歴史的展開を迎える時期にあたる。

十一世紀後半の定朝様式の流入は、都の仏教文化を仲介するさまざまな人々の介在なしにはおこらなかっただろう。法用寺には十一世紀後半造立の金剛力士像が二躯伝わる。これは定朝様式を正統的に受け継いで在地で造立されたもので、都の様式を完全に収得した仏師の手になるものである。地方で定朝様式の仏像を造立できる仏師とは、どのような存在だったのか分からないが、法用寺に帰依する在地の有力者の周辺にはそのような仏師たちが存在した。このような事例からも、蜷河荘成立には摂関期の仏教文化の陸奥南域への波及の過程を見ることができるのではないだろうか。

●陸奥南域の仏教の行方

陸奥北域は、安倍・清原・奥州藤原氏が支配し、前九年合戦や後三年合戦を経て、奥州藤原氏による平泉文化が花開く。十二世紀の平泉は、「浄土平泉」ともいわれるように、金鶏山山頂に営まれた経塚を中心に奥州藤原氏の居館（平泉館・加羅御所）や藤原清衡の中尊寺、基衡とその妻の毛越寺及び観自在王院、秀衡の無量光院などの寺院群が鎮守社及び浄土庭園などとともに阿弥陀浄土の景観を創り出している。「仏都平泉」は、浄土思想を基軸に仏たちと神々によって荘厳された奥州藤原氏の政治的宗教的拠点だった。

そのような陸奥北域とは異なり、陸奥南域は文治五年（一一八九）に源頼朝によって奥州藤原氏が滅ぼされるまで、いわき市の白水阿弥陀堂など平泉文化の影響を受けながらも地域的な個性を持った歴史を歩む。

摂関時代の地方における仏教がどのような存在だったか、関連する膨大な仏教関係史資料の解読は当然であるが、今日まで伝えられてきた寺院や仏像、考古学的に解明されるさまざまな事実も含めて、それらから信仰の世界を読み解くことが大切である。ただ、地方社会で霊験や往生を求める人びとの祈りや願いという心性は、祀られる如来や観音・菩薩といった仏像がどのような風景の中にあるか、摂関期の会津では定朝様式の在地化という展開として彫刻史は理解されている。しかし、地方の仏教は都の文化の波及や伝播としてのみ理解されるべきではないだろう。

（坂内三彦）

【参考文献】

会津若松市『会津若松市史2　会津、古代そして中世』（会津若松市、二〇〇五年）

会津若松市『会津若松市史17　会津の仏像』（会津若松市、二〇〇五年）
入間田宣夫ほか編『講座 東北の歴史　第五巻　信仰と芸能』（清文堂出版、二〇一四年）
加藤友康編『日本の時代史6　摂関政治と王朝文化』（吉川弘文館、二〇〇二年）
喜多方市『喜多方市史1』通史編Ⅰ（一九九九年）
窪田大介『古代東北仏教史研究』（法蔵館、二〇一一年）
花登正宏編『東北―その歴史と文化を探る』（東北大学出版会、二〇〇六年）
保立道久「藤原仲麻呂息・徳一と藤原氏の東国留住」（『千葉史学』六七、二〇一五年）
渕原智幸『平安期東北支配の研究』（吉川弘文館、二〇一三年）
目崎徳衛『平安文化史論』（桜楓社、一九六八年）
師茂樹『最澄と徳一　仏教史上最大の対決』（岩波新書、二〇二一年）
柳原敏昭ほか編『中世会津の風景』（高志書院、二〇〇七年）
吉村武彦ほか編『シリーズ地域の古代日本　陸奥と渡島』（角川選書、二〇二二年）

4　平安時代の御霊信仰

●里の御霊会

『今昔物語集（こんじゃくものがたりしゅう）』巻二十八第七話に近江八景の一つ「矢馳（やばせ）の帰帆（きはん）」で名高い矢馳の里の御霊会（ごりょうえ）の話がある。所の郡司が仏堂供養に対岸にそびえる比叡山（ひえいざん）から知り合いの僧侶教円（きょうえん）を招聘（しょうへい）して堂供養をしようとした話である。

教円は堂供養のためには、舞楽が必要と伝えてきた。郡司は舞楽を楽と捉え、さらに楽ならば田楽だと勝手に思い、教円が矢馳にやってきた折には田楽装束の楽隊で迎えた。喧噪な田楽舞隊を見て教円は「今日は此の郷の御霊会なのだろうか」と驚いた。教円は永承（えいしょう）二年（一〇四七）に七十歳で没しており、この堂供養の話は教円がまだ若い貧乏僧の頃の話とされているのでこの御霊会は十世紀後半から十一世紀初頭の里の御霊会の雰囲気を伝えていると言っていい。話の運びは、舞楽を田楽と間違えた郡司の田舎者らしさを笑話にしたものだ。

御霊会とは政争に敗れ恨みを含んで死んでいった人物が怨霊（おんりょう）となり疫病をもたらす原因とされ、その怨霊を御霊として祀り、祟りをしずめるためのものとされる。しかし、果たして御霊会はそれだけのものであろうか。政争に敗れた人物がすべて御霊会に祀られたわけではないし、政争とは関係なく行われた御霊会も年代記には散見する。そもそも年代記に登場する御霊会の具体相そのものが明確でないことも事実である。ここで紹介した矢馳の里の御霊会にしてもその内実は田楽以外は不明である。

御霊会の具体相は御霊会の初見史料とされる『日本三代実録』貞観五年の記事が最も詳細にその内容を伝えてくれる。その記事を見てみよう。

●貞観の神泉苑御霊会

貞観五年（八六三）夏五月の神泉苑御霊会では、六柱の祭神が祀られ、王侯貴族が参列。慧達律師を講師として金光明経・般若心経などが読誦された。さらに雅楽寮が楽を奏で、童舞、大唐楽や高麗楽も披露され、雑技・散楽も競って芸を尽くした。宣旨により神泉苑の四門が開放され一般の人々にも参加を許された。そもそも御霊とは崇道天皇・伊豫親王・藤原夫人・観察使・橘逸勢・文屋宮田麻呂らの冤罪者をいい、その怨恨が疫癘の原因となった。疫病は都周辺からはじまって地方に広まるので、毎年夏秋には御霊会を行っている。今年の春に疫病が流行り多くの人々が死んだ。そのため朝廷はここに至って御霊会を催した。二十二日には清和天皇も東宮御所である雅院で童舞を観た。

『三代実録』にはおよそ以上のような記述がある。この『三代実録』は延喜一年（九〇一）八月に撰進されたものである。当初は藤原時平・菅原道真ら五名が編纂を拝命したものであったが、同年一月に道真の大宰府左遷のことがあり、最終的に序文に名を連ねたのは藤原時平と大蔵善行の二人だけだった。善行は道真と双璧をなす学者であるが、時平は衆知のごとく、道真左遷の張本人である。この神泉苑御霊会に祀られた祭神の多くは道真同様に冤罪を着せられた人物たちである。時平の心中は果たしてどうだったのだろうか。

それはともかく、この記事からすなわち御霊会とは、読経の功徳と芸尽くしによる疫病退散と、その疫病の原因と考えられた罪を着せられて怨霊となった人々を御霊として祀ることで災厄を払おうとしたものであることがわかる。当初は疫病退散を願う一般民衆が在地の宗教者たちの指導で御霊会を行っていたものであろう。疫病への恐怖が道饗祭・疫神祭・四角四境祭・岐神など都の境界で疫病の侵入を防ぐ祭祀として陰陽道の関係者によりおこなわれ、その延長上に仏教的要素を加味したものが御霊会だった。ただこの神泉苑御霊会以降、多くの年代記や古記録に登場する御霊会にはこの御霊会のような個人名が登場することがない。

とりわけ個人名の御霊といえば現在、京都の上御霊神社に井上内親王・他戸親王母子が祀られているにも関わらず、神泉苑御霊会では二人が祀られた形跡がない。「最も強烈な御霊とされる井上内親王・他戸親王が除外されているのは意外である」と村山修一も指摘している。吉田東伍は明治三十三年刊『大日本地名辞書』で「旧説八座は井上内親王なく、吉備真備を加ふ其故如何を知らず」としていくつかの可能性を述べているが井上が祭神に祀られなかった根拠には乏しい。御霊会とはなんだったのかを改めて問う意義がここにある。

神泉苑御霊会二年後の貞観七年（八六五）十四日に「この日、京畿七道の諸人の、事を御霊会に寄せて、私に徒衆を聚め、走馬騎射をすることを禁めき」（『三代実録』同日条）とあるように、神泉苑御霊会とは異質の民間主導の御霊会には公家が神経をとがらせていたことがわかる。

その後、半世紀あまりを経て御霊会は延長四年（九二六）に祇園の地で牛頭天王を祀る天神堂が供養され祇園御霊会が始まり、天暦一年（九四七）北野に道真祠建立がなされ、正暦五年（九九四）六月には北野船岡山で御霊会が行われていく。

菅原道真が配所大宰府で没したのが延喜三年（九〇三）、その後、道真左遷に関わった人物の相次ぐ死を受けて、延喜二十三年（九二三）三月に醍醐皇太子保明が没すると「世挙りて云く、菅帥宿忿の為す所なり」（『日本紀略』）と世人は噂するようになっていく。

こうした状況の中で先に述べた祇園御霊会のはじまりともされる祇園天神堂が民間僧によって供養された（『日本紀略』延長四年〈九二六〉六月）。道真左遷の一因となった斉世王（宇多の第三子で道真の女と結婚し、道真が天皇に擁立しようとしたとされた）が没したのは奇しくもその翌年のことであった。さらに斉世王の死から三年後、延長八年（九三〇）醍醐天皇が四十六歳で没する。道真の怨霊への恐怖はピークに達する。道真の怨霊を御霊として崇めることと牛頭天王を祀る祇園御霊会はほぼ同時進行で平安京に新しい御霊信仰として装いも新たに登場してきた。

さらに祇園天神堂供養で重要なのは、それまでの御霊会では祭神を祀る恒常的な堂舎はなかったが、この天神堂以来、祇園の祭神牛頭天王は固定された堂舎での供養がはじまったことである。北野天神もその当初から堂舎建立がテーマとされている。

祀られる場所が辻々などを転々としていた御霊神がある特定の堂舎に祀られていく背景には林屋辰三郎が祇園御旅所設置を巡る事例で指摘しているようにその土地の関係者の利害関係など様々な要因が考えられるが御霊信仰が大きな転換期にさしかかっていたことだけは事実であろう。

●御霊会の変容

堂舎建立と並び祇園北野の御霊を特徴付けるもう一つのものは御霊神の人格神から仏尊への変容であった。

神泉苑御霊会で誕生した人格神としての御霊が祇園御霊会に祀られる牛頭天王のような仏尊にいたる過程について村山修一は次のように述べている。「御霊は密教を媒介とすることにより、人格神からさらに抽象化され理想化された仏尊の領域へ接近する傾向を示しはじめた。御霊はかならずしも特定の歴史的冤罪者としてのイメージを留めていなければならぬ時代は去りつつあったのである。そうしてそれを代表的に象徴するものが、かの祇園社の出現であった」。

だとすれば人格神の代表とも言うべき菅原道真の御霊が同時進行で天満天神御霊として祀られたことをどう理解すべきか。柴田實はその点につき道真の御霊が太政威徳天（だいせいいとくてん）そして天満大自在天神（てんまだいじざいてんじん）と名乗ったことに注目し、大自在天とはインド神の中で最高位をしめたシヴァ神のことであり、道真の御霊はもはや人格神としてではなく仏尊の最高位として認識されていたと述べている。

神泉苑御霊会では六柱の祭神は未（いま）だ神名なり仏名を持たない人格神のままであったが、祇園そして北野に祀られた牛頭天王と天満大自在天神は人格神をはるかに陵駕するものであった。祇園北野の御霊神の発展には両社をめぐる南都北嶺の密教僧らによる支配関係（本末関係）樹立に伴う争いの中で、習合思潮を背景にした神学的操作が大きく影響したであろうことは言うまでもない。

そうした神学的操作とは別に御霊会の本来の姿である民間の御霊会の系譜を引くものが正暦五年

（九九四）の船岡山での御霊会であろう。神泉苑御霊会が都の中央に位置する水場（御霊を祓いやる場として池・河川・周縁の場が有効と考えられた）で行われて以降は、史料上では御霊会は都の周縁に移動する。とりわけ水場とともに祓いやる場とされた葬送の場である鴨川の対岸鳥辺野に近い祇園ではじまり、ついで都の北方の葬送地蓮台野に位置する船岡山周辺にも広がっていった。この船岡山御霊会には木工寮が関わってはいたが、実際は公家の定めたものではなく、都人が自ら勤修したものだと『本朝世紀』は述べている。

船岡山御霊会はその後、隣接する紫野今宮社御霊会となり、やすらい花と呼ばれる鎮花祭へと発展していく。民間主導である以上当然だが、そこには個人名の御霊は登場しない。

それでは貞観の神泉苑御霊会とはなんであったのか。

●神泉苑御霊会とは何か

神泉苑御霊会はすでに多くの論者が指摘しているように、藤原冬嗣・良房による強引な文徳、清和天皇擁立劇が背景にあることは言うまでもない。嵯峨天皇没後から清和擁立に至るまでのいくつかの政変や天安二年（八五八）清和即位直後に、良房主導でなされた天智・桓武・清和の王統の正統性を主張するための十陵四墓の選定作業、そしてその十陵四墓に早良親王（崇道天皇）陵が含まれたことなどに注目すべきであろう。そしてさらに応天門の変の最中での良房摂政の誕生（八六六）へと続く中で実施されたのが貞観御霊会であった。

幼帝清和の正統性を主張するために平安王統の出発点に位置する桓武天皇の顕彰こそがまずなされ

ねばならなかった。清和の生後九か月での立太子の異常さについては正史である『三代実録』ですらその冒頭に、立太子を揶揄する童謡（三超の謡）を掲げている。この童謡については鎌倉初期成立の『古事談』にも紹介されている。幼年立太子が清和以降再び大きな問題になるのが『古事談』が書かれる少し前、治承・寿永内乱期における安徳天皇の事例である。治承二年（一一七八）の言仁（安徳）ゼロ歳児立太子にあたり、九条兼実はその日記で清和の立太子を冒頭におき年齢別立太子一覧を二十六名にわたりわざわざ作成している。解釈無しでの掲載が兼実らしいところである。

神泉苑御霊会では桓武王権樹立の犠牲になった人物、まずは桓武の実弟早良、次に桓武没後に起きた皇位継承をめぐる陰謀事件で平城天皇によって処断された藤原吉子・伊豫親王母子。この三人の追悼こそが神泉苑御霊会の主たる目的であったであろう。残りの臣下三名については後述する。

そうであれば、桓武（山部）が皇位継承者として登場してくるきっかけとなった桓武の父光仁天皇の犠牲者となった井上皇后と二人の子である他戸親王がなぜ祀られなかったのか。

●上下御霊神社

その前に現在京都市内に鎮座する上下御霊神社について一言しておこう。

上下御霊神社の創建時期は不明である。社伝では貞観御霊会とのつながりを説くが、『霊安寺御霊大明神略縁起私記』などの記載を根拠として、井上皇后・他戸親王に遡る説もある。

祭神として祀られる御霊には六所御霊と八所御霊が有名だが、通常、六所御霊といえば神泉苑御霊会の祭神を指し、八所御霊といえばこの上下御霊神社の祭神を指す。ただ南北朝期成立とされる

『拾芥抄』には上下御霊神社の記載なく八所御霊が記載されている。八所御霊の初見史料である可能性もあるが、上下御霊神社の創建が不明である以上、今のところ保留に従うしかない。ちなみに上下御霊神社の祭神は現在、以下のとおりである。

上御霊神社　崇道天皇（早良親王）　井上内親王　他戸親王　藤原大夫人（伊豫親王母）　橘大夫（橘逸勢）　文大夫（文屋宮田麻呂）　火雷神（後述）　吉備大臣（後述）

下御霊神社　崇道天皇　伊豫親王　藤原大夫人　藤大夫（後述）　橘大夫　文大夫　火雷天神　吉備聖霊（後述）

江戸時代正徳年間成立の『山城名勝志』『山州名跡志』によれば

上御霊神社　吉備聖霊（吉備大臣）　崇道天皇（早良親王）　伊予親王　藤原大夫人　藤太夫　橘太夫　文太夫　火雷神

下御霊神社　吉備聖霊　崇道天皇　伊予親王　藤原大夫人（藤原夫人）　藤大夫　橘大夫　文大夫　火雷天神　とされている。（　）内は名跡志の記載。

吉備大臣や吉備聖霊は吉備真備以外に長屋王室で草壁皇子の娘、吉備内親王を比定する説もある（『和訓栞』）。藤大夫も『山州名跡志』では藤原広嗣とするが、神泉苑御霊会では「観察使」とあり一般的には薬子の変の首謀者藤原仲成とされる。しかし、仲成は藤原吉子・伊豫親王母子を葬った張本人であり、御霊とされた理由が不明であるが、薬子の変の首謀者が平城上皇であり、仲成・薬子に全責任をかぶせた『日本後記』の記載に注意を喚起する笠井純一の指摘（『日本歴史大事典』）も参考になる。『玉葉』寿永二年閏十月二日条には「薬子の乱（変）」ではなく「平城上皇の乱」と記載され、『水鏡』には「平城の乱」と見出しが書かれていることにも注意すべきであろう。橘大夫は橘逸勢、文大夫は文屋宮田麻呂に比定され、共に藤原良房の陰謀とされる承和九年（八四二）の承和の変の犠牲者である。宮田麻呂は対外貿易を巡る藤原氏との軋轢が指摘されるが良房政権の犠牲者として見てよいであろう。火雷神は社伝や『和訓栞』によれば菅原道真ではなく井上皇后皇子とされる。

祭神の比定はさておき、それでは現在上御霊神社に祀られている井上皇后・他戸親王母子はどのような経緯で祀られることになったと考えたらいいのであろうか。

『山州名跡志』所収の上御霊社記に「当社はじめ大和国内山に鎮座す。桓武帝当京開闢の後、移し祭るなり」とある。内山は「宇智山」のことであろう。大和国宇智郡（現在の五條市周辺）は井上・他戸が流された場所でありそこで殺された場所でもある。一帯には御霊神社本宮をはじめ二十を超える御霊神社が現存する。井上皇后・他戸・早良の両皇太子を祀る。

この『名跡志』をはじめとして江戸時代には多くの京都・平安京の地誌が刊行されている。上下御霊神社も多くの地誌に登場するが、上御霊神社の祭神として井上内親王を掲載しているのは宝暦四年（一七五四）刊記のある『山城名跡巡行志』くらいである。すなわち「祭る所の八所、早良親王、伊豫親王、井上内親王、藤原夫人、橘逸勢、文大夫、藤広嗣、吉備公、火雷神」とあり祭神の数が合わないが、井上を上御霊神社の祭神とした貴重な史料である。京都の地誌はその後も多く作成され、大正五年（一九一六）に全巻刊行された『京都坊目志』をもって古典的な地誌は終わる。その『坊目志』

でも井上の大和霊安寺での押し込めについては記載しているが上御霊神社の祭神とはしていない。『坊目志』より早くすでに紹介した吉田『地名辞書』では「社記」によるとして井上を上御霊神社の祭神としている。現在上御霊神社に井上、他戸が併祀されているのは吉田が依拠した「社記」の影響が大きい可能性がある。

●井上皇后・他戸親王

光仁天皇即位に伴い、井上内親王が皇后に、そして他戸親王が皇太子になるが、一年たらずで二人は巫蠱疑惑で追放される。政治的冤罪であったことは確かである。わずか一年ほどの間に何があったのか。井上立后から一年四か月ほどを経て、唐突に井上廃后記事が『続日本紀』宝亀三年（七七二）三月条に登場する。その少し前、光仁即位前であるが井上の同母妹不破内親王への神護景雲三年（七六九）の謀反嫌疑がある。不破といえば天応二年（七八二）に不破の子氷上川継が皇位継承を狙って起こした乱に連座しているが、すでに川継の兄志計志麻呂の皇位継承疑惑で嫌疑を科されていた。虎視眈々と称徳後の皇位継承を画策していた藤原氏にとっては道鏡の次に問題となったのが、次期候補である白壁王（光仁天皇）の夫人井上内親王につらなる一族（天武系）であったということであろうか。

二人の怨霊化は宝亀六年（七七五）の二人の獄死とともに始まる。井上が没後龍になったとの話は『愚管抄』『歴代皇紀』にも見えるので、貴族社会ではそのような伝説が語り継がれていたと考えてよい。この間、疫病は相変わらず蔓延し、疫神祭も繰り返されていたが、井上、他戸の怨霊がその根拠とされた気配はない。むしろ、井上怨霊への恐怖は山部親王（桓武天皇）自身の体調不良に現れ、井上陵の度重なる改葬にもそれは現れている。井上、他戸追放の首謀者である藤原百川の四十八歳という若さでの死も怨霊の脅威を示してあまりあったであろう。

井上陵の改葬を繰り返す間に、延暦一年（七八二）閏正月井上の甥にあたる氷上川継の乱で井上の同母妹不破を配流としたが、その一方で、長岡京造営時の延暦四年（七八五）藤原種継暗殺が起き、ただちに翌日から犯人探索と処刑が始まる。早良親王が首謀者とされ廃太子となる。その冤罪を謝し早良に崇道天皇が追号されるのは延暦十九年（八〇〇）のことである。同時に井上の皇后位の復活もなされる。延暦二十四年（八〇五）には井上、他戸のために宇智郡霊安寺に小倉が建てられる。大同一年（八〇六）に井上の生前の請願により葛城上郡高天彦神社が幣帛に預かる神社とされる。それから四年目の弘仁一年（八一〇）に井上陵に僧が派遣されたとの記事を最後に井上は正史から消える。

このように早良と共に、復権がなされた井上であるが、『日本後記』逸文に井上他戸の巫蠱疑惑を訴えた官人の子弟に贈位が為された記事がある。延暦二十二年（八〇三）正月のこととされるが、それでは井上、他戸の復権がなされた後になるので延暦十九年以前のことだったのではあるまいか。ただ他戸については藤原内麻呂の没した弘仁三年（八一二）記事に他戸の暴虐ぶりが内麻呂を称える意味で書かれている。嵯峨時代とはいえ、井上、他戸の評価は流動していたということか。この記事を最後に他戸の記事も正史から消える。

井上皇后が天武系の聖武の子女であったことが井上、他戸の悲劇を生むことになったことは事実であろう。さらに大きな問題はその井上、他戸に代わる皇位継承者を光仁夫人の中から藤原氏が高野新笠・山部親王のラインを選択したことであった。高野新笠は百済系の渡来人の血をひく。他方、井上は父が聖武天皇、母は県犬養(あがたいぬかい)氏の出自である。県犬養氏は不比等(ふひと)の室三千代を出している中堅貴族である。渡来人の系譜に連なる人物なり貴族はいくらでもいるが、皇位継承者の母が渡来人の子孫ということは、日本史上でも例外に属する。

それを実現させたのが百川であり、井上、他戸母子を宝亀六年（七七五）に死に追いやったのも百川である。桓武とそれを支える藤原氏勢力や山城周辺に拠点を築いていた渡来系氏族らによるフレームアップであろうが、『水鏡(みずかがみ)』に極めて興味深い説話が描かれている。

著者は『山槐記(さんかいき)』の著者である中山忠親(なかやまただちか)に比定されている。忠親は治承寿永の内乱後に内大臣を務めるほどの上級貴族であり、有職故実(ゆうそくこじつ)にも詳しいとされる人物である。

保元から文治にかけての内乱期には崇徳院や安徳天皇など皇位継承で異常事態が続く。九条兼実ですらその日記に崇徳院怨霊の対処に早良（崇道天皇）の事例をあげたり、すでに述べたように前代未聞の言仁(ときひと)（安徳）のゼロ歳児立太子にあたり敢えて立太子年齢の一覧作成の挙に出させたように、早良から清和にいたる皇位継承をめぐる様々な問題は後世にまで影響を与えたといえる。そうした時期に『水鏡』が書かれ、そこに光仁・井上・山部（桓武）の閨房説話が描かれている。光仁天皇と井上皇后との賭け事の景品に若い男女が賭けられた話である。勝った井上は若い男を所望する。そのお相手役の白羽の矢が山部にあたる。はじめのうちは辞退していたが、ついに継母井上と合通した山部はすっかり継母に入れ込んでしまった、という説話である。この話は井上皇后が光仁を差し置いて山部と親密になってしまい、光仁が嫉妬して百川に処理を頼んだ結果、井上・他戸の厭魅事件となったという話の枕として作られたものであろうと考えられる。無論これは説話でありどこまでが史実か傍証史料がないので不明であるが、ただ虚構として捨て去るにはもったいない説話といえる。平安後期から鎌倉にかけて光仁・井上そして桓武をめぐる関係が貴族社会ではこのように理解されていたということは確かである。

『水鏡』のこの説話とりわけ井上・山部の閨房説話をそのまま引用して成ったのがすでに紹介した室町期成立とされる『霊安寺御霊大明神略縁起私記』である。

宇多法皇の『寛平遺戒』に、桓武が采女たちに「表袴」という簡便な袴を履かせていたという話がある。なかなか解読困難な史料ではあるが、保立道久は以下のように紹介している。「桓武は平生の昼はたくさんの子どもたちの遊び相手をしながら、身辺を掃除する采女たちにはとくに「表袴」という簡便な袴を着させていた。それは気持ちが動いたときに、「御するに便ならしむと欲」したためであったという。」

この保立の解釈が成り立つとすれば『水鏡』に見える井上・山部関係はさほど荒唐無稽な説話ではなかったと言える。

井上・他戸母子が神泉苑御霊会で御霊として公的に祀られなかった要因にはすでに紹介した村山修一が指摘するように「藤原百川の陰謀を想起されたくない、当時の藤原氏の意向が反映」していたためであったことと同時に、こうした話が貴族社会で陰に陽に連綿と語り継がれていたことがあったからだとはいえないだろうか。

平安の都で江戸期の宝暦年間に至るまで御霊として祀られた気配がない井上、他戸母子であるが(ただ伏見にある桓武天皇陵近くに鎮座する藤森神社新宮に早良・井上・他戸が併祀されている。中世のある時期に東福寺周辺からの遷座とされている。藤森神社自体不思議な社伝を持つ神社であり、この件については改めて検討したい)、意外な場所で古くから御霊として勧請されていた可能性がある。鎮護国家仏教の総本山とされている東大寺二月堂の修二会(お水取り)においてである。

●神名帳

八島御霊　霊安寺御霊　西寺御霊　普光寺御霊　天満天神　先生御霊　氷室御霊　木辻御霊
大道御霊　塚上御霊　葛下郡御霊

ここで列記した御霊は天平勝宝四年(七五二)に良弁の弟子実忠によって始められたとされる東大寺二月堂修二会で毎日奉読される神名帳の九段に登場する御霊である。日本全国の神々の神名を奉読して修二会に勧請し、最後にこの十一柱の御霊の名を奉読する。修二会の当初から全てが奉読されていたわけではなく、時代を追って加上されていったものと考えられる。見慣れない名の御霊だが、佐藤道子は以下のように比定している。

八島御霊＝早良親王(崇道天皇)　霊安寺御霊＝井上内親王　西寺御霊＝淳仁天皇(淡路廃帝)
普光寺御霊＝県犬養宿禰広刀自　天満天神＝菅原道真　先生御霊＝藤原仲麻呂　氷室御霊＝未定

木辻御霊＝他戸親王　大道御霊＝長屋王　塚上御霊＝未定　葛下郡御霊＝大津皇子

東大寺以外では法隆寺上宮王院修正会（しゅしょうえ）の半夜導師（はんやどうし）作法、西圓堂（さいえんどう）修二会半夜導師作法でもほぼ同じ御霊が奉読されていたのが『法隆寺要集』でわかる。神泉苑御霊会の祭神六柱との一致は早良だけである。法隆寺修正会等で奉読される御霊は八柱が東大寺のそれと一致する。佐藤道子が指摘するように東大寺で奉読される御霊は東大寺所縁（ゆかり）の人物と考えられる。しかし法隆寺で奉読される人物の法隆寺との関係はほとんど指摘できないことから、法隆寺修正会等での御霊奉読は東大寺の影響を受けて成立したものと考えたい。

東大寺修二会開始とされる七五二年に現在奉読されている御霊名が奉読されたとは考えられない。まず早良の八島御霊であるが、早良に崇道天皇が追号されたのが延暦十九年（八〇〇）であり、七月に東大寺南方の八島に遺骨を奉納と『帝王編年記』にある。東大寺にとって所縁の親王禅師（しんのうぜんじ）と呼ばれた早良の陵墓が寺の近くに改葬された。なんらかの行動が取られたのは間違いないであろう。その一つが早良と懇意であった実忠の創始した二月堂修二会での神名帳奉読に早良の御霊を迎えることではなかったのか。その際に、早良だけではなく同時期に復権した井上、他戸や、この時期までに皇位継承争いの犠牲者となった、淳仁、県犬養広刀自、仲麻呂、長屋王そして大津が順次密かに併祀されたのではなかろうか。弘仁十四年（八二三）には「天下大疫」が起き、東大寺で百僧が薬師法を修することがあった。早良の八島陵への改葬とこうした東大寺での疫病退散法会などが修二会での御霊奉読の契機になった可能性はある。

神名帳九段目の御霊奉読での、「一際(ひときわ)音程を下げ声をひそめる」（佐藤道子）独特な奉読はそのために生じた唱え方だったとも言える。道真併祀は十世紀以降の天神信仰の隆盛に伴ったものであろう。さらに注目すべきは八段に登場する「牛頭天王(ごずてんのう)、武答天神(むとうてんじん)、蛇毒気神王(じゃーどっきじんのー)、大歳八神(ださいはつじん)」の神々である。牛頭天王と武答天神は祇園御霊の祭神名であり、蛇毒気神も祇園牛頭天王の娘とされる。大歳八神は陰陽道の方位神（八将神）のことであるが牛頭天王の八王子ともされる。初段から七段まで全国の神々の名前を奉読して八段で祇園御霊関係の神々（六段に祇園天神があるが八段との関係は不明）を奉読し、最後の九段で十一柱の御霊名を奉読する。祇園御霊会が盛んになるのは十世紀以降であり、この部分の奉読もそれを遡ることはないであろう。東大寺戒壇院西側に八坂神社が鎮座し、南都祇園会も現在に至るまで催行されている。しかしこの神社は建武五年（一三三八）に京都祇園社を勧請したものとされるので、八段の祇園神奉読を契機として勧請された可能性はある。

修二会での神名帳奉読は史料上では大治三年（一一二八）を遡ることはできない。同年の『連行衆日記』に「禅海神名帳」「定祐神名帳」と登場するのが最初である。そうではあるが、御霊奉読の上限は九世紀の早い時期であり、下限は道真の御霊化が進み祇園信仰が隆盛に向かう十世紀半ばだったと考えたい。

早良が八島に改葬されてからほぼ五十年後に神泉苑御霊会が開催されるが、そこで祀られた祭神が修二会の御霊に影響した気配はない。その逆も同じである。東大寺は藤原摂関家の思惑とは別に、修二会において御霊奉読を連綿と繰り返し続けたと言える。

一年の罪を懺悔悔過し、全国の神々の加護を得て春を迎える儀式に御霊奉読が果たした役割とは何であったのか。私はそれを追儺として考えたいと思う。追儺は大陸・半島からこの列島に伝えられたもので、大晦日に疫神を払う儀式として宮廷寺院その他で行われたものである。日本では『続日本紀』慶雲三年（七〇六）十二月条「天下の諸国に疫疾ありて、百姓多く死ぬ。始めて土牛を作りて大きに儺す」が初出とされている。追儺そのものは後には節分の鬼やらいの儀式に代わっていくが、二月堂修二会における御霊奉読は東大寺・平城京所縁で同時に皇位継承争いの被害者となって怨霊となった人々を御霊として迎え、その御霊名を奉読することで彼らが背負った怨恨と共に現世の罪障をも悔過し一年の罪悪を払うということで追儺的な意味合いがあったと考えてみたい。

金光明四天王護国之寺東大寺に相応しい御霊奉読であり、神泉苑御霊会の六柱の御霊が一度だけで歴史から消え、その後民間の御霊信仰と習合して上下御霊神社にいくらかの祭神の変更を経て存続したのとは異なる御霊信仰の歴史が東大寺にはあったと言える。

●三種類の御霊会

以上のように見てくると御霊信仰を三種類に分類して考えることができる。一つが平城京成立前から平安期に至る皇位継承争いの犠牲者、とりわけ東大寺所縁の人々の御霊を祀る二月堂修二会における御霊奉読に、二つは平安王朝形成期の皇位継承争いの犠牲になった人々の御霊を加害者側の罪は棚上げしたまま公的に慰撫する神泉苑御霊会に、そして三つ目にそうした政治的フレームアップの犠牲者を御霊に祀ることとは無関係に疫病退散を願う民衆による里の御霊会に。以上の三つである。

とりわけ三つ目の民衆の疫病退散祈願の御霊会すなわち里の御霊会こそが御霊信仰の中心であり、神泉苑御霊会のような藤原摂関家の都合でただ一度なされた御霊会は例外に属す。しかし東大寺二月堂修二会における神名帳奉読における八段九段の御霊奉読については専論も少なく不明な点も多い。

御霊信仰は平安中期以降、祇園・天神の御霊信仰に収斂していくと同時に平安末期以降更なる変化を遂げていく。鎌倉権五郎・曽我十郎五郎兄弟など自ら御霊神になっていこうとする神々の登場である。それについては本稿の枠を超えるので修二会における御霊奉読も含めて改めて論じたい。

（竹内光浩）

【参考文献】

木村茂光編『平安京　くらしと風景』（東京堂出版、一九九四年）
佐藤道子「二月堂神名帳」の御霊段について（『楽劇楽』十六号、二〇〇九年）
柴田實編『御霊信仰』（雄山閣、一九八四年）
東京国立文化財研究所『芸能の科学　五』（平凡社、一九七四年）
戸田芳実編『中世の生活空間』（有斐閣、一九九三年）
野間光辰編『新修京都叢書』（臨川書店、一九六七～二〇〇六年）
林屋辰三郎・民科『祇園祭』（東京大学出版会、一九五三年）
保立道久『平安王朝』（岩波書店、一九九六年）
村山修一『習合思想史論考』（塙書房、一九八七年）
村山修一『天神御霊信仰』（塙書房、一九九六年）
吉田東伍『大日本地名辞書』（冨山房、一九〇〇～一九一二年）

芳井敬郎編著『祇園祭』（松籟社、一九九四年）
『国文学解釈と鑑賞』六十三・三　特集＝古代に見る御霊と神仏習合（至文堂、一九九八年）
『東大寺二月堂修二会の研究』（中央公論美術出版、一九七九年）
『東大寺お水取り　二月堂修二会の記録と研究』（小学館、一九八五年）

あとがき

本書は平安時代とくに摂関政治期の魅力、面白さを伝えようとするものである。

正確に数えたわけではないのだが、平安時代の研究者、特に若手は少なく、読書界の傾向としても近年の室町時代ブームなどに比べると平安時代はどうも人気がないようである。だが、研究が停滞しているかというとそうではない。華やかな宮廷文化を支えた財政構造や受領支配の問題、国風文化論の見直し、摂関政治に関する精緻な研究など着実に、しかも優れた研究成果は積み上げられているのである。

また古記録の現代語訳や一般向けに書かれた優れた新書など、研究者以外の方でも平安時代研究に触れる機会は増えてきている。こうした読書界・出版界の動向とも共鳴して摂関期の研究成果を一般に紹介し、摂関政治や平安時代への関心をさらに広げることはできないだろうか。

このようなことを考えていた時に、長いことお付き合いいただいている小径社の稲葉義之社長から本書の企画のお話をいただいた。ちょうど来年（二〇二四年）のＮＨＫ大河ドラマが紫式部を扱った「光る君へ」であることもあり、いい機会ではないか。そんなこともあって本書を編集することとした。

今回原稿をお願いしたのはすべて第一線で活躍されている一流の研究者の方々である。幸いなことに私などからの依頼にすべての執筆者の皆さんが快諾してくださり、本当に素晴らしい本ができたと思っている。執筆者の皆様に心からお礼申し上げます。また、全体の校正・校閲については中村俊之氏のお世話になりました。本書刊行にご尽力いただいた稲葉様、中村様にも改めてお礼申し上げます。

さて、大河ドラマの影響は大きいが、一過性のものである。しかし本書に編まれた各研究成果は一過性のものではなく、長く残る業績になっていると確信している。

読者の皆様にはぜひ本書を通して平安時代、摂関政治期を知り、平安時代の魅力に触れていただきたいと思っています。

二〇二三年十月吉日

戸川　点

【編著者略歴】

戸川点（とがわ　ともる）
一九五八年生まれ。上智大学大学院文学研究科博士後期課程中退。現在、拓殖大学国際学部教授。
▼『平安時代の政治秩序』（同成社）、『平安時代の死刑』（吉川弘文館）、『検証・日本史の舞台』（共編著、東京堂出版）ほか。

【執筆者略歴】

小倉慈司（おぐら　しげじ）
一九六七年生まれ。東京大学大学院人文社会系研究科博士課程単位修得退学。博士（文学）。現在、国立歴史民俗博物館教授。
▼『古代律令国家と神祇行政』（同成社）、『事典　日本の年号』（吉川弘文館）、『『小右記』と王朝時代』（共編著、吉川弘文館）ほか。

鎌倉佐保（かまくら　さほ）
一九六八年生まれ。明治大学大学院文学研究科博士後期課程単位取得退学。博士（史学）。現在、東京都立大学人文社会学科教授。
▼『日本中世荘園制成立史論』（塙書房）、『岩波講座日本歴史』第6巻・中世1（共著、岩波書店）、『荘園研究の論点と展望』（共編著、吉川弘文館）ほか。

木村茂光（きむら　しげみつ）
一九四六年生まれ。大阪市立大学大学院文学研究科博士課程単位取得退学。博士（文学）。現在、東京学芸大学名誉教授。
▼『「国風文化」の時代』（青木書店）、『中世社会の成り立ち』（吉川弘文館）、『頼朝と街道』（吉川弘文館）ほか。

櫻聡太郎（さくら　そうたろう）
一九九四年生まれ。東京大学大学院修士課程修了。現在、吉祥女子中学校・高等学校教諭。

関根淳（せきね　あつし）
一九七〇年生まれ。上智大学大学院文学研究科博士前期課程修了。現在、富士見丘中学高等学校教諭。
▼『日本古代史書研究』（八木書店）、『六国史以前』（吉川弘文館）、『日本書紀の誕生』（共編著、八木書店）ほか。

竹内光浩（たけうち　みつひろ）
一九四七年生まれ。法政大学法学部政治学科卒業。元専修大学兼任講師。
▼『能楽の源流を東アジアに問う』（共編著、風響社）、『語る藤田省三』（共編著、岩波現代文庫）、『天皇・天皇制をよむ』（共編著、東大出版会）ほか。

中込律子（なかごみ　りつこ）
一九五六年生まれ。学習院大学大学院文学研究科博士後期課程満期退学。博士（史学）。現在、学習院大学非常勤講師。
▼『平安時代の税財政構造と受領』（校倉書房）、『古代の人物』第6巻「王朝の変容と武者」（共著、清文堂出版）、『馬と古代社会』（共著、八木書店）ほか。

坂内三彦（ばんない　みつひこ）
一九五七生まれ。上智大学大学院文学研究科博士後期課程中

退。現在、会津若松ザベリオ学園高校講師。
▼『会津若松市史2』（共著、会津若松市）ほか。

樋口州男（ひぐち　くにお）
一九四五年生まれ。早稲田大学大学院文学研究科博士課程単位取得（満期退学）。博士（文学）。中世史研究家。
▼『中世の史実と伝承』（東京堂出版）、『日本中世の伝承世界』（校倉書房）、『将門伝説の歴史』（吉川弘文館）ほか。

福島正樹（ふくしま　まさき）
一九五四年生まれ。上智大学大学院文学研究科博士後期課程満期退学。現在、信州大学大学史資料センター特任教授。
▼『日本中世の歴史② 院政と武士の登場』（吉川弘文館）、『長野県の歴史』（共著、山川出版社）、『中世の生活空間』（共著、有斐閣）ほか。

服藤早苗（ふくとう　さなえ）
一九四七年生まれ。東京都立大学大学院博士課程単位取得退学。文学博士。現在、埼玉学園大学名誉教授。
▼『藤原彰子』（吉川弘文館）、『『源氏物語』の時代を生きた女性たち』（ＮＨＫ出版）、『平安王朝社会のジェンダー　家・王権・性愛』（校倉書房）ほか。

皆川雅樹（みながわ　まさき）
一九七八年生まれ。専修大学大学院文学研究科歴史学専攻博士後期課程修了。博士（歴史学）。現在、産業能率大学経営学部准教授。
▼『日本古代王権と唐物交易』（吉川弘文館）、『「唐物」とは何か—舶載品をめぐる文化形成と交流』（共編著、勉誠出版）、『歴史総合の授業と評価—高校歴史教育コトハジメ』（共編著、清水書院）ほか。

渡辺滋（わたなべ　しげる）
一九七三年生まれ。現在、山口県立大学国際文化学部准教授。
▼『古代・中世の情報伝達—文字と音声・記憶の機能論—』（八木書店）、『日本古代文書研究』（思文閣出版）ほか。

《編集協力》
中村俊之（なかむら　としゆき）
一九五九年生まれ。東京都出身。明治大学文学部卒業。現在、駒込学園講師。
▼『史料が語るエピソード　日本史１００話』（共著、小径社）、『新説日本史』（共著、日本文芸社）、『東京都謎解き散歩』（共著、新人物往来社）ほか。

小径選書 ❽

平安時代はどんな時代か―摂関政治の実像―

2023年12月1日　第1刷発行
2024年4月10日　第2刷発行

編著者　戸川　点
発行者　稲葉義之
印刷所　株式会社シナノパブリッシングプレス

発行所　株式会社 小径社 Shokeisha Inc.
〒350-1103　埼玉県川越市霞ヶ関東5-27-17
TEL 0266-78-7172（商品管理）　URL　http://www.shokeisha.com

ISBN　978-4-905350-18-7
◎定価はカバーに表示してあります。
◎落丁・乱丁はお取り替えいたします。

小径選書①

再検証 史料が語る新事実

書き換えられる日本史

村岡　薫　戸川　点
樋口州男　野口華世／編著
武井弘一　藤木正史

ISBN978-4-905350-00-2　四六判／二五六頁／定価一、六〇〇円（税別）

歴史が変わる?!　歴史研究の最前線は今……

「『歴史』の裏付けとなっている様々な史料も、視点を変えて読み解くと新たな側面がみえてくる。近年の研究により従来の『歴史』の記述が塗り換えられた、あるいは塗り換えられつつある事例をやさしく解説することにより、史料を研究することのおもしろさと歴史研究のダイナミズムを提示する」

本書はこの趣旨のもと、近年の新たな史料研究によってみえてきた、従来の常識をくつがえす日本史の真相に迫る。

小径選書②

「平家物語」の時代を生きた女性たち

服藤早苗／編著

ISBN978-4-905350-02-6　四六判／二四八頁／定価一、六〇〇円（税別）

『平家物語』に登場する女性たちの実像とは!!

建礼門院は、『平家物語』像をもとに、頭の悪い、思考力のない女性とされることが多かった。『平家物語』のみならず、実際の歴史研究でも、いまだに女性の出てくる史料や生活に関する史料をあまり重視しない傾向が強い。

平家政権をとりまく政治勢力構造や推移を考察するとき、姻戚関係はきわめて重要な要素だが、婚姻儀礼や居住形態研究も、女性たちの朝廷内での女房役割や人間関係の研究も、まだまだ始まったばかりである。（はしがきより）

本書は最新の研究成果から女性たちの実像を描き出す。

小径選書③

歴史と文学

―文学作品はどこまで史料たりうるか―

樋口州男　村岡　薫
戸川　点　野口華世／編著
田中暁龍

ISBN978-4-905350-04-0　四六判／二五六頁／定価一、六〇〇円（税別）

文学作品を歴史研究に利用することは可能なのか?!

文学作品を歴史研究の史料として利用するさいのアプローチの方法は、たとえば「文学作品と歴史史料を対比させて展開する」「文学作品そのものの歴史史料性を追求する」「文学作品に描かれた内容から時代性を浮かび上がらせる」などさまざまである。そこから創作と史実の境界線を探ることもできるのではないかと考えたのが本書である。

文学作品を読む楽しさと歴史を考える面白さを同時に味わっていただけると誠に幸いである。（はしがきより）

小径選書④

歴史の中の人物像

―二人の日本史―

樋口州男　小林　風
戸川　点　中村俊之／編著
野口華世

ISBN978-4-905350-10-1　四六判／二九六頁／定価二、〇〇〇円（税別）

二人の人生が歴史の中で交差する!!

「古代から近代にいたる歴史上の人物を二人ずつ取り上げ、その関係を解説することで日本史をたどる」（「あとがき」より）。

過去、二人の関係性で読ませる本はいくつも存在するが、本書では今までにない意外な組み合わせや、組み合わせ自体はオーソドックスでもその関係性があまり知られていない、などの点において新鮮な話題を集めた。それらの人物の対比や関係性から、新たな歴史の視点と歴史を学ぶことの楽しさが見えてくるに違いない。

小径選書⑤

武士道と男色物語 ―『賤のおだまき』のすべて―

伊牟田經久／著

ISBN978-4-905350-12-5　四六判／二八〇頁／定価二、〇〇〇円（税別）

『賤（しず）のおだまき』のすべてを解明!!

江戸時代の末期に鹿児島で作られた美少年をめぐる物語『賤のおだまき』が、明治初期の東京で若者たちにもてはやされた。戦国時代、島津義久・義弘治世のころを舞台とする男色の物語である。

新旧の思想や文化の相克する明治初期の世相の中で、この物語は、西欧化の新しい風潮を軟弱として反発し、戦国武士の義と愛に生きる男どうしの関係を純で美しいものとして憧れる若者たちに受け入れられていった。それはなぜか。その物語の全容をここに解き明かす。

小径選書⑥

『吾妻鏡』でたどる 北条義時の生涯

樋口州男・田辺　旬
錦　昭江・野口華世／編著

ISBN978-4-905350-15-6　四六判／二七二頁／定価二、〇〇〇円（税別）

北条義時の光と影の生涯をたどる!!

武士の都・鎌倉を舞台として生きた北条義時とその時代を知る上で、もっとも基本的な史料の一つとしてあげられるのは、鎌倉幕府の記録『吾妻鏡』である。しかし同書はまた、見方をかえると、幕府・北条氏サイドの視点から編纂されているという厄介な代物であることも確かである。

本書はまさにこの虚実ないまぜの『吾妻鏡』を手がかり（窓口）に、「義時の世界」へと入っていく道案内人としての役割を果たしたいとの思いから生まれた企画にほかならない。（はしがきより）

小径選書⑦

鎌倉北条氏の女性ネットワーク

田辺旬・野口華世／編著

ISBN978-4-905350-16-3　四六判／二四八頁／定価二、〇〇〇円（税別）

鎌倉北条氏の権力基盤を築いた女性たちの生涯!!

北条氏の歴史は鎌倉幕府とともにあった。本書では、北条政子とその妹たち、歴代得宗の妻たち、政子の孫娘竹御所といった人物に焦点を当てる。御台所・後家尼・乳母といった政治的立場、婚姻関係によるネットワーク、鎌倉と京都の関係、伝承や伝説といった様々な視点から分析することにより、それぞれの人物像を明らかにするとともに、女性たちを通して鎌倉時代を捉えようと試みた。これまであまりよくわかっていなかった女性たちの生き様を最新の研究成果に基づき描いていく。

史料が語るエピソード　日本史100話

樋口州男／編著

ISBN978-4-905350-01-9　四六判／二九六頁／定価一、七〇〇円（税別）

そんなこと知らなかった―

古代から近代まで、日本史の100の「?」を考察する!!

教科書の日本史はつまらないけれど、先生が語る歴史の裏話はとても面白い。誰もがそんな経験あるのではないでしょうか。本書はそんな日本史の一〇〇のエピソードを選び出し、解説しています。すべて史料の裏付けのあるものばかりです。最新の研究成果に基づき、根拠をしっかり示した、少々「骨太」のエピソード集です。

日本史の研究は日進月歩。目からウロコの日本史を楽しむことができる、日本史ファン待望の書です。